MANFRED NOZAR

Die Abgrenzung der leitenden Angestellten im Betriebsverfassungsgesetz und die Zulässigkeit von Sprecherausschüssen

Schriften zum Sozial- und Arbeitsrecht

Band 23

Die Abgrenzung der leitenden Angestellten im Betriebsverfassungsgesetz und die Zulässigkeit von Sprecherausschüssen

Von

Dr. jur. Manfred Nozar

DUNCKER & HUMBLOT / BERLIN

Gedruckt 1976 bei Buchdruckerei Bruno Luck, Berlin 65
Printed in Germany
ISBN 3 428 03610 7

Inhaltsverzeichnis

Abkürzungsverzeichnis

AktG	=	Aktiengesetz
a. M.	=	anderer Meinung
ArbG	=	Arbeitsgericht
ArbGG	=	Arbeitsgerichtsgesetz
AR-Blattei	=	Arbeitsrechtsblattei
AT	=	Allgemeiner Teil
AT-Angestellte	=	außertariflich bezahlte Angestellte
AuR	=	Arbeit und Recht
AZO	=	Arbeitszeitordnung
BABl (BArbBl)	=	Bundesarbeitsblatt
BAG	=	Bundesarbeitsgericht
bay. BRG	=	bayerisches Betriebsrätegesetz
BB	=	Betriebsberater
BDA	=	Bundesverband Deutscher Arbeitgeberverbände
BlStSozArbR	=	Blätter für Steuerrecht, Sozialversicherungsrecht und Arbeitsrecht
BRG	=	Betriebsrätegesetz
BT	=	Bundestag
BVerfG	=	Bundesverfassungsgericht
BVG	=	Betriebsverfassungsgesetz
DB	=	Der Betrieb
DLA	=	Der leitende Angestellte
DGB	=	Deutscher Gewerkschaftsbund
DII	=	Deutsches Industrieinstitut
EzA	=	Entscheidungssammlung zum Arbeitsrecht
GG	=	Grundgesetz
HdSW	=	Handbuch der Sozialwissenschaft
IGM	=	Industriegewerkschaft Metall
KSchG	=	Kündigungsschutzgesetz
LAG	=	Landesarbeitsgericht
NJW	=	Neue Juristische Wochenschrift
RdA	=	Recht der Arbeit
SGG	=	Sozialgerichtsgesetz
TVG	=	Tarifvertragsgesetz
ULA	=	Union der leitenden Angestellten
VAM	=	Verband der Führungskräfte der Metall- und Elektroindustrie
VELA	=	Vereinigung leitender Angestellter
ZAS	=	Zeitschrift für Arbeits- und Sozialrecht, Wien
ZfA	=	Zeitschrift für Arbeitsrecht
ZfB	=	Zeitschrift für Betriebswirtschaft

Einleitung

Die Bedeutung der Abgrenzung der leitenden Angestellten für die Betriebsverfassung und die daran Beteiligten

Die Abgrenzung der leitenden Angestellten und deren Stellung in der Betriebsverfassung waren eine der wesentlichen Streitpunkte in den Beratungen zum Betriebsverfassungsgesetz 1972. Dies läßt auf die Bedeutung schließen, die diesen Problemen sowohl von den parlamentarischen Gremien, als auch von den daran beteiligten Interessengruppen zugemessen wird. Nach Meinung eines Abgeordneten[1] ergebe die fließende Entwicklung bei den leitenden Angestellten, daß diese Gruppe eine immer größere Bedeutung einnehme. Der Abgrenzung der leitenden Angestellten komme insbesondere deshalb so große Bedeutung zu, weil sich danach die Einflußmöglichkeit des Arbeitgebers bzw. Unternehmers einerseits und des Betriebsrats andererseits richte[2].

Rose[3] spricht der Auseinandersetzung um die Abgrenzung der leitenden Angestellten eine grundsätzliche gesellschaftspolitische Bedeutung zu, welche nicht allein mit der juristischen Methodenlehre zu lösen sei; Rechtsprechung und Rechtswissenschaft müßten sich vielmehr darüber im klaren sein, daß der Gesetzgeber seine Verantwortung auf die betrieblichen Gegenspieler, die Rechtswissenschaft und die Richter verlagert habe. Ihnen käme für diese Frage eine besondere Bedeutung zu.

Ähnlich meint Höpp[4], daß die Vorschrift über die Abgrenzung der leitenden Angestellten (früher § 4 Abs. 2 c BVG 52) als grundlegende Vorschrift des Betriebsverfassungrechts von allgemeiner Bedeutung sei. Borgwardt[5] sieht die Problematik der leitenden Angestellten im engsten Zusammenhang mit unserer Wirtschaftsverfassung und Gesellschaftsform überhaupt. So ist es nicht verwunderlich, daß im Anhörungsverfahren des Ausschusses für Arbeit und Sozialordnung vom

---

[1] *Hansheinrich Schmidt* FDP in der 101. Sitzung des Deutschen Bundestages in Zur Sache 1/72, S. 62.

[2] BDA, Das neue BVG 1972, S. 14.

[3] *Rose* in Arbeit und Recht 1972/309.

[4] *Höpp,* RdA 60/174 ff.

[5] *Borgwardt,* DB 71/1110.

24., 25. 2. 1971[6] Vertreter verschiedener Interessengruppen wie der Arbeitgeberverbände, Gewerkschaften und der Vereinigungen der leitenden Angestellten unterschiedliche, zum Teil konträre Meinungen zu diesem Problem vorbrachten und eine Reihe von Gesetzentwürfen dem Ausschuß zur Beratung vorlagen, die ebenfalls erhebliche Differgenzen zeigten, wie die Entwürfe der CDU/CSU, der SPD vom Jahre 1968, der Regierungsentwurf, der Referentenentwurf des Bundesministeriums für Arbeit, sowie die Entwürfe des BDA, des DGB, der DAG und der ULA.

Diese Gesetzentwürfe, sowie das Auftreten der Vertreter der Interessenverbände bei der Ausschußanhörung des Ausschusses für Arbeit und Sozialordnung sind ein Indiz dafür, wie wichtig die Abgrenzung und Stellung der leitenden Angestellten im Betriebsverfassungsrecht genommen wird.

In der Tat kommt der Abgrenzung der leitenden Angestellten eine entscheidende Bedeutung zu. So ist es für den einzelnen Arbeitnehmer beispielsweise wichtig zu wissen inwieweit der Betriebsrat bei Einstellungen, Umgruppierungen und Versetzungen ein Mitbestimmungsrecht hat (§ 99 BVG), ob der Betriebsrat einer Kündigung nach § 102 Abs. 3 BVG mit der Folge der Weiterbeschäftigungspflicht widersprechen kann oder ob er das aktive und passive Wahlrecht zum Betriebsrat hat.

Eine besondere Bedeutung hat die Frage der Abgrenzung der leitenden Angestellten durch diejenigen Mitbestimmungsmodelle bekommen, nach denen leitende Angestellte eine besondere Vertretung im Aufsichtsrat erhalten sollen, wie das Maihofer- oder das Riemer-Modell sowie der Regierungsentwurf zur Mitbestimmung[7].

Es bleibt somit die Aufgabe unter Berücksichtigung der gesellschaftspolitischen Hintergründe, die rechtspolitischen Zwecke und Wertmaßstäbe, die hinter der Abgrenzung und Stellung der leitenden Angestellten im Betriebsverfassungsgesetz stehen, offenzulegen.

Weiter ist zu untersuchen, inwieweit der Gesetzgeber Fragen offen, also bewußte Lücken gelassen hat, die mit einem Fall davon, dem dilatorischen Formelkompromiß bekannt sind, und inwieweit der Gesetzgeber seine Verantwortung auf die Rechtswissenschaft, die Rechtsprechung und vor allen Dingen auf die betrieblichen Gegenspieler und die weitere Entwicklung in den Betrieben verlagert hat. Besonders erhebt sich die Frage, wie weit dabei die Entscheidungsfreiheit des Rechtsanwenders geht. Die Neuregelung der Abgrenzung von leitenden Angestellten ist eine Kernfrage für die Bestimmung des Kräfteverhältnisses

[6] Prot. Nr. 45/46.

[7] § 3 MitbestGE der Bundesregierung, Bundesratsdrucksache 200/74, verweist bezüglich der Abgrenzung der leitenden Angestellten unmittelbar auf § 5 Abs. 3 BVG.

in der Betriebsverfassung[8]. Von ihr hängt es ab, ob das betriebliche Gleichgewicht innerhalb der Betriebsverfassung gewahrt oder zu Gunsten der einen oder anderen Seite verschoben wird.

Bei der betriebsverfassungsrechtlichen Abgrenzung des Kreises der leitenden Angestellten und der Prüfung der Zulässigkeit von Sprecherausschüssen ist darauf zu achten, daß nicht aus einer ideologischen Konzeption gegen die allgemeinen Ziele und Wertvorstellungen des Betriebsverfassungsgesetzes verstoßen wird, um evtl. rechtspolitisch diskutablen Zielen zum Siege zu verhelfen[9].

---

[8] *Rüthers / Stindt*, BB 72/973.

[9] Vgl. *Wiedemann*, RdA 72/210.

Erster Teil

Die Abgrenzung der leitenden Angestellten

A. Der Begriff des leitenden Angestellten als vorgegebener Oberbegriff

Wenn eine Abgrenzung der leitenden Angestellten nach dem Betriebsverfassungsgesetz vorgenommen werden soll, stellt sich zunächst die Frage, ob das Betriebsverfassungsgesetz 1972 den Begriff des leitenden Angestellten zumindest für betriebsverfassungsrechtliche Zwecke abschließend umschreibt, oder ob es von einem vorgegebenen Begriff des leitenden Angestellten ausgeht, d. h. ob das Betriebsverfassungsgesetz 1972 nur noch zusätzliche Kriterien für die Zwecke der Betriebsverfassung aufstellen will. Der Streit darüber hat auch durch den neuen § 5 Abs. 3 zu keinem Ende geführt, er geht insbesondere in der Literatur weiter[1]. In den Beratungen des Bundestages, insbesondere in den Ausschußberatungen zum Betriebsverfassungsgesetz wurde dazu — soweit ersichtlich — nicht ausdrücklich Stellung bezogen[2].

§ 5 Abs. 3 findet auf leitende Angestellte keine Anwendung, wenn sie nach Dienststellung und Dienstvertrag eine der besonderen Voraussetzungen in Nr. 1—3 erfüllen. Der Begriff des leitenden Angestellten taucht erstmals im Betriebsverfassungsgesetz 1952 auf. Im Betriebsrätegesetz von 1920 war nur von Geschäftsführern usw. die Rede. Auch in den Betriebsrätegesetzen der deutschen Länder vor 1952 ist der Begriff des leitenden Angestellten noch unbekannt. Das Betriebsverfassungsgesetz 1952 spricht in seinem § 4 Abs. 2 c davon, daß als Arbeitnehmer im Sinne des Gesetzes nicht gelten leitende Angestellte, wenn sie zur selbständigen Einstellung und Entlassung befugt sind usw. In diesem Punkt ist die neue der alten Fassung ähnlich. Umstritten ist hier schon, ob dem Problem vorgegebener Oberbegriff oder Begriffsdefinition überhaupt eine Bedeutung zukommt[3]. Diese Frage hat nämlich nur

---

[1] Zusammenstellung bei *Wiedemann*, RdA 72/210 ff.

[2] Vgl. Ausschußprotokoll des Ausschusses für Arbeit und Sozialordnung, Prot.-Nr. 45/46 vom 24., 25. 2. 1972, Ausschußbericht BT VI 2729 S. 11 f., Zur Sache 1/72.

[3] Vgl. *Hueck*, RdA 53/441 ff.; *Dietz / Richardi*. Anm. 99, 100 zu § 5 BVG, wo einem vorgegebenen Oberbegriff zurecht nur Bedeutung beigemessen wird, wenn jemand trotz der Erfüllung der Merkmale des § 5 Abs. 3 BVG nicht leitender Angestellter ist.

dann Gewicht, wenn der Begriff des leitenden Angestellten den Kreis derjenigen Personen, die nicht unter das Betriebsverfassungsgesetz fallen, nicht nur erweitern, sondern im Verhältnis zu den Nr. 1—3 auch einschränken kann, wenn es also auch Angestellte geben kann, auf die zwar eine (oder auch alle) der Voraussetzungen von Nr. 1—3 zutreffen, die aber trotzdem keine leitenden Angestellten sind und auf die allein aus diesen Gründen das Betriebsverfassungsgesetz Anwendung findet[4]. Ist man dagegen wie Hueck der Meinung, daß jeder Angestellte, der eine der besonderen Voraussetzungen des § 5 Abs. 3 respektive des § 4 Abs. 2 c Betriebsverfassungsgesetz 1952 erfüllt, auch leitender Angestellter ist, so kommt der Frage vorgegebener Oberbegriff oder Begriffsdefinition keine größere Bedeutung zu, da es ja dann allenfalls noch leitende Angestellte im allgemeinen Sinn geben kann, die aber, da sie keine der besonderen Voraussetzungen der Nr. 1—3 erfüllen, trotzdem unter das Betriebsverfassungsgesetz fallen.

I. Legaldefinition nach Meinung der Literatur und Rechtsprechung

1. Abschließende Begriffsbestimmung nach einer Mindermeinung in der Literatur

Eine beachtliche Richtung in der Literatur vertritt die Auffassung, der Begriff des leitenden Angestellten sei in § 5 Abs. 3 BVG (bzw. § 4 Abs. 2 c BVG 52) in den Nummern 1—3 zumindest für betriebsverfassungsrechtliche Zwecke abschließend bestimmt[5]. Eine etwas abweichende, im Prinzip und in der praktischen Auswirkung aber auf eine Legaldefinition hinzielende Meinung vertritt Hueck[6]. Er ist der Auffassung, daß es zwar außerhalb des § 4 Abs. 2 BVG 52 noch leitende Angestellte geben könne, aber jeder, der unter § 4 Abs. 2 c erste bis dritte Alternative fällt, leitender Angestellter sei[7]. Letztlich liegt damit doch eine Legaldefinition für diejenigen leitenden Angestellten vor, die nicht in den personalen Geltungsbereich des Betriebsverfassungsgesetzes fallen. Boldt[8] schränkt dies insofern ein, als er sagt, daß in der Regel derjenige

---

[4] Vgl. auch *Dietrich Hoffmann*, NJW 74/1161.

[5] *Dietz*, Anm. 58 a ff zu § 4 BVG 52; *Neumann / Duesberg*, S. 154; *Nikisch*, Bd. 1 S. 135, Bd. 3 S. 94; *Schreiber*, BB 52/889; *Erdmann*, Anm. zu § 4 BVG 52; *Göbel*, BlStSozArbR 72/48; *Raatz*, DB 72, Beilage 1 S. 2; *Bohn / Dutti*, Anm. 11 zu § 5 BVG; *Erdmann / Jürging / Kammann*, Anm. zu § 5 BVG; wohl auch *Grüll*, RdA 52/413 und RdA 72/172; *Sitzler*, Arbeitsrechts-Blattei Betriebsverfassung, Anm. zum Beschluß des LAG Düsseldorf vom 11. 12. 1953.

[6] *Hueck*, RdA 53/411 ff., BB 54/536 ff.

[7] Vgl. oben S. 19.

[8] ULA-Schriftenreihe Nr. 5 S. 4.

— also nicht in allen Fällen —, bei dem eine der Voraussetzungen des § 5 Abs. 3 Nr. 1—3 vorliege, auch leitender Angestellter sei.

Die letztgenannten Auffassungen unterscheiden sich somit nicht wesentlich von einer Legaldefinition des leitenden Angestellten in § 5 Abs. 3 Nr. 1—3, da es danach allenfalls noch leitende Angestellte in einem allgemeinen Sinn geben kann, die aber, da sie keine der besonderen Voraussetzungen des § 5 Abs. 3 Nr. 1—3 erfüllen, in den personalen Geltungsbereich des Betriebsverfassungsgesetzes fallen. Zumindest für § 5 Abs. 3 Nr. 3 bejaht Becker-Schaffner[9] unabhängig von einem vorgegebenen Begriff des leitenden Angestellten eine Legaldefinition zumindest für diejenigen Angestellten, die in sogenannten Schlüssel- und Stabsstellenfunktionen tätig sind.

Die Meinung, daß § 5 Abs. 3 Nr. 1—3 bzw. § 4 Abs. 2 c Betriebsverfassungsgesetz 1952 eine gesetzliche Definition des leitenden Angestellten für das Betriebsverfassungsgesetz geben, stützt sich vor allem darauf, daß eine allgemeine Begriffsdefinition des leitenden Angestellten nicht vorliege, eine solche auch nicht dem Betriebsverfassungrecht vorgegeben sein könnte[10]. Neumann / Duesberg[11] und Dietz[12] führen das Vorliegen einer Begriffsbestimmung des leitenden Angestellten in den Betriebsverfassungsgesetzen darauf zurück, daß jedes Gesetz, so also auch das Betriebsverfassungsgesetz, den Begriff des leitenden Ange-, stellten nach dem Gesetzeszweck abgrenze, demnach ein abstrakter Begriff des leitenden Angestellten dem Betriebsverfassungrecht nicht zu Grunde liegen könne. Hätte das Betriebsverfassungsgesetz einen Begriff des leitenden Angestellten unabhängig von den drei zu § 5 Abs. 3 genannten Alternativen voraussetzen wollen, so hätte es diesen umschreiben müssen. Da es dies nicht getan habe, sei der Kreis der leitenden Angestellten mit den besonderen Voraussetzungen, die im „wenn-Satz" aufgeführt sind, für das Betriebsverfassungsrecht definiert[13]. Dietz unterstreicht die Meinung weiter mit dem Hinweis auf die stenographischen Berichte des Bundestages von 1952[14], worin es heißt: „Hierzu werden verschiedene Merkmale aufgeführt, von denen jedes einzelne genügt und geeignet ist, für den Angestellten, den es trifft, die Arbeitnehmereigenschaft zu verneinen." Den Einwand von Fitting / Kraegloh / Auffahrt[15], daß es sich hier um eine polemische Darstellung eines gegen das Gesetz sprechenden Abgeordneten handele und nicht um die

---

[9] BlStSozArbR 72/257.

[10] *Nikisch*, Bd. 1, S. 151.

[11] BVG, Auflage 1960, Anm. 1 zu § 4 Abs. 2 c.

[12] Anm. 58 a zu § 4 BVG 52.

[13] *Dietz*, Anm. 58 a zu § 4 BVG 52.

[14] BT Bd. 12 1952/223. Sitzung S. 9932 ff., 9951.

[15] *Fitting / Kraegloh / Auffarth*, Anm. 13 c zu § 4 BVG 52.

grundlegenden Ausführungen des schriftlichen Berichtes des Ausschusses für Arbeit[16], begegnet Dietz mit dem Hinweis, daß die Äußerung des Oppositionsabgeordneten ohne Widerspruch geblieben sei.

In der neueren Literatur wird die Meinung, § 5 Abs. 3 BVG enthalte eine Legaldefinition zum Teil mit dem Hinweis auf den Bericht des Ausschusses für Arbeit und Sozialordnung[17] vertreten[18]. Im Ausschußbericht[19] heißt es nämlich: „Auch der Ausschuß war einmütig der Auffassung, daß eine neue, objektivere und stärker an die Funktion gebundene Begriffsbestimmung der leitenden Angestellten gefunden werden müsse. Deshalb wurde der Begriff des leitenden Angestellten in Anlehnung an die Empfehlung des Rechtsausschusses neu gefaßt."

Aus diesem Auszug des Ausschußberichtes, der die Worte „Begriffsbestimmung" und „Begriff des leitenden Angestellten" enthält, wird gefolgert, daß der Gesetzgeber den Begriff des leitenden Angestellten in § 5 Abs. 3 habe definieren wollen.

Schließlich sehen Erdmann[20] und Erdmann (jun.) / Jürging / Kammann[21] eine Legaldefinition des leitenden Angestellten aus Gründen der Rechtssicherheit für notwendig an. Ein verhältnismäßig hohes Maß an Rechtssicherheit bei der Abgrenzung des Kreises der leitenden Angestellten lasse sich nur dann erreichen, wenn davon ausgegangen werde, daß der Kreis der leitenden Angestellten für das Betriebsverfassungsgesetz eigenständig definiert sei und jedenfalls alle Betriebsangehörigen als leitende Angestellte gelten, auf die wenigstens eine der in Abs. 3 Nr. 1—3 aufgezählten Alternativen zutrifft. Auch im Kommentar von Dietz / Richardi[22] geht man davon aus, daß das Gesetz in § 5 Abs. 3 für seinen Bereich abschließend umschrieben hat, wer leitender Angestellter ist und daß alle Arbeitnehmer, auf die eine dieser Voraussetzungen zutrifft, nicht zu der vom Betriebsrat repräsentierten Belegschaft des Betriebes gehören. Das wird mit der angeblich nicht vorhandenen Klarheit im soziologischen und betriebswirtschaftlichen Sinn über die Abgrenzung der Führungskräfte begründet[23].

Im neuesten arbeitsrechtlichen Schrifttum, insbesondere im Anschluß an die Entscheidung des Bundesarbeitsgerichts zur Abgrenzung der leitenden Angestellten[24] wird ebenfalls noch teilweise daran festgehalten,

---

[16] BT-Drucksache I Nr. 3585.

[17] BT-Drucksache VI/2729 S. 11 f.

[18] Vgl. *Grüll*, RdA 72/172; *Göbel*, BlStSozArbR 72/48.

[19] BT-Drucksache VI/2729 S. 11 f.

[20] Anm. 10 zu § 5 BVG.

[21] Anm. zu § 4 BVG 52.

[22] Anm. 100 ff. zu § 5 BVG.

[23] *Dietz / Richardi*, Anm. 100 ff. zu § 5 BVG; vgl. auch *Bleistein*, Rdz. 35.

[24] BAG v. 5. 3. 1974, EzA § 5 BVG Nr. 7.

daß § 5 Abs. 3 BVG zumindest für betriebsverfassungsrechtliche Zwecke eine Legaldefinition enthalte. Hoffmann[25] begründet dies unter anderem damit, daß die Frage eines etwa übergeordneten Begriffs des leitenden Angestellten und seiner Abgrenzung niemals Gegenstand im Gesetzgebungsverfahren zum Betriebsverfassungsgesetz gewesen sei. Nach Grüll[26] ist es im Grunde müßig, sich mit der Frage, ob der Begriff des leitenden Angestellten in § 5 Abs. 3 BVG vorgegeben ist, auseinanderzusetzen, da jeder, der die Voraussetzungen des § 5 Abs. 3 BVG erfüllt auch leitender Angestellter sei und die in § 5 Abs. 3 aufgestellten Tatbestandsmerkmale derart seien, daß die Abgrenzung der leitenden Angestellten aus der Betriebsverfassung heraus selbst möglich sei. Dies gelte speziell für die in § 5 Abs. 3 Nr. 3 BVG aufgeführten Tatbestandsmerkmale[27].

2. Rechtsprechung des BAG gegen eine Legaldefinition

Die Rechtssprechung der Landesarbeitsgerichte hat zunächst zum Teil eine Legaldefinition des leitenden Angestellten in § 5 Abs. 3 BVG gesehen[28]. Das LAG Düsseldorf[29] ist im Anschluß an A. Hueck der Meinung, daß, wenn schon nicht alle leitenden Angestellten außerhalb des personalen Geltungsbereichs des Betriebsverfassungsgesetzes sind, so doch zumindest all diejenigen Personen leitende Angestellte im weiteren Sinne seien, die eine der drei Voraussetzungen des Gesetzes erfüllen, da jede der drei Voraussetzungen des § 5 Abs. 3 Nr. 1—3 BVG genüge, um einen Angestellten als leitenden Angestellten im weiteren Sinne zu charakterisieren. Dieser Meinung ist jedoch das BVG, das von einem vorgegebenen Oberbegriff des leitenden Angestellten ausgeht, entgegengetreten[30].

II. Vorgegebener Oberbegriff des leitenden Angestellten in der Literatur und Rechtsprechung

1. Vorgegebener Oberbegriff in der Literatur

Für einen vorgegebenen Oberbegriff des leitenden Angestellten spricht sich die überwiegende Meinung in der Literatur aus[31]. Fitting /

[25] *Dietrich Hoffmann*, NJW 74/1161 ff.

[26] BB 74/653 ff. (654).

[27] *Grüll*, ebd.; vgl. auch *Janert*, DB 74/286; *Kraft*, Anm. zur BAG-Entscheidung v. 5. 3. 1974, EzA § 5 BVG Nr. 7 Ziff. III.

[28] Vgl. LAG Düsseldorf v. 14. 11. 1972, EzA § 5 BVG Nr. 3.

[29] LAG Düsseldorf v. 14. 11. 1972, EzA § 5 BVG Nr. 3.

[30] Vgl. BAG v. 5. 3. 1974, EzA § 5 BVG Nr. 7.

[31] *Fitting / Kraegloh / Auffarth*, Anm. 14 zu § 4 Abs. 2 c BVG 52; *Bulla*, Festschrift für Herschel, S. 14 ; *Galperin / Siebert*, Anm. 20 zu § 4 BVG 52;

Kraegloh / Auffarth[32] stützen sich dabei insbesondere auf den Bericht des Ausschusses für Arbeit von 1952[33], in dem es heißt: „Ferner sollen nicht als Arbeitnehmer gelten die leitenden Angestellten, die ihrer Stellung und ihrem Einflußbereich nach als leitende Angestellte anzusehen sind, wenn sie folgende Voraussetzungen erfüllen: Sie müssen zur selbständigen Einstellung und Entlassung ... Während die leitenden Angestellten der ersten und zweiten Alternative schon in früheren Betriebsrätegesetzen vorhanden waren, beschlossen die Regierungsparteien gegen den Widerspruch der Opposition als neue Einschränkung des Arbeitnehmerkreises im Sinne des Betriebsverfassungsrechtes, daß auch solche leitende Angestellte nicht als Arbeitnehmer gelten sollten, die Aufgaben wahrnehmen, die regelmäßig ...“ Der Wille des Gesetzgebers entspricht also nach der Meinung von Fitting / Kraegloh / Auffarth nicht der Ansicht von Dietz[34], sondern der selbst vertretenen Auffassung[35].

Nach Mager / Wisskirchen ist der Begriff des leitenden Angestellten als Oberbegriff im Sinne des allgemeinen Sprachgebrauchs, also der Verkehrsanschauung, vorausgesetzt. Hoppe[36] unterscheidet zwischen dem im jeweiligen Gesetz gemeinten Typus des leitenden Angestellten und einem allgemeinen Begriff des leitenden Angestellten, der dem § 4 Abs. 2 c BVG 52 vorgegeben sei. Für das neue Betriebsverfassungsgesetz ist zunächst Brecht[37] für einen vorgegebenen Oberbegriff, der jedoch wegen der Unterschiedlichkeit der drei zusätzlichen Merkmale der Nr. 1—3 jeweils eine unterschiedliche Bedeutung habe. Boldt[38] stützt sich auf den Sprachgebrauch des Betriebsverfassungsgesetzes 1972, der die Formulierung des Betriebsverfassungsgesetzes 1952 insoweit übernommen hat: „Leitende Angestellte, wenn sie ...“[39]. Im übrigen sei auf den Meinungsstreit in den Beratungen nicht eingegangen worden, was zeige,

Gaul, DB 61/272; *Monjau*, DB 53 Beilage 14; *Steinmann*, BArbBl 53/399; *Wittholz*, AuR 53/113; *Maus*, Anm. 21 zu § 4 BVG 52; *Trinkhaus*, Arbeitsrechts-Blattei, Angestellte II, leitende Angestellte; *Wächter*, DB 51/153; *Höcker*, BB 53/682 f.; *Koch*, BB 53/265; *Brecht*, Anm. 19 zu § 5 BVG; *Fitting / Auffarth / Kaiser*, Anm. 21 zu § 5 BVG; *Rüthers / Stindt*, BB 72/973; *Galperin*, Schriftenreihe DB 1971/137; *Kehrmann / Schneider*, BlStSozArbR 72/82; *Falkenberg*, DB 72/774; *Raatz*, DB 72 Beilage 1 S. 2; *Stege / Weinspach*, Anm. zu § 5 BVG; *Gnade / Kehrmann / Schneider*, Anm. zu § 5 BVG; *Halberstedt / Zander*, S. 137; *Schneider*, BlStSozArbR 72/82; *Föhr*, DB 74/1167; *Rudolf Hoffmann*, RdA 75/35 ff. (36).

[32] Anm. 13 c zu § 4 BVG 52.

[33] BT-Drucksache I Nr. 3585.

[34] Anm. 58 a zu § 4 BVG 52.

[35] Anm. 13 c zu § 4 BVG 52.

[36] BlStSozArbR 68/174.

[37] Anm. 19 zu § 5 BVG.

[38] ULA-Schriftenreihe S. 6.

[39] Ebenso *Rüthers / Stindt*, BB 72/976.

daß der Gesetzgeber sich der Meinung des obersten Arbeitsgerichtes[40] angeschlossen habe, das ebenfalls für einen vorgegebenen Oberbegriff eintritt. Andernfalls hätte der Gesetzgeber eine andere Auffassung als die des obersten Arbeitsgerichts durch eine entsprechende Fassung der Gesetzesvorschrift zum Ausdruck gebracht. Boldt[41] mißt einem vorgegebenen Oberbegriff allerdings nur wenig Bedeutung bei[42].

Bei der Meinung, die von einem vorgegebenen Oberbegriff ausgeht, ist jedoch umstritten, ob der Begriff des leitenden Angestellten im Verhältnis zu Nummer 1—3 eine Einschränkung bringen kann[43].

2. Vorgegebener Oberbegriff in der Rechtsprechung

Die Rechtsprechung ist, soweit ersichtlich, fast einhellig der Meinung, daß im Betriebsverfassungsgesetz von einem Oberbegriff des leitenden Angestellten ausgegangen wird[44]. Das BAG[45] sagt, daß der Begriff des leitenden Angestellten im § 4 Abs. 2 c BVG 52 nicht definiert werde. Das Gesetz verlange, (so das BAG), daß die in § 4 Abs. 2 c BVG 52 genannten Personen unabhängig von den besonderen Voraussetzungen im Abs. 2 c leitende Angestellte sind.

Weiter ist in der Rechtsprechung in diesem Streitpunkt die Entscheidung des Arbeitsgerichtes Duisburg[46] interessant, nach der nicht jeder Angestellte, der die besonderen Voraussetzungen des § 4 Abs. 2 c BVG 52 erfüllt, leitender Angestellter ist. Offenbar wird also auch in dieser Entscheidung von einem Oberbegriff des leitenden Angestellten ausgegangen. Eine ähnliche Haltung wird auch für § 5 Abs. 3 BVG 72 eingenommen.

In der Rechtsprechung zu § 5 Abs. 3 BVG 1972 sind zunächst einige Arbeitsgerichte von einem vorgegebenen Oberbegriff des leitenden Angestellten ausgegangen[47]. Ebenso ist im Beschluß des LAG Baden-

---

[40] BAG AP Nr. 4 zu § 4 BVG 52.

[41] ULA-Schriftenreihe S. 6.

[42] Ähnlich auch *Galperin* (Leitfaden S. 23), da in der Regel der, bei dem die Voraussetzungen des § 5 Abs. 1 Nr. 1—3 vorliegen, auch leitender Angestellter sei; vgl. auch *Hueck,* BB 54/536 ff.

[43] Vgl. *Boldt,* ULA-Schriftenreihe S. 6 einerseits; *Wittholz,* AuR 53/113 andererseits.

[44] Abweichend nur LAG Düsseldorf, DB 73/577, nach dem jedenfalls alle Angestellten, die eine der drei Voraussetzungen der Nr. 1—3 erfüllen, leitende Angestellte im weiteren Sinn sind.

[45] AP Nr. 4 zu § 4 BVG 52.

[46] BB 53/858.

[47] ArbG Frankfurt/M. v. 12. 4. 1972, ARST 72/Heft 10 = DB 72/1634; v. 9. 5. 1972, DB 72/962; ArbG Köln v. 12. 6. 1972, 10 BV 20/72 (nicht veröffentlicht); ArbG Aachen v. 23. 6. 1972, 2 BV 7/72 (nicht veröffentlicht).

Württemberg[48] von leitenden Angestellten in hierarchischer und soziologischer Stellung die Rede.

Das Bundesarbeitsgericht hat dann in einer Reihe von Entscheidungen[49] zum Ausdruck gebracht, daß Angestellte nur dann nicht dem personalen Geltungsbereich des Betriebsverfassungsgesetzes unterliegen, wenn sie eine der Voraussetzungen im Sinne des § 5 Abs. 3 Nr. 1—3 erfüllen und außerdem leitende Angestellte im Sinne eines vorgegebenen Oberbegriffes sind.

Das BAG[50] geht dabei zunächst davon aus, daß insbesondere § 5 Abs. 3 Nr. 3 BVG keine genügenden Gesichtspunkte für eine abschließende Abgrenzung des Personenkreises der leitenden Angestellten im Betriebsverfassungsrecht hergibt. Das Merkmal „im wesentlichen eigenverantwortlich Aufgaben wahrnehmen", würde auf einen zu großen Kreis von Angestellten zutreffen, als daß diese alle leitende Angestellte sein könnten. Der Begriff „Bestand und Entwicklung des Betriebes" würde nicht erkennen lassen, ob die übertragenen Aufgaben von „wesentlicher", „erheblicher" oder gar „entscheidender" Bedeutung für den Betrieb sind. Im übrigen hätten in einem rationell geführten Betrieb nahezu alle Tätigkeiten Bedeutung für den Bestand und die Entwicklung des Betriebes. Ähnliches gelte für das Merkmal „im Hinblick auf die besonderen Erfahrungen und Kenntnisse", das keine scharfe Abgrenzung ermögliche. Schließlich sei es selbstverständlich, daß die Aufgaben „regelmäßig" und nicht nur ausnahmsweise übertragen werden. Ein Angestellter, der nur gelegentlich Funktionen eines leitenden Angestellten wahrnimmt, sei kein leitender Angestellter[51].

Auch eine Gesamtschau aller Tatbestandsmerkmale des § 5 Abs. 3 Nr. 3 BVG führt nach Ansicht des BAG[52] noch zu keiner brauchbaren Abgrenzung und außerdem würde dabei ein erheblicher Teil der Angestelltenschaft von dieser Vorschrift erfaßt, was offenbar nicht beabsichtigt sei. Demnach müsse der Eingangshalbsatz des § 5 Abs. 3 BVG mit herangezogen werden, um zu einer brauchbaren Abgrenzung zu kommen. Das ergebe sich auch aus der Wortfassung des Gesetzes, wonach das BVG grundsätzlich keine Anwendung findet auf „leitende Angestellte, wenn sie ...". Letztere Worte wären nämlich überflüssig, ja

---

[48] Entscheidung v. 31. 5. 1972, AuR 72/282.

[49] BAG v. 5. 3. 1974, EzA § 5 BVG Nr. 7 = BVG-Entscheidungen § 5 Abs. 3 (7); v. 19. 11. 1974, 1 ABR 20/73, EzA § 5 BVG Nr. 9 und 1 ABR 50/73, EzA § 5 BVG Nr. 10; v. 4. 12. 1974, BVG-Entscheidungen § 5 Abs. 3 (9); v. 17. 12. 1974, EzA § 5 BVG Nr. 11.

[50] Entscheidung v. 5. 3. 1974, EzA § 5 BVG Nr. 7 Ziff. III 1.

[51] BAG ebd.; *Dietz / Richardi,* Anm. 119 zu § 5 BVG.

[52] BAG ebd.

sinnlos, wenn die einzelnen Tatbestandsgruppen des § 5 Abs. 3 BVG selbst schon ohne weiteres die gewollte Abgrenzung ergeben würden[53].

Nach Meinung des RAG müssen demnach zu den besonderen Voraussetzungen einer der Fallgruppen des § 5 Abs. 3 Nr. 1—3 BVG jeweils noch die allgemeinen Voraussetzungen für die Qualifizierung einer Tätigkeit als leitender Angestelltentätigkeit vorliegen[54]. Beide Voraussetzungen müssen also nach Ansicht des BAG kumulativ vorliegen, wenn das Betriebsverfassungsgesetz auf einen bestimmten Angestellten keine Anwendung finden soll. Was den Begriff des leitenden Angestellten angeht, enthalte das Gesetz eine verdeckte Regelungslücke[55].

3. Sondermeinungen zum Streit vorgegebener Oberbegriff oder Legaldefinition

Zum Teil werden aber in der Literatur auch Meinungen vertreten, die weder von einer Legaldefinition des leitenden Angestellten in § 5 Abs. 3, noch uneingeschränkt von einem vorgegebenen Oberbegriff ausgehen.

a) Brecht[56] ist der Ansicht, daß im neuen Recht grundsätzlich der Begriff des leitenden Angestellten ein vorgegebener Oberbegriff sei. Die in Nr. 1 und 2 genannten Personen könnten deshalb die dort näher bezeichneten Funktionen innehaben, ohne daß Ihnen außerdem eine Leitungsfunktion zusteht. Hinsichtlich dieser beiden Merkmale bedeute der Begriff des leitenden Angestellten auch die echte Eingrenzung.

Wegen der Unterschiedlichkeit der drei zusätzlichen Merkmale habe der Begriff jedoch eine jeweils unterschiedliche Bedeutung. Nummer 3 umschreibe nämlich einen Personenkreis von Angestellten, der die unter dieser Nummer genannten Aufgaben im Betrieb erfüllen könne, ohne in notwendiger Weise auch Leitungsfunktionen innezuhaben. Würde man auch von diesem Personenkreis echte Leitungsbefugnisse verlangen, käme man zu unhaltbaren Ergebnissen. Der Begriff des leitenden Angestellten würde deshalb offensichtlich mit unterschiedlichen Begriffsinhalten verwendet. Das BAG[57] sieht dagegen den in § 5 Abs. 3 Nr. 3 BVG genannten leitenden Angestellten dem in Nr. 1 und 2 genannten als gleichwertig an.

---

[53] BAG v. 19. 11. 1974, 1 ABR 20/73 und 1 ABR 50/73, EzA § 5 BVG Nr. 9, 10.

[54] Vgl. auch BAG v. 17. 12. 1974, 1 ABR 131/73, EzA § 5 BVG Nr. 11 Ziff. III 1.

[55] BAG v. 5. 3. 1974, EzA § 5 BVG Nr. 7 Ziff. III 3 b, was von der Literatur z. T. bestritten wird, die eine Generalklausel annimmt, vgl. *Rüthers*, NJW 74/625 ff. (627).

[56] Anm. 19 zu § 5 BVG.

[57] BAG v. 5. 3. 1974, EzA § 5 BVG Nr. 7 Ziff. III 3 a.

b) Die unter Nummer 3 genannten Angestellten werden demzufolge im Anklang an Brecht[58] von Becker-Schaffner[59] im Wege einer unausgesprochenen Fiktion dem leitenden Angestellten mit echten Leitungsbefugnissen gleichgestellt. Letztlich wird damit zumindest für Nummer 3 eine Begriffsdefinition vorausgesetzt.

c) Für eine Begriffsdefinition des leitenden Angestellten in der dritten Alternative des § 4 Abs. 2 c BVG 52, welche auch für die erste und zweite Alternative Geltung habe, hat sich Höpp[60] ausgesprochen. Ähnlich sagt auch Fischer[61], daß § 5 Abs. 3 Nr. 3 letztlich den leitenden Angestellten definiere, weil nur diese Nummer eine echte Funktionsbeschreibung beinhalte, während die Nummern 1 und 2 nur auf rechtliche Befugnisse abstellten.

d) Eine weitere Sondermeinung vertritt schließlich Wiedemann[62]. Er ist der Meinung, daß angesichts der Entstehungsgeschichte des Gesetzes Schlußfolgerungen für eine Legaldefinition nur begrenzt überzeugend seien. Wiedemann kommt jedoch aufgrund anderer Überlegungen ebenfalls zu dem Schluß, daß in den Nr. 1—3 des § 5 Abs. 3 BVG der Begriff des leitenden Angestellten zumindest für das Betriebsverfassungsgesetz abschließend umschrieben worden sei. Zunächst geht er davon aus, daß ein vorgegebener Oberbegriff weder aus der Betriebswirtschaftslehre und Betriebssoziologie hergeleitet werden könne, da diese für die juristische Begriffsbildung unbrauchbar seien, noch könne auf die Verkehrsanschauung zurückgegriffen werden, da sie selbst wieder auf das Betriebsverfassungsgesetz zurückgehe.

Weitere Zweifel an einem vorgegebenen Oberbegriff ergäben sich aus dem Gesetzesaufbau. Für die Gruppe der leitenden Angestellten mit Arbeitgeberfunktionen würde in den Nr. 1 und 2 auf formale Merkmale abgestellt, für die hochqualifizierten Angestellten, für die die Nr. 3 gelte, dagegen auf materiell abstrakte Merkmale. Darüber hinaus enthielten die Nr. 1 und 2 Beispiele, während Nr. 3 eine Typusbeschreibung bringe[63]. Nr. 3 umschreibe damit den Begriff des leitenden Angestellten, definiere ihn aber nicht.

Schließlich führt Wiedemann noch methodische Gesichtspunkte an.

Der Typus des leitenden Angestellten, der in Nr. 3 beschrieben sei, stehe wie jeder Typus zwischen dem individuellen und konkreten auf der einen und dem abstrakten Begriff auf der anderen Seite. Eine Typusbeschreibung könne nun nicht durch einen Oberbegriff ergänzt

---

[58] Anm. 19 zu § 5 BVG.
[59] BlStSozArbR 72/258 ff.
[60] RdA 60/174 ff.
[61] DB 72/437 ff.
[62] RdA 72/214 ff.
[63] Vgl. auch *Dietz / Richardi*, Anm. 105 zu § 5 BVG.

werden, denn der Typus setze gleichzeitig eine ganzheitliche Betrachtung und eine gewisse Unschärfe des Bildes voraus. Typologische und begriffliche Denkweisen ließen sich nicht vermengen. Damit sei ein allgemeiner Begriff des leitenden Angestellten zumindest in Beziehung auf § 5 Abs. 3 Nr. 3 BVG ohne Bedeutung. Für die Nr. 1 und 2 müsse dann schließlich dasselbe gelten, da es einen allgemeinen Begriff des leitenden Angestellten, der extensional und intensional von den Nummern 1 und 2 abweicht, nicht gebe. Auf Arbeitgeberfunktionen könne nämlich hier nicht abgestellt werden, da die Parlamentsmehrheit den Antrag der Opposition, den Begriff der Arbeitgeberfunktion zu definieren, abgelehnt und das formale Kriterium der Vollmacht benutzt habe. Damit will Wiedemann wohl ebenfalls unter Heranziehung des Ausschußberichtes[64] eine Begriffsdefinition des leitenden Angestellten verneinen. Nr. 1 und 2 enthielten somit Prototypen der leitenden Angestellten, Nr. 3 dagegen bringe eine Typusbeschreibung. Damit erledige sich das Suchen nach dem unbekannten leitenden Angestellten.

4. Gegenüberstellung der Meinungen zum Streit: vorgegebener Oberbegriff oder Legaldefinition

1. In § 5 Abs. 3 ist eine Legaldefinition des leitenden Angestellten zumindest für das Betriebsverfassungsgesetz enthalten. Leitende Angestellte im Sinne des Betriebsverfassungsgesetzes sind mit dem in Nr. 1—3 genannten Personenkreis des § 5 Abs. 3 BVG synonym.

2. Der Begriff des leitenden Angestellten ist außerhalb des Betriebsverfassungsgesetzes zu suchen, ist vorgegebener Oberbegriff.

Wenn man von einem Oberbegriff ausgeht, so werden wiederum zwei Meinungen vertreten:

a) Es gibt leitende Angestellte außerhalb des Betriebsverfassungsgesetzes; wer jedoch unter die Nr. 1—3 fällt, ist in aller Regel auch leitender Angestellter[65]. Es gibt allenfalls noch leitende Angestellte, die nicht die Nr. 1—3 erfüllen.

b) Beide Merkmale müssen kumulativ erfüllt sein. Es gibt danach leitende Angestellte, die keine der drei Qualifikationen erfüllen, ebenso gibt es Angestellte, die die in Nr. 1—3 geforderten drei Qualifikationen erfüllen, ohne leitende Angestellte zu sein. Es liegen zwei sich schneidende Kreise vor. Die gemeinsame Fläche gibt die Anzahl der in Abs. 3 Nr. 1—3 erfaßten leitenden Angestellten. Beide Prädikatoren sind extensional wie intensional verschieden[66].

---

[64] BT-Drucksache VI 2729 S. 11/12.

[65] *Boldt*, ULA-Schriftenreihe S. 4; *Hueck*, RdA 53/441 ff.

[66] Vgl. *Wittholz*, AuR 53/113; ArbG Duisburg, BB 53/85; *Gnade / Kehrmann /*

c) Leitende Angestellte sind zwar als Oberbegriff vorgegeben und können auch für die Nr. 1 und 2 des § 5 Abs. 3 BVG eine echte Eingrenzung bedeuten, § 5 Abs. 3 Nr. 3 BVG umschreibt aber einen Personenkreis von Angestellten mit besonderen Aufgaben, der im Wege einer unausgesprochenen Fiktion den leitenden Angestellten gleich ist.

3. Die besonderen Qualifikationen bilden schlechthin den Oberbegriff. Es gibt Personen, die zugleich leitende Angestellte sind. Hier ist die Extension nur teilweise kongruent.

4. Schließlich gibt es noch die Meinung, daß Nr. 3 eine Umschreibung des leitenden Angestellten enthalte und die in den Nr. 1 und 2 genannten Personen nur ein allgemeiner Typ der leitenden Angestellten im Sinne des § 5 Abs. 3 Nr. 3 sind. Das Schwergewicht wird damit auf die Beschreibung des leitenden Angestellten in § 5 Abs. 3 Nr. 3 BVG gelegt.

Der Unterschied zwischen 1 und 2a ist ohne Relevanz. Von großer Bedeutung ist der Unterschied zwischen 1 und 2a einerseits und 2b und 2c andererseits. 2b setzt zwei inhaltlich nicht aufeinander bezogene Arten von Eigenschaften voraus. Im Verhältnis von 2b und 2c ergeben sich die Unterschiede im Hinblick auf Nr. 3, da die in 2c genannten Meinungen auf eine abschließende Bestimmung des in Nr. 3 genannten Personenkreises hinauslaufen, unabhängig von der Frage, ob sie auch leitende Angestellte sind. 2b weicht ebenfalls erheblich von 3 und 4 ab.

III. Würdigung des Meinungsstreites: vorgegebener Oberbegriff oder Legaldefinition in § 5 Abs. 3 BVG

1. Wortlaut des Gesetzes

a) Zunächst ist zu prüfen, was der Wortlaut des § 5 Abs. 3 BVG über das bereits Gesagte hinaus für die Streitfrage, ob es sich bei § 5 Abs. 3 um eine Legaldefinition handelt oder ob ein vorgegebener Oberbegriff vorausgesetzt wird, hergibt. Ist der Gesetzestext nämlich sorgfältig abgefaßt, ist er einheitlich in Aufbau und im Ausdruck, so kann vielfach schon die grammatikalische Interpretation weiterhelfen. Sie stützt sich zur Auslegung auf den Satzbau, die Satzfolge, den festen Sprachgebrauch und die technischen Wendungen des Gesetzes[67].

Der Wortlaut des § 5 Abs. 3 BVG sagt, daß das BVG 1972 — von Ausnahmen abgesehen — auf leitende Angestellte keine Anwendung findet, wenn sie nach Dienststellung und Dienstvertrag die Voraussetzungen der Nr. 1—3 erfüllen. Ebenso steht in § 4 Abs. 2c BVG 52, daß als

---

Schneider, Anm. 5 zu § 5 BVG 72; BAG v. 5. 3. 1974 EzA § 5 BVG Nr. 7 Ziff. III 1; v. 19. 11. 1974, 1 ABR 50/73 EzA § 5 BVG Nr. 10 Ziff. III 1.

[67] *Lange*, AT BGB S. 65.

Arbeitnehmer im Sinne des Gesetzes nicht leitende Angestellte gelten, wenn sie die danach aufgeführten weiteren Voraussetzungen erfüllen. Der Wortlaut des § 4 Abs. 2c BVG 52 wie auch des § 5 Abs. 3 BVG 72 spricht also zunächst von leitenden Angestellten, die dann aber noch bestimmte andere Voraussetzungen erfüllen müssen, um prinzipiell aus dem Geltungsbereich des Betriebsverfassungsrechts ausgegliedert zu werden. Die grammatikalische Auslegung des § 5 Abs. 3 BVG 72 könnte daher für einen vorgegebenen Oberbegriff sprechen.

Es ist also von leitenden Angestellten die Rede, die aber dann noch weitere Voraussetzungen erfüllen müssen, um grundsätzlich aus dem personalen Geltungsbereich des Betriebsverfassungsgesetzes herausgenommen zu werden. Nach dem Wortlaut sind somit zwei Voraussetzungen für eine Sonderstellung innerhalb des Betriebsverfassungsrechts nötig. Zunächst muß es sich um einen leitenden Angestellten handeln, der dann noch die besonderen Forderungen der Nr. 1—3 erfüllen muß[68].

Im Hauptsatz ist nur von leitenden Angestellten schlechthin die Rede. Der konditionale Nebensatz stellt dann noch weitere Bedingungen auf, die vorliegen müssen, um die im Hauptsatz genannten leitenden Angestellten aus dem Geltungsbereich des Betriebsverfassungsgesetzes auszuschließen.

Die im konditionalen Nebensatz postulierten Bedingungen können nach dem Sprachsinn mit dem im Hauptsatz genannten leitenden Angestellten nicht identisch sein, d. h., daß in einem konditionalen Nebensatz nicht ein im Hauptsatz stehender Begriff des leitenden Angestellten definiert werden kann.

Die grammatikalische Auslegung des § 5 Abs. 3 BVG spricht demnach gegen die Theorie von der Legaldefinition und für einen vorgegebenen Oberbegriff.

b) Ein Indiz für diese Auslegung aus dem Wortlaut des Gesetzes könnte sich auch aus den Vorschriften im BVG ergeben, die außer der eigentlichen Abgrenzungsnorm sich noch auf leitende Angestellte beziehen, wie die §§ 105, 107 Abs. 1, 107 Abs. 3, 108 Abs. 2 BVG[69].

§ 107 Abs. 1 und § 108 Abs. 2 BVG sprechen nur von den in § 5 Abs. 3 BVG genannten Angestellten. Diese Vorschriften können somit für die Streitfrage ob vorgegebener Oberbegriff oder Legaldefinition nicht in Betracht kommen. Es kann damit nicht gesagt werden, daß auf eine Legaldefinition in § 5 Abs. 3 BVG verwiesen werde. Gleichermaßen kann nämlich auf leitende Angestellte hingewiesen werden, die dann

---

[68] Vgl. auch BAG, Entscheidungen v. 19. 11. 1974, EzA § 5 BVG Nr. 9, 10 Ziff. III 2.

[69] Vgl. *Wiedemann*, RdA 72/213.

noch besondere in den Nr. 1—3 des § 5 Abs. 3 BVG genannte Voraussetzungen erfüllen müssen.

Dagegen ist in den §§ 105 und 107 Abs. 3 von den in § 5 Abs. 3 genannten leitenden Angestellten die Rede. Aus einer Interpretation dieser Vorschriften kann ebenfalls weder der Schluß gezogen werden, daß § 5 Abs. 3 eine Begriffsdefinition gebe, noch, daß Voraussetzung für eine Sonderstellung innerhalb der Betriebsverfassung der Status eines leitenden Angestellten sei, für den dann noch weitere Voraussetzungen hinzukommen müßten. Hier könnte sowohl auf eine in § 5 Abs. 3 gegebene Begriffsbestimmung verwiesen werden, als auch auf leitende Angestellte in einem allgemeinen Sinn, welche die in § 5 Abs. 3 Nr. 1—3 genannten besonderen Eigenschaften zusätzlich erfüllen müssen.

2. Begriff des leitenden Angestellten in der Arbeitsgesetzgebung

Weiter ist zu prüfen, ob in der Arbeitsgesetzgebung ein einheitlicher Begriff des leitenden Angestellten besteht und ob sich hieraus gegebenenfalls etwas für die hier erörterte Streitfrage herleiten läßt.

a) Zunächst ist zu prüfen, ob die Arbeitsgesetzgebung einen einheitlichen Begriff des leitenden Angestellten geschaffen hat.

aa) Für das frühere Betriebsverfassungsrecht ist einmal das Betriebsrätegesetz von 1920 erwähnenswert. In dessen § 12 Abs. 2 war, abgesehen von Vorstandsmitgliedern und anderen Organen juristischer Personen, von Geschäftsführern, Betriebsleitern mit Einstellungs- und Entlassungsbefugnis für mindestens eine Betriebsabteilung, sowie von Prokuristen und Generalbevollmächtigen die Rede, ohne daß der Begriff des leitenden Angestellten dabei erwähnt wurde. Dieses Gesetz geht wiederum auf die Revolutionsverordnung vom 23. 12. 1918 zurück, die schon Prokuristen und Generalbevollmächtigten eine Sonderstellung im Betriebsverfassungsrecht einräumte. Diese Abgrenzung eines bestimmten Personenkreises im Betrieb, der nicht zur Belegschaft im Sinne des Betriebsverfassungsrechts gehören sollte, wurde auch von den Betriebsrätegesetzen der Länder mit geringfügigen, materiellrechtlich unerheblichen Änderungen übernommen[70].

Ein kleiner, im wesentlichen gleicher Kreis von Angestellten im Betrieb mit eindeutigen, maßgeblichen Arbeitgeberfunktionen war in diesen Gesetzen vom aktiven und passiven Wahlrecht zum Betriebsrat ausgenommen[71].

---

[70] So z. B. § 2 Abs. 2 b bay. BRG vom 15. 11. 1950: „Nicht als Arbeitnehmer i. S. d. Gesetzes gelten ... Betriebsleiter usw.“ Ähnlich auch § 3 BRG Hessen; § 3 BRG Rh.-Pfalz; § 3 Abs. 2 a BRG Bremen.

[71] Vgl. *Steinmann*, BABl. 53/399 ff.

bb) In einer Reihe weiterer Gesetze nimmt ebenfalls ein Kreis von Angestellten entweder eine Sonderstellung gegenüber den übrigen Arbeitnehmern ein oder ist überhaupt aus dem personalen Geltungsbereich dieser Gesetze herausgenommen. Dazu zählen:

(1) Das Kündigungsschutzgesetz. So haben im § 14 Abs. 2 Kündigungsschutzgesetz Geschäftsführer, Betriebsleiter u. ä. leitende Angestellte, soweit diese zur selbständigen Einstellung und Entlassung von Arbeitnehmern berechtigt sind, eine Sonderstellung.

(2) Nach § 22 Abs. 2 Arbeitsgerichtsgesetz können Geschäftsführer und Betriebsleiter, soweit sie ebenfalls selbständig Einstellungsbefugnis haben oder Prokuristen und Generalbevollmächtigte, Arbeitgeberbeisitzer beim Arbeitsgericht sein.

(3) Nach § 16 Abs. 2 Satz 4 SGG gehören zu den Sozialrichtern aus dem Kreise der Arbeitgeber auch leitende Angestellte, wenn ihnen Generalvollmacht oder Prokura erteilt ist, oder wenn sie berechtigt sind, Arbeitnehmer selbständig einzustellen oder zu entlassen.

(4) § 1 Abs. 2 AZO gewährt Angestellten in leitender Stellung, die Vorgesetzte von mindestens 20 Gefolgschaftsmitgliedern sind, eine Sonderstellung.

(5) Schließlich ist noch die haftungsrechtliche Vorschrift für bestimmte höhere Angestellte (Betriebsleiter u. ä.) des § 151 Gewerbeordnung erwähnenswert.

(6) In § 105 Abs. 1 Aktiengesetz werden hinsichtlich der Unvereinbarkeit der Zugehörigkeit zum Aufsichtsrat einer Aktiengesellschaft Prokuristen und zum gesamten Geschäftsbetrieb ermächtigte Handlungsbevollmächtigte mit den Vorstandsmitgliedern gleichgesetzt[72].

(7) In der Sozialversicherung gelten u. a. als Arbeitgeber die Geschäftsführer und bevollmächtigten Betriebsleiter[73]. Ein einheitlicher Begriff des leitenden Angestellten wurde bisher also in den arbeits- und gesellschaftsrechtlichen Gesetzen nicht geschaffen[74]. Es wird immer nach dem speziellen Zweck des Gesetzes abgegrenzt.

b) Bei der Frage, inwieweit diese Vorschriften zur Auslegung des Begriffes „leitender Angestellter“ verwendet werden können, ist auf die Zweckrichtung der entsprechenden Gesetze abzustellen. Von diesen gesetzlichen Vorschriften können nur diejenigen herangezogen werden, die eine grundsätzlich gleiche Zweckrichtung wie § 5 Abs. 3 BVG haben.

Dazu zählen zunächst die älteren betriebsverfassungsrechtlichen Vorschriften, wie die der Revolutionsverordnung vom 23. 12. 1918, § 12

---

[72] Vgl. auch § 89 Abs. 2 AktG.

[73] *Trinkhaus*, Arbeitsrechts-Blattei III 2.

[74] Vgl. auch *Dietz / Richardi*, Anm. 101 zu § 5 BVG.

Abs. 2 BRG 1920, § 2 Abs. 2 b bay. BRG 1950, § 3 hessisches BRG, § 3 Abs. 2 a BRG Bremen. Sie nehmen alle einen kleinen Kreis von Angestellten aus der Arbeitnehmersolidarität heraus, die eindeutig starke Affinitäten zum Arbeitgeber haben.

Ebenso stellen die Vorschriften über die paritätische Besetzung von Gerichtsbehörden, wie § 22 Abs. 2 Nr. 2 Arbeitsgerichtsgesetz, § 16 Abs. 2 Nr. 4 SGG, auf den sozialen Gegensatz von Arbeitgeber/Unternehmer einerseits und Arbeitnehmer andererseits ab.

Diese Vorschriften wollen durch einschränkende Begriffsmerkmale den Kreis jener höheren Angestellten bestimmen, denen sie als Leitende die Arbeitnehmereigenschaft versagen[75]. Eine ähnliche Zweckrichtung verfolgt § 14 Abs. 2 KSchG. Um die Handlungsfähigkeit des Unternehmens zu sichern, muß sich der Unternehmer von Leuten seines engeren Führungskreises leichter trennen können als von den übrigen Arbeitnehmern, wenn aus seiner Sicht eine Zusammenarbeit nicht mehr dem Unternehmen dienlich ist[76].

Schließlich kann in diesem Zusammenhang noch § 105 Abs. 1 AktG herangezogen werden, eine Vorschrift, die aus Gründen der Unvereinbarkeit zwischen der Kontrollfunktion des Aufsichtsrates und der Führungsfunktion des Vorstandes und des engeren Führungskreises, Vorstandsmitgliedern, Prokuristen und gewissen Handlungsbevollmächtigten die Zugehörigkeit zum Aufsichtsrat versagt.

Eine gewisse Ausnahmestellung hat hier § 1 Abs. 2 AZO, eine Vorschrift, die ausschließlich auf die Vorgesetztenstellung abstellt.

Es gibt demnach in Gesetzen außerhalb des neueren Betriebsverfassungsrechts folgende Abgrenzungskriterien:

(1) In einigen Gesetzen wird die Stellung als Geschäftsführer und Betriebsleiter oder die Innehabung einer ähnlichen leitenden Position gefordert, wozu in der Regel auch selbständige Einstellungs- und Entlassungsbefugnis gehört.

(2) Vollmachtserteilung, wie Generalvollmacht, Prokura und unbeschränkte Handlungsvollmacht sind ebenfalls in den meisten einschlägigen Gesetzen ein Kriterium für eine Sonderstellung innerhalb der Arbeitnehmerschaft.

(3) § 1 Abs. 2 AZO läßt schließlich eine bloße Vorgesetztenstellung für eine gegenüber anderen Arbeitnehmern herausgehobene Position genügen.

c) Aus den angeführten Vorschriften kann man entnehmen, daß in allen Gesetzen mit gleicher oder ähnlicher Zweckrichtung wie das Be-

---

[75] *Bulla*, S. 124.

[76] Vgl. *Säcker*, BB 72/1200.

triebsverfassungsgesetz ein bestimmter Kreis von Arbeitnehmern wegen ihrer Gemeinsamkeiten mit dem Arbeitgeber, wie Betriebsleiter, Geschäftsführer und „ähnliche leitende Angestellte", die in der Regel auch Einstellungs- und Entlassungsbefugnis haben müssen, sowie Generalbevollmächtigte und Prokuristen eine Sonderstellung einnehmen. Zu den Gesetzen, die für diese Untersuchung relevant sind, zählen das Arbeitsgerichtsgesetz, das Sozialgerichtsgesetz, die Betriebsrätegesetze von 1920 und 1950, das Aktiengesetz und m. E. das Kündigungsschutzgesetz.

Trotzdem vermeiden es diese Gesetze, von einem einheitlichen Begriff des leitenden Angestellten zu sprechen, ja von leitenden Angestellten schlechthin ist nirgendwo die Rede[77]. Sie wollen für ihre Sonderzwecke durch einschränkende Begriffsmerkmale den Kreis jener höheren Angestellten bestimmen, denen sie die Arbeitnehmereigenschaft versagen. Von leitenden Angestellten ist zum ersten Mal in § 4 Abs. 2 c BVG 52 die Rede.

Obwohl fast alle Vorschriften mit gleicher oder ähnlicher Zweckrichtung wie § 5 Abs. 3 BVG für Betriebsleiter, Geschäftsführer, Generalbevollmächtigte und Prokuristen eine Sonderregelung getroffen haben, wurde es also vom Gesetzgeber vermieden, den Begriff des leitenden Angestellten zu definieren.

Hätte der Gesetzgeber den Begriff des leitenden Angestellten definieren wollen, so hätte er dies in einem der einschlägigen Gesetze zum Ausdruck bringen müssen und nicht immer auf Geschäftsführer, Betriebsleiter usw. verweisen dürfen. Von den Vorschriften mit gleicher Zweckrichtung kann man jedoch unter Umständen einen Schluß auf die allgemeinen Begriffsbestimmungen des leitenden Angestellten ziehen. In allen diesen Gesetzen werden zunächst Geschäftsführer und Betriebsleiter, also Leute mit eindeutigen Arbeitgeberfunktionen herausgehoben. Insoweit kann man also sagen, daß der Gesetzgeber generell diesen engen Kreis aus der Arbeitnehmerschaft herausnehmen wollte. Darüberhinaus werden auch in der Regel Leute mit weitreichender Handlungsvollmacht den Betriebsleitern und Geschäftsführern gleichgestellt. Sie werden vom Gesetzgeber im Betrieb als der Kern der leitenden Angestellten angesehen. Wie sich jedoch aus der Formulierung des § 14 Abs. 2 KSchG ergibt, in dem noch von „ähnlichen leitenden Angestellten" die Rede ist, sieht die Gesetzgebung den Kreis der Betriebsleiter, Prokuristen usw. nur als einen Teil der leitenden Angestellten an.

---

[77] Vgl. BAG v. 5. 3. 1974 EzA § 5 BVG Nr. 7 Ziff. III 2, wo gesagt wird, daß es keinen allgemeingültigen Begriff des leitenden Angestellten, selbst nicht im Arbeitsrecht, gebe.

Demnach ist zwar in der Arbeitsgesetzgebung kein einheitlicher Begriff des leitenden Angestellten geschaffen worden, andererseits ist dieser Umstand auch kein Argument dafür, daß § 5 Abs. 3 eine Legaldefinition enthält. Vielmehr spricht gerade die Voranstellung des Begriffes leitende Angestellte vor den noch zusätzlich erforderlichen Merkmalen in den Nr. 1—3 des § 5 Abs. 3 BVG, welche in den anderen Gesetzen nicht geschehen ist dafür, daß der Gesetzgeber auf einen, wenn auch nicht in der Arbeitsgesetzgebung definierten, möglicherweise betriebssoziologischen Begriff[78] des leitenden Angestellten zurückgreifen wollte. Gerade in § 4 Abs. 2 c BVG 52 und § 5 Abs. 3 BVG 72 ist nicht von bestimmten Gruppen höherer Angestellter wie Betriebsleiter und Prokuristen die Rede, sondern der Gesetzgeber hat hier den übergeordneten Begriff des leitenden Angestellten gewählt. Daß dies gerade in § 4 Abs. 2 c BVG 52 und § 5 Abs. 3 BVG 72 geschehen ist, spricht dafür, daß der Gesetzgeber einen vom Betriebsverfassungsgesetz unabhängigen Begriff des leitenden Angestellten im Auge hatte.

3. Einfluß der Meinung des BAG und der Arbeitsrechtswissenschaft auf den Gesetzgeber

Weiter könnte für einen vorgegebenen Oberbegriff des leitenden Angestellten die Überlegung sprechen, daß sich der Gesetzgeber der Meinung des BAG zu § 4 BVG 52 angeschlossen hat. Mit der Neuformulierung des Abgrenzungsparagraphen § 5 Abs. 3 BVG könnte der Gesetzgeber der Rechtsprechung gefolgt sein, die den Begriff des leitenden Angestellten als Oberbegriff angesehen hat[79]. Das BVG 72 hat die Formulierung des BVG 52 in der in diesem Zusammenhang relevanten Phase übernommen: „Leitende Angestellte ..., wenn sie ...". Boldt[80] ist der Meinung, daß durch das Nichteingehen auf den dem Gesetzgeber bekannten Meinungsstreit in den Beratungen zum BVG, sich dieser dem BAG[81] angeschlossen hat, andernfalls hätte er eine andere Auffassung als die des obersten Arbeitsgerichtes durch eine entsprechende Fassung der Gesetzesvorschrift zum Ausdruck gebracht.

Die bisherige Rechtsprechung, insbesondere das BAG, steht zwar auf dem Standpunkt, daß es sich beim Begriff des leitenden Angestellten um einen vorgegebenen Oberbegriff handelt. Die Meinung Boldts stützt sich aber auf keine konkreten Aussagen des Gesetzgebers, die in den Gesetzesmaterialien zum Ausdruck gekommen sind[82]. Hier wird eine

---

[78] Vgl. ArbG Köln vom 12. 6. 1972, 10 BV 20/72 (nicht veröffentlicht).

[79] So *Boldt*, ULA-Schriftenreihe S. 4.

[80] Ebd.

[81] BAG AP Nr. 4 zu § 4 Abs. 2 c BVG 52.

[82] Vgl. Reg.-Ent. zum BVG mit Begründung BT VI 1786; Ausschußbericht BT VI 2729 S. 11 f.; Ausschußprotokoll des Ausschusses für Arbeit und Sozialordnung, Prot.-Nr. 45/46 v. 24., 25. 2. 1971.

Vermutung aufgestellt. Daraus, daß der Gesetzgeber zu einer Entscheidung des BAG geschwiegen hat, kann nicht der Schluß gezogen werden, er habe die Meinung des BAG zu der vorliegenden Streitfrage übernommen. Insbesondere wegen des Meinungsstreites in der Literatur seit dem BVG 1952 zu diesem Thema, der dem Gesetzgeber ja auch bekannt gewesen sein dürfte, kann nicht ohne weiteres unterstellt werden, dieser habe sich stillschweigend der Meinung des BAG angeschlossen. Dies hätte der Gesetzgeber dann explizit zum Ausdruck bringen müssen.

Auch der Arbeitsrechtswissenschaft kann der Gesetzgeber in diesem Streitpunkt nicht gefolgt sein. Gerade hier ist ja die Frage, ob § 5 Abs. 3 BVG einen vorgegebenen Oberbegriff oder eine Legaldefinition enthält, äußerst umstritten. Der Gesetzgeber hat jedoch in diesen Meinungsstreit in der Rechtswissenschaft nicht eingegriffen. Darüberhinaus hat es die Arbeitsrechtswissenschaft unterlassen, zumindest für das BVG 1952 einen Begriff des leitenden Angestellten herauszuarbeiten[83].

4. Meinung des Gesetzgebers an Hand der Gesetzesmaterialien

Weiter ist zu prüfen, ob sich der Gesetzgeber aus anderen Gründen in diesem Meinungsstreit für eine Richtung entschieden hat.

a) Dabei ist zunächst auf die Gesetzesmaterialien zum Betriebsverfassungsgesetz 1952 zurückzugehen. Hier wurden die Materialien zum Gesetz schon unterschiedlich ausgelegt. Während Dietz[84] unter Hinweis auf die unwidersprochenen Ausführungen eines Oppositionsabgeordneten[85] behauptet, aus den Materialien könne nur der Schluß gezogen werden § 4 Abs. 2 c BVG 52 enthalte eine Legaldefinition, verneinten dies Fitting / Kraegloh / Auffarth[86] bei einer Interpretation derselben Materialien[87].

Im grundlegenden schriftlichen Bericht des Ausschusses für Arbeit[88] heißt es: „Ferner sollen nicht als Arbeitnehmer gelten die Angestellten, die ihrer Stellung und ihrem Einflußbereich nach im Betrieb als leitende Angestellte anzusehen sind, wenn sie eine der folgenden zusätzlichen Voraussetzungen erfüllen:

Sie müssen entweder zur selbständigen Einstellung und Entlassung ... beschlossen die Regierungsparteien gegen den Widerstand der Oppo-

---

[83] *Höpp*, RdA 60/182 ff., einerseits; *Hueck*, BB 54/536 ff., andererseits.

[84] Anm. 58 c zu § 4 BVG 52.

[85] Vgl. oben A I 1.

[86] Anm. 13 b zu § 4 BVG 52.

[87] Vgl. oben A I 1, II 1.

[88] BT-Drucksache I Nr. 3585.

sition als Einschränkung des Arbeitnehmerkreises im Sinne des Betriebsverfassungsgesetzes, daß auch solche leitende Angestellte nicht als Arbeitnehmer gelten sollten, ... deren Bezüge ... und die Aufgaben wahrhaben ..."

Der maßgebende Ausschußbericht geht also zunächst von Angestellten aus, die nach Stellung und Einflußbereich im Betrieb leitende Angestellte sind. Diese Formulierung spricht dafür, daß der Ausschuß für Arbeit damit Angestellte meinte, die nach betriebssoziologischen und betriebsorganisatorischen Gesichtspunkten als leitende Angestellte anzusehen sind. Erst dann spricht er von weiteren Voraussetzungen, die außerdem noch vorliegen müssen. Weiter setzt der Ausschuß auch bei der dritten Alternative des § 4 Abs. 2 c BVG 52 die Stellung eines leitenden Angestellten voraus: „... daß auch solche leitende Angestellte nicht als Arbeitnehmer gelten sollten, die ..." noch die folgenden Voraussetzungen erfüllen. Aus dieser Stellungnahme des Ausschusses für Arbeit kann deshalb nur der Schluß gezogen werden, daß der Gesetzgeber von einem vorgegebenen Begriff des leitenden Angestellten ausgegangen ist. Der von Dietz[89] zitierten Äußerung eines Oppositionsabgeordneten, der von einer Legaldefinition sprach[90], kann daneben keine Bedeutung mehr zugemessen werden, selbst wenn sie ohne Widerspruch geblieben ist. Man kann deshalb sagen, daß der Gesetzgeber für § 4 Abs. 2 c BVG 52 von einem vorgegebenen Oberbegriff ausgegangen ist.

b) Weiter ist zu prüfen, ob der Gesetzgeber zum Betriebsverfassungsgesetz 1972 eine andere Haltung eingenommen hat und eine Legaldefition des leitenden Angestellten geben wollte. Diese Meinung vertreten z. B. Grüll und Göbel[91] mit dem Hinweis auf den Bericht des Ausschusses für Arbeit und Sozialordnung[92], in dem es heißt: „Auch der Ausschuß war eindeutig der Auffassung, daß eine neue objektivere und stärker an die Funktion gebundene Begriffsbestimmung der leitenden Angestellten gefunden werden müsse. Deshalb wird der Begriff des leitenden Angestellten in Anlehnung an die Empfehlung des Rechtsausschusses neu gefaßt". Aus den Worten „Begriffsbestimmung und Begriff des leitenden Angestellten" ziehen nun Grüll und Göbel den Schluß, daß der Gesetzgeber im § 5 Abs. 3 den Begriff des leitenden Angestellten definieren wollte.

---

[89] Anm. 58 c zu § 4 BVG 52.

[90] Stenographischer Bericht I S. 9952: „... hierzu werden verschiedene Merkmale aufgeführt, von denen jedes geeignet ist, die Arbeitnehmereigenschaft zu verneinen."

[91] *Grüll*, RdA 72/172; *Göbel*, BlStSozArbR 72/48.

[92] BT-Drucksache VI 2729 S. 11; vgl. oben A II 3, III 3.

Grüll ist dabei der Ansicht, § 5 Abs. 3 BVG 52 gehe nur scheinbar von einem vorgebenen Oberbegriff des leitenden Angestellten aus. Nach dem Ausschußbericht[93] sei jedoch der Gesetzgeber ganz offensichtlich der Meinung gewesen, daß der in § 5 Abs. 3 abgegrenzte Personenkreis nun doch eine Definition des leitenden Angestellten enthalte.

Es scheint jedoch fraglich, ob man an Hand des Ausschußberichtes davon sprechen kann, der Gesetzgeber habe den Begriff des leitenden Angestellten abschließend bestimmen wollen. Vielmehr dürfte im Ausschußbericht dieser Satz nur stehen, um damit deutlich zu machen, daß man von der subjektiven Fassung des § 4 Abs. 2 c BVG 52 abgekommen ist. Der Schwerpunkt dieses Satzes dürfte auf dem Passus „eine neue objektive und stärker an die Funktion gebundene Begriffsbestimmung" liegen, wobei hier wieder der besondere Akzent auf den Wörtern „objektiv" und „stärker an die Funktion gebunden" liegt, um den Unterschied zur früheren, mehr subjektiven Fassung zu demonstrieren.

Das ergibt sich auch aus den Ausführungen des Berichterstatters des Ausschusses für Arbeit und Sozialordnung Buschfort in der 150. Sitzung des Bundestages vom 10. 11. 1971[94], in dem dieser immer wieder auf eine an die Funktion gebundene und an objektiven Kriterien orientierte Begriffsbestimmung des leitenden Angestellten im neuen § 5 Abs. 3 im Verhältnis zum alten § 4 Abs. 2 c BVG 52 hinwies. Gemeint waren wohl die zusätzlichen Voraussetzungen in den Nr. 1—3 des § 5 Abs. 3, sowie die Merkmale Dienststellung und Dienstvertrag. Dem Wort „Begriffsbestimmung" kommt damit in etwa der Sinn von Abgrenzungsmerkmalen oder Umgrenzung der besonderen für die Betriebsverfassung nötigen Merkmale der leitenden Angestellten zu. Dagegen darf wohl kaum aus diesem Satz der Schluß gezogen werden, daß der neue § 5 Abs. 3 BVG 72 eine umfassende Begriffsbestimmung des leitenden Angestellten geben wollte.

5. Orientierung des Gesetzgebers am herrschenden Sprachgebrauch

Der Gesetzgeber könnte sich bei der Frage ob § 5 Abs. 3 BVG einen Oberbegriff oder eine abschließende Begriffsbestimmung enthält, am herrschenden Sprachgebrauch, insbesondere am Sprachgebrauch der beteiligten Verbände, orientiert haben. Dafür spricht, daß er im Anhörungsverfahren verschiedene gesellschaftliche Gruppen und Verbände zu diesem Problem gehört hat. Fraglich ist jedoch, inwieweit auf einen einheitlichen Sprachgebrauch zurückgegriffen werden kann. Die Meinungen der Sachverständigen über die Frage, wer zu den leitenden Angestellten gezählt wird, gingen jedoch erheblich auseinander, so daß

---

[93] BT-Drucksache VI 2729 S. 11.

[94] Stenographischer Bericht VI S. 8588.

nicht anzunehmen ist, daß der Gesetzgeber einen Begriff des leitenden Angestellten im Auge gehabt haben könnte, der oft nur aus verbandspolitischen Interessen geprägt wurde[95].

6. Orientierung des Gesetzgebers an der Betriebspraxis

Für die Ansicht, der Gesetzgeber sei von einem vorgegebenen Oberbegriff ausgegangen, könnte die Überlegung sprechen, daß er den Begriff des leitenden Angestellten überhaupt nicht erschöpfend definieren wollte, sondern dies der Entwicklung in der Betriebssoziologie, der Betriebswirtschaftslehre und vor allen Dingen der betrieblichen Praxis überlassen und in § 5 Abs. 3 Nr. 1—3 nur zusätzliche Erfordernisse für das Betriebsverfassungsrecht aufstellen wollte[96].

Schon für § 4 Abs. 2 c BVG 52 war Bulla[97] der Meinung, daß es nur darum ging, bestimmte Gruppen nicht als Arbeitnehmer im Sinne des Betriebsverfassungsgesetzes gelten zu lassen. Zweck des § 4 Abs. 2 c BVG 52 sei es, bestimmte Personengruppen von der Arbeitnehmerschaft abzusondern. Um das zu bewirken, habe der Gesetzgeber keine Veranlassung gehabt, eine abschließende Begriffsbestimmung des leitenden Angestellten vorzunehmen. Es gebe nämlich Fälle, in denen, obwohl die Voraussetzungen des § 4 Abs. 2 c BVG 52 erfüllt sind, der Betreffende dennoch nicht leitender Angestellter im Sinne des Betriebsverfassungsgesetzes sei und er deshalb nicht zu den Nichtarbeitnehmern zähle.

Auch aus den Materialien zu BVG 72 spricht vieles dafür, daß der Gesetzgeber der zukünftigen Entwicklung bei der Definition des leitenden Angestellten nicht vorgreifen wollte[98]. So war der Abgeordnete Schmidt (Kempten) in der ersten Beratung des Bundestages zum BVG der Meinung, daß sich der Umfang des Kreises der leitenden Angestellten in einer fließenden Entwicklung befinde[99]. Dieser Meinung schloß sich auch der Ausschuß für Arbeit und Sozialordnung an[100], indem er ausführte, die Mehrheit des Ausschusses sei der „Auffassung, daß die betriebssoziologische Stellung der leitenden Angestellten noch nicht abschließend beurteilt werden könne".

Damit gab der Ausschuß deutlich kund, daß er einer abschließenden Bestimmung des Kreises der leitenden Angestellten in der betrieblichen

---

[95] Vgl. Ausschußbericht des Ausschusses für Arbeit und Sozialordnung, Prot.-Nr. 45/46.

[96] Vgl. *Rose*, AuR 72/309 ff.

[97] S. 133.

[98] Vgl. *Rüthers / Stindt*, DB 72/977.

[99] Zur Sache 1/72 S. 62.

[100] BT VI 2729 S. 12.

Wirklichkeit nicht vorgreifen, sondern vielmehr nur zusätzlich für die Zwecke der Betriebsverfassung besondere Merkmale aufstellen wollte.

Ein weiteres Indiz für einen vorgegebenen Oberbegriff im Zusammenhang mit der Voranstellung des Begriffes „leitender Angestellter" ist der Umstand, daß weder im Referentenentwurf des Bundesministeriums für Arbeit noch im Entwurf des DGB oder der DAG zum Betriebsverfassungsgesetz der Begriff des leitenden Angestellten vorangestellt wurde[101]. So heißt es z. B. im Referentenentwurf: „Als Arbeitnehmer im Sinne des Gesetzes gelten nicht ... c) Personen, denen Generalvollmacht erteilt ist oder die ... sowie Personen, die ... berechtigt sind".

Infolge der Interventionen, insbesondere von FDP, ULA und BDA stellte daraufhin der Regierungsentwurf den Begriff des leitenden Angestellten voran[102].

Der Referentenentwurf (sowie auch der DGB- und DAG-Entwurf) sollten zweifellos den Personenkreis abschließend bestimmen, auf den das BVG keine Anwendung findet. Durch die Voranstellung des Begriffs „leitender Angestellter" im Regierungsentwurf und in der endgültigen Fassung des Gesetzes hat somit der Gesetzgeber dokumentiert, daß er von einer Definition abrücken wolle und von einem vorgegebenen Oberbegriff ausgehe.

7. Vorgegebener Oberbegriff und Nummer 3 des § 5 Abs.3 BVG

Weiter ist zu prüfen, ob die funktionsbezogene Fassung des neuen § 5 Abs. 3 Nr. 3 zu dem Ergebnis führt, daß § 5 Abs. 3 Nr. 3 den Kreis der leitenden Angestellten abgrenzt[103]. Nach Grüll wird es durch die objektivere Fassung wohl kaum noch Angestellte außerhalb des neuen § 5 Abs. 3 Nr. 3 geben, die leitende Angestellte sind. Grüll unterläßt es jedoch, seine Behauptung, daß es außerhalb § 5 Abs. 3 Nr. 3 BVG keine leitenden Angestellten mehr gebe, zu begründen. Zum zweiten sagt er nichts darüber aus, ob alle Angestellten, die unter § 5 Abs. 3 Nr. 1—3 fallen, auch schon leitende Angestellte sind, also darüber, ob der Begriff des leitenden Angestellten, sofern er als Oberbegriff vorgegeben ist, den Kreis derjenigen, die nicht unter das BVG fallen, gegenüber Nr. 1—3 einschränken kann.

---

[101] Vgl. Synopse des DGB zum Betriebsverfassungsgesetz 1972.

[102] Vgl. Ausschußbericht des Ausschusses für Arbeit und Sozialordnung vom 24., 25. 2. 1971, Prot.-Nr. 45/46.

[103] Ähnlich auch im DGB-Entwurf.

8. Berücksichtigung betrieblicher Erfordernisse durch vorgegebenen Oberbegriff

Schließlich ist noch auf die Meinung Wiedemanns[104] einzugehen, der eine in der Betriebswirtschaftslehre bzw. Betriebssoziologie herauszuarbeitende Begriffsbestimmung des leitenden Angestellten für die juristische Begriffsbildung als unbrauchbar ablehnt. Damit steht Wiedemann im Widerspruch zur Intention des Gesetzgebers, der gerade eine derartige Begriffsbildung im Auge gehabt hatte[105]. Darüberhinaus ist Wiedemann entgegenzuhalten, daß bei einer Vorschrift, die wesentlich zum Gleichgewicht zwischen Arbeitgeber und Belegschaft im Betrieb beitragen kann, gerade bei der Bestimmung des Kreises von Arbeitnehmern, der außerhalb der Belegschaft stehen soll, auf die betrieblichen, vorwiegend betriebsorganisatorischen Erfordernisse Rücksicht genommen werden muß[106]. Daß ein betriebsorganisatorischer oder betriebssoziologischer Begriff des leitenden Angestellten unbrauchbar sei, bleibt deshalb unbewiesen.

Auch aus dem Gesetzesaufbau läßt sich entgegen der Auffassung Wiedemanns nichts anderes ins Feld führen[107]. Insbesondere ist es für die Frage ob § 5 Abs. 3 BVG einen vorgegebenen Oberbegriff oder eine Legaldefinition beinhaltet ohne Bedeutung, daß in Nr. 1 u. 2 formale konkrete Merkmale herangezogen werden, für Nr. 3 dagegen materielle abstrakte Merkmale. Auch der Einwand Wiedemanns gegen einen vorgebenen Oberbegriff, der in Nr. 3 eine Typusbeschreibung des leitenden Angestellten sieht, die sich nicht mit einer begrifflichen Denkweise vermengen lasse, greift nicht durch. Offenbar wollte der Gesetzgeber neben den „klassischen" leitenden Angestellten der Nr. 1 u. 2, wie sie auch in den meisten anderen Gesetzen abgegrenzt werden[108], noch eine dritte Gruppe stellen, die eben nicht mit formalen Merkmalen wie Vollmachten usw. zu umschreiben ist.

§ 5 Abs. 3 BVG 72 wollte damit, wie auch schon § 4 Abs. 2 c BVG, den Kreis derjenigen leitenden Angestellten, die nicht in den personalen Geltungsbereich des Betriebsverfassungsgesetzes fallen, gegenüber dem Betriebsrätegesetz 1920 und den Betriebsrätegesetzen der Länder um eine dritte Gruppe erweitern, ohne daß damit der Typus des leitenden Angestellten schlechthin umschrieben werden sollte.

---

[104] *Grüll*, RdA 72/172 ff.; vgl. auch *Grüll*, BB 74/653 ff. (654).

[105] RdA 72/214 f., vgl. oben A III 6.

[106] Vgl. BAG v. 5. 3. 1974 EzA § 5 BVG Nr. 7; v. 19. 11. 1974 EzA § 5 BVG Nr. 9.

[107] Vgl. oben A III 1.

[108] Vgl. oben A III 2 a.

Im übrigen laufen auch diese methodischen Überlegungen Wiedemanns auf die schon eben abgelehnte Meinung hinaus, daß es keinen für die juristische Auslegung brauchbaren, außerhalb des Betriebsverfassungsrechts liegenden Begriff des leitenden Angestellten gebe.

Wenn man wie Wiedemann[109] der Meinung ist, daß der Gesetzgeber die Normergänzung oder Normschöpfung auf die Rechtsprechung delegiert hat, oder mit Rüthers/Stindt[110] und Rose[111] von einer offengelassenen Gesetzgebung spricht, nach der letztlich die betriebliche Praxis und die Wissenschaft über den Kreis der leitenden Angestellten entscheidet, so kann dies nur über den Begriff „leitender Angestellter" geschehen.

9. Rechtssicherheit bei Vorliegen eines vorgegebenen Oberbegriffs

Gründe der Rechtssicherheit könnten für eine Begriffsdefinition des leitenden Angestellten sprechen. Erdmann[112]/Jürsing/Kammann nehmen an, daß ein verhältnismäßig hohes Maß an Rechtssicherheit bei der Abgrenzung des Kreises der leitenden Angestellten nur zu erreichen sei, wenn davon ausgegangen werde, daß der Kreis der leitenden Angestellten für das Betriebsverfassungsgesetz eigenständig definiert ist.

In der Tat birgt ein vorgegebener Begriff der leitenden Angestellten ein gewisses Maß an Rechtsunsicherheit in sich, was man auch daran erkennen kann, daß der Kreis der leitenden Angestellten in den Betrieben höchst unterschiedlich abgegrenzt wird. An dieser Stelle sei dazu nur gesagt, daß sich in manchen Betrieben der Kreis der leitenden Angestellten auf die Betriebsdirektoren der ersten Stufe unterhalb des Vorstandes beschränkt, während in anderen Betrieben wiederum fast jeder Akademiker, der länger als zwei bis drei Jahre im Betrieb tätig ist, zu den leitenden Angestellten gezählt wird.

Es erscheint jedoch zweifelhaft, ob diese Rechtsunsicherheit schon dadurch abgebaut wird, daß von einer Begriffsdefinition des leitenden Angestellten ausgegangen wird, dies insbesondere im Hinblick auf die Nr. 3 des § 5. Vielmehr wird man, wenn man mehr Rechtssicherheit gewinnen will, einen einheitlichen Begriff des leitenden Angestellten herausarbeiten müssen, der auf den Grundlagen der Betriebsorganisation und Betriebssoziologie beruht[113].

---

[109] RdA 72/213.

[110] BB 72/977.

[111] AuR 72/309.

[112] Anm. 10 zu § 5 BVG 72.

[113] Vgl. Beschluß des ArbG Köln v. 12. 6. 1972 10 BV 20/72 (nicht veröffentlicht).

10. Vorgegebener Oberbegriff und betriebliche Praxis

Auch in der betrieblichen Praxis geht man bei der Abgrenzung des Kreises der leitenden Angestellten von unterschiedlichen Voraussetzungen aus. Wenn auch der Meinungsstreit in der Literatur zu diesem Problem weitgehend unbekannt ist, so sind doch die meisten Unternehmen, wohl mehr unbewußt, einer der beiden Meinungen gefolgt.

Eine Minderheit hält sich vorwiegend an die Nr. 1—3 des § 5 Abs. 3[114]. Diese Betriebe sehen all diejenigen als leitende Angestellte an, die eine der drei Voraussetzungen der Nr. 1—3 erfüllen[115]. Die überwiegende Mehrzahl der Unternehmen geht jedoch von der betrieblichen Hierarchie aus und erklärt alle Angestellten bis zu einer gewissen Stufe innerhalb der Betriebshierarchie, z. B. bis zum Abteilungsleiter, zu leitenden Angestellten. Dazu werden oft noch Angestellte außerhalb der Betriebshierarchie, meist Referenten genannt, als leitende Angestellte, unabhängig vom geltenden Betriebsverfassungsgesetz, angesehen.

Damit gehen diese Betriebe in erster Linie von einem in der Betriebsorganisation vorgegebenen Begriff des leitenden Angestellten aus.

Allerdings ergaben die Betriebsuntersuchungen[116] auch, daß im Hinblick auf § 5 Abs. 3 Nr. 3 BVG zusätzlich Angestellte als leitende Angestellte geführt werden, obwohl diese teilweise nach ihrem Status im Betrieb nicht als solche angesehen werden.

Man kann daraus erkennen, daß die Theorie vom vorgegebenen Oberbegriff in der Praxis der meisten Betriebe eine Stütze gefunden hat. Für diese Betriebe ist es nämlich von Bedeutung, daß Angestellte, die im betriebsorganisatorischen und betriebssoziologischen Sinn als leitende Angestellte angesehen werden, vom personellen Geltungsbereich des Betriebsverfassungsgesetzes ausgenommen werden.

IV. Zusammenfassung zum Meinungsstreit, ob § 5 Abs. 3 einen vorgegebenen Oberbegriff oder eine Legaldefinition beinhaltet

1. Vorgegebener Begriff des leitenden Angestellten in § 5 Abs. 3 BVG

Es ist zwar richtig, daß es in der Arbeitsgesetzgebung keinen einheitlichen Begriff des leitenden Angestellten gibt und folglich auch ein solcher nicht vorgegeben sein kann. Auch bleiben gewisse Bedenken für die Rechtssicherheit bestehen. Für einen vorgegebenen Oberbegriff spricht dagegen nicht nur der Wortlaut des Gesetzes. Man kann auch

---

[114] Z. B. ein Großunternehmen der Chemieindustrie.

[115] Vgl. hierzu unten in Teil B. Welche Kriterien dazu im einzelnen herangezogen werden, ist in diesem Zusammenhang noch ohne Bedeutung.

[116] Vgl. unten B IV 3.

annehmen, daß der Gesetzgeber von einem vorgegebenen Oberbegriff durch die bewußte Voranstellung des Begriffs „leitende Angestellte“ ausgegangen ist. Dem Gesetzgeber war der Meinungsstreit bekannt; hätte er eine Legaldefinition gewollt, so hätte er dies deutlich machen müssen, z. B. durch die Formulierung: Leitende Angestellte im Sinne dieses Gesetzes sind ... Auch aus dem Ausschußbericht ist nichts Gegenteiliges zu entnehmen[117]. Darüberhinaus wollte der Gesetzgeber den Kreis der leitenden Angestellten für das Betriebsverfassungsrecht nicht abschließend definieren, sondern Raum für einen in der Rechtswissenschaft, der Betriebssoziologie und der Betriebswirtschaftslehre vorgegebenen bzw. noch zu bestimmenden Begriff des leitenden Angestellten schaffen, zu dessen endgültiger Abgrenzung der Gesetzgeber sich nicht in der Lage sah.

Dagegen sprechen weder die funktionsbezogene Fassung des § 5 Abs. 3, noch der Gesetzesaufbau, noch methodische Überlegungen.

Wie sich aus den Betriebsuntersuchungen ergab, erfordert die betriebliche Praxis, daß ein bestimmter Personenkreis unabhängig vom Betriebsverfassungsgesetz zu den leitenden Angestellten gezählt wird.

2. Frage nach der Identität des Begriffs des leitenden Angestellten mit den besonderen Voraussetzungen der Nummern 1—3 des § 5 Abs. 3 BVG

Der Begriff des leitenden Angestellten muß also mit den besonderen Voraussetzungen der Nummern 1—3 des § 5 Abs. 3 BVG 72 nicht identisch sein. Es kann deshalb sowohl leitende Angestellte geben, die keine der besonderen Voraussetzungen der Nummern 1—3 erfüllen und deshalb dieselbe betriebsverfassungsrechtliche Stellung wie alle übrigen Arbeitnehmer haben. Es kann aber prinzipiell auch Personen geben, die die Voraussetzungen für eine der Nummern 1—3 des § 5 Abs. 3 BVG erfüllen, aber keine Leitungsfunktion innehaben (Stichwort: Titularprokuristen) und deshalb ebenfalls unter den personalen Geltungsbereich des BVG fallen. Beide Kriterien, leitender Angestellter und eine der besonderen Voraussetzungen der Nummern 1—3, sind sowohl extensional als auch intensional verschieden[118].

Dabei ist aber zu betonen, daß der Meinung Bökers[119], der sich von den für das Betriebsverfassungsgesetz besonderen Voraussetzungen weitgehend lösen und sich allein auf einen vorgegeben Begriff des leitenden Angestellten, unabhängig von den betriebsverfassungsrechtlichen

---

[117] BT VI 2729 S. 11/12.

[118] Vgl. BAG v. 5. 3. 1974, EzA § 5 BVG Nr. 7; v. 19. 11. 1974, EzA § 5 BVG Nr. 9, 10; v. 4. 12. 1974, EzA § 5 BVG Nr. 14; v. 17. 12. 1974, EzA § 5 BVG Nr. 15.

[119] S. 150.

Intentionen, stützen will, nicht gefolgt werden kann. Dies mag rechtspolitisch vertretbar sein, ist aber mit der gegenwärtigen Gesetzeslage unvereinbar[120].

V. Die in § 5 Abs. 3 Nr. 3 genannten Angestellten und deren Gleichstellung im Wege einer unausgesprochenen Fiktion[121]

Nach Brecht[122] bedeutet ein vorgegebener Begriff des leitenden Angestellten nur hinsichtlich der Nummern 1 und 2 des § 5 Abs. 3 BVG eine echte Eingrenzung, da beispielsweise auch untergeordnete Personen Einstellungs- und Entlassungsbefugnis für einen bestimmten Kreis von Arbeitnehmern haben könnten. Demgegenüber umschreibe die Nummer 3 einen Kreis von Angestellten, der die unter dieser Nummer genannten Aufgaben erfüllen kann, ohne notwendigerweise Leitungsfunktionen zu haben. Ginge man streng subsumtiv vor, so wären nach Ansicht Wiedemanns[123] Personen wie der Werksarzt und der Betriebspsyochologe von vornherein nicht als leitende Angestellte zu betrachten, was ein unhaltbares Ergebnis zeitige. Der Gesetzesaufbau spricht jedoch gegen eine unterschiedliche Bedeutung des Begriffes leitender Angestellter. Der vor die Nummern 1—3 gezogene Begriff „leitende Angestellte" gilt nach dem eindeutigen Gesetzesaufbau in gleicher Weise für die Nummern 1 und 2 wie auch für die Nummer 3 des § 5 Abs. 3 BVG. Es fragt sich, ob sich aus dem Willen des Gesetzgebers etwas Gegenteiliges entnehmen läßt.

Daß der Gesetzgeber von einer unterschiedlichen Bedeutung ausgegangen ist, könnte sich daraus ergeben, daß in den Nummern 1 und 2 auf konkrete Befugnisse und Vollmachten abgestellt ist, während in Nummer 3 auf abstrakte Merkmale bezug genommen wird. Außerdem haben die in Nummern 1 und 2 genannten in der Regel arbeitgeberähnliche Funktionen. Für den in § 5 Abs. 3 Nr. 3 BVG genannten Personenkreis dürfte diese Regel nicht anzunehmen sein.

Der Gesetzgeber hat damit zum Ausdruck gebracht, daß er den Personenkreis, der nicht in den personalen Geltungsbereich des BVG fallen soll, nicht nur auf arbeitgeberähnliche Personen beschränken will.

Geht man mit Rose[124] davon aus, daß unter leitenden Angestellten nur Personen mit echten arbeitgeberähnlichen Leitungsfunktionen zu ver-

---

[120] Vgl. BAG v. 5. 3. 1974, EzA § 5 BVG Nr. 7 Ziff. III 3 a, wo davon die Rede ist, daß die Auslegung des Eingangshalbsatzes des § 5 Abs. 3 BVG nicht isoliert von den in § 5 Abs. 3 Nr. 1—3 BVG genannten Fallgruppen vorgenommen werden kann.

[121] Vgl. *Brecht*, oben A II 3 a.

[122] Anm. 19 zu § 5 BVG.

[123] RdA 72/214.

[124] AuR 72/309.

stehen sind und dieser vorgegebene Begriff auch für § 5 Abs. 3 Nr. 3 BVG gilt, so wird § 5 Abs. 3 Nr. 3 BVG überflüssig, da die Nr. 3 dann zumindest keine einschränkende Wirkung mehr hat. Die beiden von Rose angeführten Gegenbeispiele des Kantinenchefs und des Betriebsferienheimleiters, Personen am Rande des betrieblichen Geschehens, können dies nicht entkräften.

Wenn sich der Begriff des leitenden Angestellten in betriebssoziologischer und betriebswirtschaftlicher Betrachtungsweise nur auf Angestellte mit arbeitgeberähnlichen Leitungsfunktionen beschränken würde, so könnte man in der Tat mit Becker-Schaffner[125] nur noch davon sprechen, daß die in § 5 Abs. 3 Nr. 3 BVG genannten Angestellten in einer unausgesprochenen Fiktion den Angestellten mit echten Leitungsbefugnissen gleichgestellt sind. Das Gesetz würde dann den „echten" leitenden Angestellten noch weitere, in Nr. 3 genannte Angestellte in einer unausgesprochenen Fiktion gleichstellen. Nummer 3 würde diesen Personenkreis dann abschließend definieren.

Ist der allgemeine Begriff des leitenden Angestellten, der von der Rechtswissenschaft herausgearbeitet wurde, sowie der Begriff des leitenden Angestellten im betriebssoziologischen und betriebsorganisatorischen Sinn, den der Gesetzgeber nicht unberücksichtigt lassen wollte, jedoch nicht nur auf arbeitgeberähnliche Personen mit Leitungsfunktionen im engeren Sinn[126] beschränkt, so kann man nicht mehr wie Brecht, Fitting / Auffarth und Becker-Schaffner[127] davon sprechen, daß in § 5 Abs. 3 BVG arbeitgeberähnlichen Personen mit echten Leitungsfunktionen in unausgesprochener Fiktion weitere Angestellte gleichgestellt würden. Sind nämlich nach den angeführten Untersuchungskriterien außer den arbeitgeberähnlichen Angestellten noch weitere Angestellte als leitende Angestellte anzusehen, so kann nicht mehr von einer unausgesprochenen Fiktion die Rede sein.

§ 5 Abs. 3 Nr. 3 BVG kann dann sowohl extensional als auch intensional vom vorgegebenen Begriff des leitenden Angestellten verschieden sein und hat dann eine echte Funktion.

Dies kann aber abschließend erst beurteilt werden, wenn der Begriff des leitenden Angestellten wie er in der Rechtswissenschaft, der Betriebswirtschaftslehre, der Betriebssoziologie, sowie der betrieblichen Praxis vorgegeben ist, herausgearbeitet wurde. Zunächst muß also der Kreis der leitenden Angestellten abgegrenzt werden.

---

[125] BlStSozArbR 72/257 ff.; vgl. *Fitting / Auffarth*, (10. Aufl.) Anm. 19 zu § 5 BVG.

[126] Vgl. *Seydlitz-Kurzbach*, S. 14 ff.

[127] BlStSozArbR 72/257.

B. Bestimmung eines allgemeinen Begriffs des leitenden Angestellten

I. Wortbedeutung des Begriffs „leitende Angestellte“

1. Leitende Angestellte und Organe des Unternehmens

Wenn man vom Begriff „leitende Angestellte“ ausgeht, so muß es sich sicher zunächst um Angestellte im sozialversicherungsrechtlichen Sinn handeln, leitende Angestellte müssen also Arbeitnehmereigenschaft zumindest im allgemeinen arbeitsrechtlichen Sprachgebrauch, wohl aber auch im betriebsverfassungsrechtlichen Sinne besitzen[1]. Zum Kreis der leitenden Angestellten zählen somit sicher nicht Unternehmer[2]. Das ergibt sich daraus, daß § 5 BVG in bewußt abweichender Formulierung vom § 4 Abs. 2 c BVG 52 mit Arbeitnehmer überschrieben wurde. Als Nichtarbeitnehmer werden nur die in § 5 Abs. 2 genannten Personen bezeichnet, nicht aber die in § 5 Abs. 3 BVG angeführten leitenden Angestellten. Damit wurde den leitenden Angestellten eindeutig ihre Arbeitnehmereigenschaft bestätigt, die aufgrund der Tatsache, daß sie abhängige Arbeit leisten, wohl unbestritten ist[3].

Es ist jedoch noch zu prüfen, wer außer dem Einzelunternehmer zu den Unternehmern im Sinne des Betriebsverfassungsgesetzes zählt. Darüber gibt § 5 Abs. 2 Nr. 1 und 2 Auskunft. Es zählen demnach dazu: die Mitglieder der Organe juristischer Personen, wie die Vorstandsmitglieder einer Aktiengesellschaft (§ 78 Aktiengesetz), die Geschäftsführer einer GmbH (§ 35 GmbH-Gesetz), die Vorstandsmitglieder von Genossenschaften (§ 24 Genossenschaftsgesetz) sowie von Versicherungsvereinen (§ 34 VVG), die gesetzlichen Vertreter eines rechtsfähigen Vereins (§ 26 BGB) — gleichgültig ob es sich um einen eingetragenen oder um einen konzessionierten Verein handelt —, der Repräsentant oder Grubenvorstand einer Bergbaugesellschaft (§ 117 ABG), der Komplementär bei der Komanditgesellschaft auf Aktien (§ 278 AktG) und bei der rechtsfähigen Stiftung das Organ nach der Stiftungsverfassung. Keine Arbeitnehmer im Sinne des § 5 Abs. 2 BVG sind auch die Gesellschafter einer oHG sowie die gemäß Satzung oder Gesellschaftsvertrag

---

[1] Vgl. *Trinkhaus*, AR-Blattei IV Leitende Angestellte II; *Ruf*, Zur Sache 1/72 S. 31 Reg.-Entwurf (Begründung) BT VI 1786.

[2] Vgl. §§ 52 Abs. 2, 106; Abs. 1, 111 BVG.

[3] *Grüll*, RdA 72/173; vgl. auch *Dietrich Hoffmann*, NJW 74/1161 ff. (1163).

vertretungs- oder geschäftsführungsbefugten Mitglieder einer anderen Personengesamtheit, wie die Komplementäre einer Komanditgesellschaft. Dagegen dürften die Komandidisten zu den Arbeitnehmern zählen[4].

Auch in den Verbandssatzungen der Mitgliedsverbände der ULA sind diese Personen keine leitenden Angestellten (vgl. § 4 Abs. 2 der Satzung des VAA).

Dieser Personenkreis gehört somit nicht zu den leitenden Angestellten, mögen sie auch soziologisch darunter fallen.

Unmittelbar unter der Ebene der gesetzlichen Vertreter juristischer Personen sowie der Gesellschafter von Personengesamtheiten kommen in der Rangordnung der Unternehmen Generalbevollmächtigte und Prokuristen. Dazwischen kann es folglich keine weiteren Personen mehr geben, die nicht zu den leitenden Angestellten zählen[5]. Insbesondere findet der in § 19 c CDU/CSU-Entwurf als Nichtarbeitnehmer bezeichnete Personenkreis, wozu die Mitglieder der Leitung des Unternehmens und deren dauernde Stellvertreter, Generalbevollmächtigte und Mitglieder der Leitung des Betriebs und deren Stellvertreter, soweit sie nicht eine Organstellung innehaben, gehören sollen, im Gegensatz zu dem oben genannten Personenkreis der Vorstandsmitglieder usw. nirgends außerhalb der Arbeitnehmerschaft eine Rechtsstellung.

2. „Leitende" Tätigkeit

Nach dem Wortsinn muß der nun nach oben abgegrenzte Personenkreis von Angestellten leitend tätig sein.

Der Begriff „leitender Angestellter" verweist auf eine gewisse leitende Tätigkeit. Leiten selbst bedeutet soviel wie vorangehen, führen, jemandes Weges bestimmen[6], was jedoch in diesem Zusammenhang wenig besagt.

Nach einem Beschluß des Arbeitsgerichtes Frankfurt ist das „Leiten" im Wortsinn die Betätigung der unternehmerischen Leitungsfunktion[7]. Das BAG[8] geht davon aus, daß das Wort „leitend" im Sinne von Führen und den Weg bestimmen zu interpretieren ist. Den Weg bestimmen könne dabei nicht nur derjenige, der unmittelbare Anordnungsbefugnisse gegenüber anderen Arbeitnehmern hat, sondern auch ein Angestellter, der kraft seiner Funktion maßgeblichen Einfluß auf die wirt-

---

[4] a. M. *Düttmann / Zachmann*, S. 31.

[5] Vgl. *Grüll*, RdA 72/173.

[6] *Wahrig*, Deutsches Wörterbuch 1968 Sp. 2267.

[7] BB 72/962; so auch *Becker-Schaffner*, BlStSozArbR 72/257.

[8] BAG v. 5. 3. 1974, EzA § 5 BVG Nr. 7 Ziff. III 2 c.

schaftliche, technische, kaufmännische, organisatorische oder wissenschaftliche Führung des Unternehmens ausübt, mit anderen Worten Voraussetzungen schafft, an denen die eigentliche Unternehmensführung nicht vorbeigehen kann[9]. Höpp[10] versteht unter Leiten das Treffen von Entscheidungen, die für das Unternehmen in positiver oder negativer Richtung besonders einschneidende Folgen haben. Leiten bedeute nicht das Führen von Personen sondern die Leitung des Unternehmens. Nach Bulla[11] würde bei einer rein sprachlichen Betrachtung des Wortes „leitend" jeder weisungsbefugte Angestellte leitender Angestellter sein.

Folgt man der Meinung Höpps bzw. des Arbeitsgerichts Frankfurt, so wäre damit Leitung nur im wesentlichen das, was Seydlitz-Kurzbach[12] unter „Leitung im engeren Sinne" versteht. Zur Leitung im engeren Sinne gehören aber nur diejenigen Personen im Betrieb, die ihre Leitungsbefugnisse aus ihrem Recht aus Eigentum oder aus Verträgen mit den Eigentümern (als Geschäftsführer oder Vorstandsmitglieder) herleiten. Gerade der Kreis der Geschäftsführer und Vorstandsmitglieder kann jedoch nicht zu den leitenden Angestellten gehören.

Demnach kann man von einem so aufgefaßten engeren Wortsinn des Wortes „Leiten" nicht ausgehen.

Aber auch wenn man unter „Leiten" das schlichte Führen und Anweisen von Personen verstehen würde, käme man wohl zu keinem für die Abgrenzung sinnvollen Ergebnis, da insoweit jeder Vorarbeiter, Meister usw. leitend tätig wird.

Unter leitender Tätigkeit eines Angestellten muß somit etwas anderes verstanden werden, etwa das, was Seydlitz-Kurzbach[13] unter Leitung im weiteren Sinne versteht, wozu alle Personen gehören sollen, die Einfluß auf die Leitung des Unternehmens nehmen können.

Brauchbarer ist die Wortsinninterpretation von Fitting / Kraegloh / Auffahrt[14], die annehmen, daß bei rein sprachlicher Betrachtung nur solche Personen betroffen würden, denen funktional echte Leitungsbefugnisse gegenüber dem Betrieb oder organisatorisch abgegrenzten Teilen eines Betriebes zustehen.

Eine Interpretation des Begriffs „leitende Angestellte" aus dem Wortsinn gibt also nur ungenaue Anhaltspunkte.

---

[9] BAG ebd.

[10] RdA 60/174 ff.

[11] S. 134.

[12] S. 14.

[13] S. 18 ff.

[14] Anm. 13 a zu § 4 Abs. 2 c BVG 52.

II. Begriffsbestimmung in der Rechtsprechung und der Literatur, insbesondere die Unterscheidung zwischen Arbeitgeberfunktion und hochqualifizierter Tätigkeit

1. Abgrenzung der leitenden Angestellten in der Rechtsprechung

a) Das BAG hat in einer Entscheidung zur Abgrenzung der leitenden Angestellten[15] keine Begriffsbestimmung der leitenden Angestellten herausgearbeitet. Vielmehr verweist es auf den Sprachgebrauch, nach dem derjenige, dem in einem so erheblichen Umfange Aufsichts-, Anweisungs- und Kontrollfunktionen übertragen sind, wie dem mit der Leitung verschiedener Steigerreviere betrauten Fahrsteiger, allgemein als leitende Kraft angesehen werde. Für eine Auslegung des Begriffes „leitende Angestellte" ergeben sich nach BAG keine Anhaltspunkte. Der Sprachgebrauch spreche für eine weite Begriffsdefinition. In einer anderen Entscheidung sieht das BAG[16] als entscheidende Momente für den Begriff des leitenden Angestellten die Arbeitgeberfunktion und hochqualifizierte Tätigkeit an.

Anhaltspunkte für eine Begriffbestimmung gibt die Entscheidung des LAG Düsseldorf[17]. Danach wird als leitender Angestellter angesehen, wer maßgebliche Arbeitgeberfunktionen erfüllt, was z. B. dann der Fall sei, wenn ein Abteilungsleiter nicht nur Weisungen weitergibt, sondern darüber zu bestimmen hat, was in der Abteilung gearbeitet wird.

In einer anderen Entscheidung präzisiert das LAG Düsseldorf[18] seine Begriffsdefinition des leitenden Angestellten, indem es sagt, daß eine Vorgesetztenfunktion nicht nötig sei, um als leitender Angestellter zu gelten. Vielmehr genüge es auch, wenn man bei der Leitung des Unternehmens unterstützend mitwirke, sei es in technischer oder kaufmännischer Hinsicht, sei es durch planende oder lenkende Arbeit in Richtung auf die Unternehmensbetätigung.

Sehr eng faßt den Begriff des leitenden Angestellten dagegen ein BGH-Urteil[19]: Nur dann könne man nach der Entscheidung des BGH von leitenden Angestellten sprechen, wenn diese den Unternehmer im Geschäftsleben kraft ihrer allgemeinen und weitreichenden Vollmacht so ersetzen, daß ihr Handeln dem des Unternehmers tatsächlich und rechtlich für den Geschäftsverkehr gleichwertig ist, daß sie gleichsam Repräsentanten des Unternehmers sind. Leitende Angestellte könnten daher nur solche sein, die aufgrund der Organisation des Unternehmens

---

[15] AP Nr. 4 zu § 4 Abs. 2c BVG 52.

[16] AP Nr. 1 zu § 611 BGB.

[17] DB 53/716.

[18] DB 54/155.

[19] BB 56/578.

Anordnungsbefugnis nach innen und Vertretungsbefugnis nach außen haben, nicht aber solche, die lediglich Anordnungen oder übernommene Verbindlichkeiten auszuführen haben. Das Gemeinsame, was Inhaber, gesetzliche Organe und leitende Angestellte verbinde, sei die gleiche Tätigkeit, die Unternehmerfunktion.

Aus diesen Entscheidungen kann man erkennen, daß bei der Rechtsprechung zu § 4 Abs. 2 c BVG 52 einmal eine Arbeitgeberfunktion für die Eigenschaft als leitender Angestellter genügt, wobei jedoch die Abgrenzung nach unten zu den nichtleitenden Angestellten, die ebenfalls Arbeitgeberfunktionen innehaben, noch ungeklärt ist. Aber auch andere Angestellte ohne Vorgesetztenstellung, die aber bei der Leitung des Unternehmens mitwirken, werden in der Regel als leitende Angestellte angesehen, wie etwa Stabsangestellte. Eine Ausnahme bildet nur die Entscheidung des BGH. Im einzelnen ist aber bei den Entscheidungen zum § 4 Abs. 2 BVG 52 noch vieles ungeklärt.

b) Uneinheitlich ist auch die neueste Rechtssprechung zu § 5 Abs. 3 BVG 72.

Während das LAG Baden-Württemberg[20] noch von einem gleichen Kreis von leitenden Angestellten ausgeht, wie er beim BVG 1952 vorhanden war, stellt insbesondere das Arbeitsgericht Frankfurt für die Bejahung der Qualifikation eines leitenden Angestellten schärfere Anforderungen.

So sieht das Arbeitsgericht Frankfurt im Beschluß vom 12. 4. 1972[21] nur diejenigen als leitende Angestellte an, die vitale Funktionen für die Unternehmensleitung innehaben. Ansonsten stünden die Interessen der Belegschaft an qualifizierten Vertretern, die den Betriebsablauf überblicken, im Vordergrund.

Nach einem weiteren Beschluß des Arbeitsgerichts Frankfurt[22] ist nur derjenige leitender Angestellte, der echte unternehmerische Leitungsfunktionen innehat, da das „Leiten“ die Betätigung der unternehmerischen Leitungsfunktion sei. Es müsse eine objektive funktionale Identifizierung mit dem Arbeitgeber gegeben sein, also ein Arbeitgeberfunktion ausgeübt werden. Das Gemeinsame für alle leitenden Angestellten müsse in der Interessenfremdheit gegenüber der Belegschaft zu suchen sein, welche nur bei echt unternehmerischer Leitungsfunktion vorliege. Es müsse also eine funktionale Leitungsbefugnis vorliegen, was bei einer bloß hochqualifizierten Tätigkeit nicht der Fall sei.

---

[20] DB 72/1392.

[21] 2 BV 2/72 ARSt 72/Heft 10 = DB 72/1634.

[22] Beschluß vom 9. 5. 1972 (BB 72/962).

Auch das Arbeitsgericht Gießen[23] läßt eine Schlüssel- oder Stabsstellung (sprich hochqualifizierte Tätigkeit) nicht genügen. Bei leitenden Angestellten mit Arbeitgeberfunktionen muß die Stellung des Angestellten nach dem Beschluß des Arbeitsgerichts Gießen erheblich über eine bloße Vorgesetztenstellung hinausgehen und einen wesentlichen Ausschnitt aus der unternehmerischen Leitungsfunktion bilden. Vom Arbeitsgericht Verden[24] wird eine echt unternehmerische Leitungsfunktion gefordert.

Eine hochqualifizierte Tätigkeit läßt dagegen das Arbeitsgericht Köln in seinem Beschluß vom 12. 6. 1972[25] für die Qualifikation als leitender Angestellter genügen, da auch die Betriebssoziologie keine weiteren Anforderungen stelle.

Unter Hinweis auf den indirekten Gegnerbezug erfordern nach LAG Düsseldorf[26] die Voraussetzungen des § 5 Abs. 3 BVG keine Vorgesetztenstellung. Wer den Arbeitgeber bei Grundsatzentscheidungen der Planung, der Organisation usw. berät, könne leitender Angestellter sein.

Nach Meinung des BAG[27] kommt es darauf an, daß spezifische unternehmerische Teilaufgaben wahrgenommen werden, die im Hinblick auf die Gesamttätigkeit des Angestellten erheblich sind. Nur diejenigen könnten leitende Angestellte sein, die wesentliche Unternehmerfunktionen einnehmen[28]. Es müsse danach zumindest eine erhebliche unternehmerische Teilfunktion wahrgenommen werden. Eine Arbeitgeberfunktion im Sinne einer maßgeblichen Vorgesetztenstellung wird nicht gefordert. Vielmehr verlangt das BAG[29] eine funktionelle Nähe zum Unternehmer und zählt auch Angestellte zu den leitenden Angestellten, die zwar keine unmittelbare Anordnungsbefugnis gegenüber anderen Arbeitnehmern besitzen, aber kraft ihrer Aufgaben maßgeblichen Einfluß auf die Führung eines Unternehmens ausüben, das heißt Voraussetzungen schaffen, an denen die eigentliche Unternehmensführung nicht vorbeigehen kann[30]. In seiner Entscheidung vom 17. 12. 1974[31] sagt das BAG zur Tätigkeit des Unternehmers gehöre auch die Tätigkeit des Arbeitgebers. Da aber eine unternehmerische Teilfunktion für die

---

[23] Beschluß v. 11. 9. 1972, BV 1/72 (nicht veröffentlicht).

[24] Beschluß v. 11. 10. 1972, ARSt 73/50 Nr. 63.

[25] 10 BV 20/72 (nicht veröffentlicht).

[26] Beschluß v. 14. 11. 1972, EzA § 5 BVG Nr. 3.

[27] BAG v. 5. 3. 1974, EzA § 5 BVG Nr. 7.

[28] BAG v. 5. 3. 1974, EzA § 5 BVG Nr. 7 Ziff. III 3 b.

[29] Entscheidungen v. 19. 11. 1974, 1 ABR 20/73 und 50/73, EzA § 5 BVG Nr. 9, 10.

[30] BAG v. 5. 3. 1974, EzA § 5 BVG Nr. 7 Ziff. III 2 b; v. 19. 11. 1974, 1 ABR 20/73, EzA § 5 BVG Ziff. III 2 c; vgl. *Müller*, RdA 75/63 ff.

[31] 1 ABR 131/73, EzA § 5 BVG Nr. 11 Ziff. III 2.

Eigenschaft als leitender Angestellter genügt, muß nicht jeder, um leitender Angestellter zu sein, auch eine Arbeitgeberfunktion ausüben. Es genügen vielmehr auch andere Unternehmerfunktionen. Andererseits sei nicht jeder Angestellte mit Anordnungs- und Weisungsrechten leitender Angestellter, da eine bloße Vorgesetztenstellung, die sich in erster Linie auf die Weitergabe von Anweisungen erstreckt, nicht genüge[32]. Weiter sagt das BAG[33], es handle sich bei den leitenden Angestellten um eine Gruppe hochqualifizierter Personen in für das Unternehmen wichtigen Schlüsselstellungen und ist gleichzeitig der Meinung, die persönlichen Arbeitsbedingungen, insbesondere das Gehalt würden hierzu nichts aussagen.

Es läßt damit erkennen, daß zur hochqualifizierten Tätigkeit noch weitere Merkmale, wie ein maßgeblicher Einfluß auf die Unternehmensführung hinzukommen müssen, also die hochqualifizierte Tätigkeit allein nicht genügt. So ist beispielsweise ein Chemiker, ein Physiker usw., der im Unternehmen als wissenschaftlicher Mitarbeiter tätig ist nach dieser BAG-Rechtsprechung allein deshalb noch kein leitender Angestellter, insbesondere dann nicht, wenn er nur einer von vielen Forschern ist und nicht gleichzeitig einen maßgeblichen Einfluß auf die Unternehmensführung hat. Er müßte nach Ansicht des BAG zumindest über einen erheblichen Einfluß in einem Team einen maßgeblichen Einfluß auf die Unternehmensführung haben[34] (z. B. über eine maßgebliche Stabsstellung). Das BAG fordert also für die Tatbestandsmerkmale des leitenden Angestellten einerseits keine Arbeitgeberfunktion andererseits genügt aber auch die bloß hochqualifizierte Tätigkeit die beispielsweise dadurch bestätigt wird, daß der betreffende Angestellte in der Gehaltspyramide ziemlich weit oben steht, nicht.

2. Arbeitgeberfunktionen und hochqualifizierte Tätigkeit in der rechtswissenschaftlichen Literatur

a) Die Wissenschaft legt zunächst auf den Gesichtspunkt der Ausübung von Arbeitgeberfunktionen Wert, der vornehmlich in der Wahrung der Arbeitgeberinteressen oder in der Stellung als Vorgesetzter gesehen wird.

aa) So meint Maus[35], leitende Angestellte seien Personen, die in bestimmtem Umfang Arbeitgeberfunktionen ausüben, bzw. Arbeitgeberinteressen vertreten[36].

---

[32] Ebd. Ziff. III 2, 3.

[33] Entscheidung v. 5. 3. 1974, EzA § 5 BVG Nr. 7 Ziff. III 2 c, d.

[34] BAG v. 5. 3. 1974, EzA § 5 BVG Nr. 7.

[35] *Maus*, § 4 IV (Betriebsverfassung).

[36] Ähnlich *Bobrowski / Gaul*, A V 3 f.

Nikisch[37] ist der Ansicht, leitender Angestellter könne nur sein, wer einen entscheidenden Anteil an der Führung des Betriebes habe, indem er zumindest einen bedeutenden Betriebsanteil an Stelle des Arbeitgebers im wesentlichen unter eigener Verantwortung leitet[38].

Unter Hinweis auf die im Jahre 1950 erlassenen Betriebsverfassungsgesetze der Länder (z. B. § 2 Abs. 2 b bay. BRG), die Geschäftsführer und Betriebsleiter aus der Belegschaft herausnehmen, also Leute, die eindeutig Arbeitgeberfunktionen innehaben, verlangt Steinmann[39] von jedem leitenden Angestellten eine arbeitgeberähnliche Stellung. Diesem Personenkreis stellt er noch diejenigen gleich, die als Repräsentanten des Unternehmens nach außen maßgebliche Unternehmerfunktionen wahrnehmen.

Auch Gaul[40] meint, es genüge nicht, wenn jemand eine hochqualifizierte Tätigkeit ausübe. Das entscheidende Merkmal für die Kennzeichnung als leitender Angestellter sei vielmehr der Umstand, daß der Betreffende anderen Arbeitnehmern gegenüber Vorgesetztenfunktionen ausübt und deshalb als Vertreter des Arbeitgebers dessen Interessen wahrnimmt. Nur dann liege eine leitende Tätigkeit im Sinne des § 4 Abs. 2 c BVG 52 vor, weil der betriebsverfassungsrechtliche Interessengegensatz zwischen Arbeitgeber- und Arbeitnehmerinteressen abstrakt möglich sei. Die gesamte Führungsaufgabe des Arbeitgebers teile sich hier in verschiedene Führungsfunktionen. Wer nicht eine typisch geteilte Führungsfunktion, also eine Arbeitgeberfunktion wahrnehme, sei kein leitender Angestellter.

Eine ähnliche Position nimmt auch Höpp[41] ein, wenn er behauptet, daß der leitende Angestellte eine Leitungsfunktion innehaben müsse, in der er für das Unternehmen Entscheidungen trifft, die in positiver oder negativer Richtung besonders einschneidende Folgen haben. Der Zweck der Vorschrift fordere eine wirkliche unternehmerische Funktion, weil sie vom Arbeitgeber in einem modernen größeren Betrieb in gewissem Ausmaß auf führende Köpfe delegiert zu werden pflege. Nach Höpp würde es eine Überschreitung des Zwecks des § 4 Abs. 2 BVG 52, nämlich eine Interessenkollision zu verhindern, bedeuten, wenn auch Leute mit nur beratender Funktion in den Kreis der leitenden Angestellten aufgenommen würden. Durch Beratung habe nämlich der Unternehmer nichts von seiner Leitungsfunktion aufgegeben. Aber auch Vorgesetzteneigenschaft allein genüge noch nicht, da sie keine Teilnah-

---

[37] Bd. 1 S. 131 f.

[38] Vgl. auch *Fitting / Kraegloh / Auffarth*, Anm. 133 zu § 4 BVG 52.

[39] BABl 53/399 ff.

[40] DB 61/271.

[41] RdA 60/174 ff.

me an der unternehmerischen Entscheidung bedeute. Die Grenze liege dort, wo der Unternehmer in besonderem Maße auf die Mitentscheidung der betreffenden Personen angewiesen ist. Diese Grenze sei an der Schwierigkeit des Ersatzes, an der Möglichkeit, ernsthafte Krisen für das Gesamtunternehmen bei Wegfall eines solchen Angestellten zu überwinden, festzustellen. § 4 Abs. 2 BVG 52 habe nur Schutzwirkung für den Unternehmer vor der Wegnahme unentbehrlicher Mitarbeiter in der Unternehmensleitung durch den Betriebsrat.

bb) Auch für § 5 Abs. 3 BVG 72 wird von einem Teil der Wissenschaft die Meinung vertreten, daß von einem leitenden Angestellten nur dann gesprochen werden könne, wenn der Betreffende Arbeitgeberbefugnisse hat. So verlangen Kehrmann / Schneider[42] Anordnungsbefugnisse im Betrieb[43]. Rose[44] geht offensichtlich von der Notwendigkeit einer Arbeitgeberfunktion, also einer Vorgesetztenstellung aus, da nur in dieser Lage der von ihm gemeinte Interessenkonflikt entstehen könne. Bei hochqualifizierten Angestellten ohne Vorgesetztenstellung sieht er diese Konfliktslage nicht.

cc) Eine Arbeitgeberfunktion allein genügt jedoch im allgemeinen der Literatur nicht, um den Betreffenden als leitenden Angestellten im vorgegebenen Sinn einzustufen. Vielmehr wird noch eine Abgrenzung nach unten zu anderen Angestellten, die ebenfalls Vorgesetztenstellung haben, vorgenommen. Dadurch soll verhindert werden, daß Vorarbeiter und in der Regel auch Meister, die ja von vielen Arbeitern schlechthin als Arbeitgeber angesehen werden, ebenfalls als leitende Angestellte gelten[45]. So wird u. a. vorgeschlagen, daß nur derjenige als leitender Angestellter gelten soll, der seine Disziplinargewalt unmittelbar vom Unternehmer ableitet[46]. Vorgesetzteneigenschaft allein beinhalte noch keine Teilnahme an der unternehmerischen Entscheidung[47]. Zum Teil wird Vorgesetzteneigenschaft in größerem Umfang, etwa in selbständiger und eigenverantwortlicher Leitung einer größeren Abteilung oder eines bedeutenden Betriebsteiles verlangt[48].

b) Aber auch eine nur hochqualifizierte Tätigkeit läßt der wohl überwiegende Teil der Rechtswissenschaft für die Stellung als leitender Angestellter genügen, auch wenn damit keine Vorgesetzteneigenschaft verbunden ist.

---

[42] BlStSozArbR 72/81 ff.

[43] Ebenso *Gnade / Kehrmann / Schneider*, Anm. 5 zu § 5 BVG.

[44] AuR 72/309.

[45] Vgl. *Höcker*, BB 53/682 f.

[46] *G. Kleine*, S. 110.

[47] *Höpp*, RdA 60/174 ff.

[48] Vgl. *Wiedemann*, RdA 72/210; *Bulla*, S. 130; *Trinkhaus*, Arbeitsrechtsblattei, Angestellte II, leitende Angestellte V 2.

aa) So soll für § 4 Abs. 2 c BVG 52 eine hochqualifizierte, mit persönlicher Arbeitsleistung verbundene Tätigkeit für die Qualifikation als leitender Angestellter genügen[49]. Dabei wird zum Teil auf akademische Ausbildung abgestellt zum Teil auf selbständige Tätigkeit von hoher betriebswirtschaftlicher Bedeutung für das Unternehmen[50].

bb) Auch bei dem in § 5 Abs. 3 BVG 72 vorgegebenen Begriff des leitenden Angestellten wird von einem Teil der Literatur neben der Arbeitgeberfunktion auf eine hochqualifizierte Tätigkeit abgestellt[51]. Die Begründungen für die Hereinnahme der besonders qualifizierten Angestellten ohne Vorgesetzteneigenschaft in den Kreis der leitenden Angestellten sind vielfältig, wenn diese nicht überhaupt ohne nähere Begründung geschieht.

Borgwardt[52] begründet die Gleichstellung mit der Austauschbarkeit von Angestellten mit Arbeitgeberbefugnissen und Angestellten mit besonders qualifizierten Fachaufgaben. Weiter wird auf das Fehlen einer Interessenidentität auch bei hochqualifizierten Angestellten mit der übrigen Arbeitnehmerschaft hingewiesen.

Trinkhaus[53] wiederum verweist auf eine soziologische Betrachtungsweise, nach welcher derjenige, der, ohne Vorgesetzter zu sein, innerhalb der Betriebsorganisation eine aufgrund seiner Qualifikation unternehmerische oder betriebstragende Funktion wahrnimmt, wegen seiner herausgehobenen Arbeit als leitender Angestellter angesehen werde[54]. Ein hervorgehobener Tätigkeits- und Aufgabenbereich binde diese Angestellten enger an den Arbeitgeber als die übrigen Betriebsangehörigen, da sie Teil der wissenschaftlichen Unternehmensführung seien oder eine unternehmerische Funktion im weitesten Sinne ausübten[55]. Diese Angestellten würden auch ohne selbständige Entscheidungsbefugnis erheblichen Einfluß auf das Gedeihen des Betriebes nehmen[56].

Ein Teil der Literatur will diese qualifizierten Angestellten aus dem personalen Geltungsbereich des Betriebsverfassungsgesetzes lassen, weil sie weniger schutzbedürftig seien[57].

---

[49] Vgl. *Hueck*, RdA 53/441; *Bulla*, S. 138; *Nikisch*, Bd. 1 S. 131 f.; *Dietz*, Anm. 59 zu § 4 BVG 52.

[50] Vgl. *Nikisch*, Bd. 1 S. 131 f. einerseits; *Bulla*, S. 138 andererseits.

[51] Vgl. *Grüll*, RdA 72/172; *Galperin*, Leitfaden, Leitende Angestellte II; *Wiedemann*, RdA 72/210; *Meisel*, S. 30.

[52] DB 71/1106.

[53] Arbeitsrechtsblattei Angestellte II, Leitende Angestellte I 2 b.

[54] Vgl. auch *Dietz*, Anm. 58 ff. zu § 4 BVG 52.

[55] So *Wächter*, BB 57/932; *Trinkhaus*, DLA 68/42 ff.; *Galperin*, Leitfaden, Leitende Angestellte II 2.

[56] So *Nikisch*, Bd. 1 S. 131.

[57] So insbesondere *Hueck*, RdA 53/441; *Hueck / Nipperdey*, Auflage 1957, S. 702 f.

Eine differenzierte Haltung nehmen Brecht[58] und Fitting / Auffarth[59] ein. Brecht geht von einer unterschiedlichen Bedeutung des Begriffs des leitenden Angestellten aus. Offenbar zählt er nur Personen mit echten Leitungs-(Arbeitgeber-)Funktionen zu den leitenden Angestellten im allgemeinen Sinn, läßt aber für das BVG wegen § 5 Abs. 3 Nr. 3 auch eine hochqualifizierte Tätigkeit für die Qualifikation als leitender Angestellter gelten. Fitting / Auffarth rechnen zu den leitenden Angestellten im allgemeinen arbeitsrechtlichen Sinn Angestellte, die Arbeitgeberfunktionen mit einer gewissen Selbständigkeit wahrnehmen, also funktional echte Leitungsbefugnisse innehaben. Im Hinblick auf § 5 Abs. 3 Nr. 3 BVG seien diese Personen jedoch im Wege einer unausgesprochenen Fiktion zu ergänzen. Den leitenden Angestellten seien Leute mit einem qualifizierten Tätigkeitsbereich gleichgestellt, die ohne Arbeitgeberfunktionen zu haben, mit dem Arbeitgeber objektiv funktional zu identifizieren sind.

Angestellte mit besonders qualifizierter Tätigkeit ohne Vorgesetztenstellung werden danach nicht als leitende Angestellte im vorgegebenen Sinn angesehen, allenfalls im Hinblick auf § 5 Abs. 3 Nr. 3 BVG.

Demgegenüber ist Hoppe[60] der Meinung, daß hochqualifizierte Angestellte zwar nach dem üblichen Sprachgebrauch als leitende Angestellte gelten, nicht jedoch für das BVG. Dabei ist zu beobachten, daß Hoppe von einem vorgegebenen Begriff des leitenden Angestellten ausgeht und für diesen eine der drei Alternativen des § 4 Abs. 2 c BVG 52 allein nicht für die Stellung als leitender Angestellter genügen läßt. Folgerichtig fällt dann ein Angestellter, der nur eine hochqualifizierte Tätigkeit vorweisen kann, ohne zugleich Arbeitgeberfunktionen auszuüben in den personalen Geltungsbereich des BVG, obwohl er nach Hoppe im allgemeinen Sinn leitender Angestellter sein soll. Für das BVG müsse nämlich wegen des Interessengegensatzes zwischen Arbeitgeber und Arbeitnehmer für einen leitenden Angestellten eine arbeitgeberähnliche Stellung verlangt werden.

c) Aus den angeführten Meinungen ist zu entnehmen, daß sich in der Literatur entgegen der Auffassung Huecks[61] kein einheitlicher Begriff des leitenden Angestellten herausgebildet hat. Insbesondere ist eine erhebliche Diskrepanz zu erkennen zwischen denjenigen, die nur eine qualifizierte Arbeitgeberfunktion für die Stellung als leitender Ange-

---

[58] Anm. 19 zu § 5 BVG.

[59] Anm. 19 zu § 5 BVG (10. Auflage); *Fitting / Auffarth / Kaiser,* Anm. 19 b zu § 5 BVG (11. Auflage) sind der Meinung, daß eine hochqualifizierte Tätigkeit allein nicht genügt, sondern die unternehmerische Entscheidungsgewalt maßgebend sei.

[60] BlStSozArbR 68/14.

[61] RdA 53/441 ff.

stellter gelten lassen und denen, die darüberhinaus auch qualifizierte, besonders wissenschaftlich tätige Angestellte in den Kreis der leitenden Angestellten mit einbeziehen.

Da Rechtsprechung und rechtswissenschaftliche Literatur keinen einheitlichen Begriff des leitenden Angestellten herausgearbeitet haben, ist an Hand von anderen Kriterien zu prüfen, ob ein allgemeiner Begriff des leitenden Angestellten entwickelt werden kann.

Im übrigen kann auch der Gesetzgeber in Ermangelung eines einheitlichen Begriffs des leitenden Angestellten in Rechtsprechung und Rechtswissenschaft keinen dort entwickelten Begriff des leitenden Angestellten als vorgegeben angesehen haben. Es können allenfalls einzelne in der Rechtsprechung und in der Literatur herausgearbeitete Punkte bei der Begriffsdefinition mit herangezogen werden.

III. Sprachgebrauch und Verkehrsanschauung, insbesondere bei den betroffenen Verbänden

Wie Hueck[62] richtig feststellt, muß jedes Gesetz auf den herrschenden Sprachgebrauch Rücksicht nehmen. Nach Bulla[63] ist von maßgebendem Wert, was die Verkehrsanschauung dieser sozialen Zwischenschicht zuordnet[64]. Schließlich stellt auch der Regierungsentwurf auf den Sprachgebrauch ab[65]. Hueck will dabei für das BVG 1952 insbesondere die in den beteiligten Kreisen herrschende Verkehrsanschauung heranziehen. Wenn ein Gesetz ohne nähere Begründung den Begriff des leitenden Angestellten benutze, verbinde das Gesetz damit den Sinn, der in den Kreisen der am nächsten Beteiligten üblich ist[66].

Das BAG[67] ist der Auffassung, daß die beteiligten Kreise (leitende Angestellte, Arbeitgeber und Arbeitnehmerschaft schlechthin) in ihren Ansichten weit auseinandergehen und insoweit kein brauchbares Kriterium sein könnten[68]. Der Sprachgebrauch wird vom BAG als zu vage angesehen[69].

Hier stellt sich deshalb die Frage, wer zu den beteiligten Kreisen gerechnet werden kann und wen diese als leitende Angestellte betrachten.

---

[62] RdA 53/411 ff.

[63] S. 135.

[64] Vgl. auch *Galperin*, DB 71/137.

[65] BT-Drucksache VI 1786.

[66] *Hueck*, RdA 53/411 ff.

[67] Entscheidung v. 5. 3. 1974, EzA § 5 BVG Nr. 7 Ziff. III 2 b.

[68] Soweit zustimmend *Dietrich Hoffmann*, NJW 74/1161 ff. (1162); *Müller*, RdA 75/63 ff. (66).

[69] BAG, EzA § 5 BVG Nr. 7 Ziff. III 2 c.

1. Verbände der leitenden Angestellten

Zunächst zählen dazu sicherlich die Verbände der leitenden Angestellten. Nach Trinkhaus[70] könne nicht übersehen werden, daß die Entwicklung der leitenden Angestellten zu einer eigenen Sozialgruppe mit auf das Selbstverständnis, die Selbstabgrenzung und die Selbstorganisation der leitenden Angestellten als Sondergruppe zurückzuführen sei. Der Dachverband der leitenden Angestellten, die ULA, zählt 350 000 Angestellte zu den leitenden. Nach ihrer Meinung bilden die leitenden Angestellten eine „dritte Kraft", deren Kennzeichen die abgeleitete Ausübung von Arbeitgeberbefugnissen und unternehmerischen Funktionen sei. Die Gruppe der leitenden Angestellten hebe sich soziologisch und organisatorisch, vor allem aber funktions- und bewußtseinsmäßig von anderen Arbeitnehmern ab[71]. Näheren Aufschluß über eine verbandsinterne Abgrenzung des Kreises der leitenden Angestellten könnten dabei die Satzungen der einzelnen Mitgliedsverbände der ULA geben.

Der VoB (Verband der Führungskräfte im Bergbau, in der Mineralölindustrie und der Kraftwirtschaft e. V.) geht in den Aufnahmebedingungen vom Standort in der Betriebspyramide aus: Betriebsdirektoren, Direktionsassistenten, Gruben- und Tagesbetriebsführer sowie Obersteiger und Fahrsteiger können Mitglieder von VoB werden[72].

Der VAA (Verband Angestellter, Akademiker und leitender Angestellter der chemischen Industrie e. V.), der größte Mitgliedsverband der ULA, nimmt zunächst Leute auf, die ähnliche Voraussetzungen erfüllen, wie sie in § 5 Abs. 3 Nr. 3 BVG gefordert werden. Zum anderen genügt aber auch eine abgeschlossene Hochschulausbildung[73].

Die VELA (Vereinigung leitende Angestellter e. V.) hat folgende Definition für die leitenden Angestellten vorgeschlagen, die auch für die Mitgliedschaft in dieser Vereinigung maßgebend ist: „Leitende Angestellte sind Arbeitnehmer, die unter persönlicher Verantwortung für die eigene Arbeit und für die Arbeit unterstellter Arbeitnehmer aufgrund besonderer geistiger Betätigung und besonderer beruflicher Ausbildung eine in der Haupsache vom eigenen Entschluß und selbständigen Urteil abhängige, leitende, anweisende, planende, entwerfende oder wissenschaftliche Tätigkeit ausüben, wobei Vorgesetzteneigenschaft nicht unbedingt erforderlich ist[74]." Der VAM (Verband der Führungs-

---

[70] Arbeitsrechtsblattei Ang. II, Leitende Angestellte B III 2.

[71] DLA 71 Heft 7 S. 3, vgl. auch ULA-Gesetzentwurf in DLA 68/183 ff.

[72] *Trinkhaus*, Arbeitsrechtsblattei Angestellte II, Leitende Angestellte.

[73] Vgl. § 33 der Satzung des VAA in DLA 72 Heft 4 S. 19.

[74] VELA-Skriptum zum BVG; *Erdmann / Jürging / Kammann*, Anm. 14 zu § 5 BVG.

kräfte der Metall- und Elektroindustrie e. V.) zählt zu seinen Mitgliedern angestellte Akademiker in der Metallindustrie in leitender Stellung, wobei in der Regel jedoch die leitende Stellung bei einem Akademiker unterstellt wird[75].

Eine leitende Stellung wird von einem weiteren Mitgliedsverband der ULA, dem Coloristenbund, schon nach der Satzung nicht gefordert.

Zu den Mitgliedern des VoE (Verband oberer Angestellter der Eisen- und Stahlindustrie e. V.) können nach Brandi[76] all diejenigen Angestellten gezählt werden, die zwischen dem Unternehmensvorstand einerseits und der großen Zahl der Tarifangestellten andererseits im Unternehmen wirken, also in der Regel alle außertariflichen Angestellten. (Vgl. auch § 4 Abs. 1 der Satzung des Verbandes der oberen Angestellten der Eisen- und Stahlindustrie.)

Eine echt leitende Stellung ist dagegen wiederum Voraussetzung für die Mitgliedschaft beim Verband der leitenden Angestellten in der Silikatindustrie.

Schließlich wird in § 1 des ULA-Gesetzentwurfes für die Rechtsstellung der leitenden Angestellten primär auf die Hochschulbildung abgestellt[77]: „Leitende Angestellte sind Angestellte, die nach Dienstvertrag und Dienststellung regelmäßig und im wesentlichen eigenverantwortlich entweder übertragene Arbeitgeberbefugnisse wahrnehmen oder für den Bestand und die Entwicklung des Betriebes wichtige Aufgaben aufgrund besonderer Erfahrungen und Kenntnisse, insbesondere einer abgeschlossenen Hochschulausbildung oder einer anderen dem jeweiligen Wirtschaftszweig entsprechenden Spezialausbildung, erfüllen."

Das zeigt, daß nach den Satzungen und Gesetzentwürfen dieser Verbände zunächst keine Mitglieder von Organen juristischer Personen aufgenommen werden.

Bei der Abgrenzung nach unten zu den nichtleitenden Angestellten hin gehen jedoch die Verbandsatzungen erheblich auseinander. Zum Teil werden schon alle AT-Angestellten in den entsprechenden Verband aufgenommen. VAA und VAM lassen auf jeden Fall eine abgeschlossene Hochschulbildung genügen. Von leitender Tätigkeit, bzw. von leitenden Angestellten ist nur in den Satzungen der VELA und des Silikatbundes, sowie im Gesetzentwurf der ULA die Rede. Letztlich genügt aber auch bei der VELA und nach dem ULA-Gesetzentwurf ein abgeschlossenes Hochschulstudium, um als leitender Angestellter im Betrieb zu gelten.

---

[75] § 4 Abs. 2 der Satzung des VAM.

[76] Sonderdruck eines Vortrages vom 29. 10. 1964, S. 3.

[77] Siehe in DLA 68/183 ff.

Wenn Hueck[78] für das Betriebsverfassunggesetz 1952 behauptet, daß der Gesetzgeber unter leitenden Angestellten all diejenigen Angestellten verstanden wissen wollte, die nach dem Sprachgebrauch der maßgebenden Verbände leitende Angestellte sind, die also Mitglieder dieser Verbände werden können, so ist dies in dieser Allgemeinheit wohl kaum richtig. Nach dem oben Dargelegten kann aus der Verbandsanschauung und dem Sprachgebrauch der Verbände der leitenden Angestellten kein allgemeingültiger, praktikabler Begriff des leitenden Angestellten abgeleitet werden. Zum Teil spiegelt sich in den Verbandssatzungen nur die Selbsteinschätzung der Verbände als Ständevertreter von Akademikern im Betrieb wider. Zum anderen ist aber auch zu berücksichtigen, daß bei der Abgrenzung der leitenden Angestellten durch die ULA und deren Mitgliedsverbände organisationspolitische Interessen im Spiele sind[79].

So wurden denn auch nach eigenen Angaben der ULA[80] in von ihr befragten Werken der chemischen Industrie, die 63 % der Beschäftigten der chemischen Industrie umfassen, von 9300 VAA-Mitgliedern nur 7100 von den Werksleitungen als leitende Angestellte anerkannt.

Zu Recht ist deshalb das BAG[81] der Ansicht, daß das Selbstverständnis der Gruppen der leitenden Angestellten kein brauchbares Abgrenzungsmerkmal sein kann, weil sie nach ihren Satzungen und Aufnahmebestimmungen den Kreis der leitenden Angestellten zu unterschiedlich und durchweg sehr weit abstecken.

Schließlich ist noch zu beachten, daß bei der Frage nach der Verkehrsanschauung auch noch die Ansicht anderer Verbände wie des BDA, des DGB und der DAG von Bedeutung sind. Dies wurde auch im Anhörungsverfahren zum BVG des Ausschusses für Arbeit- und Sozialordnung vom 24., 25. 2. 1971 deutlich[82].

2. Arbeitgeberverbände

Der BDA hat gemeinsam mit der ULA nach lange dauernden Verhandlungen den oben angeführten Gesetzentwurf gebilligt[83].

In der Ausschußanhörung[84] widersprach Eichler (BDA) der Theorie von der Pufferfunktion der leitenden Angestellten und wollte zu den

---

[78] RdA 53/411 ff.

[79] Vgl. *Bulla*, S. 135; *Apel*, Ausschußprotokoll Nr. 45, 46 S. 143.

[80] DLA 72, Heft 6 S. 19 f.

[81] Entscheidung v. 5. 33. 1974, EzA § 5 BVG Nr. 7 Ziff. III 2.

[82] Vgl. Ausschußprotokoll Nr. 45, 46.

[83] DLA 1970 Heft 6 Seite 1.

[84] Ausschußprotokoll Nr. 45, 46.

leitenden Angestellten den Personenkreis gezählt wissen, der seiner Funktion nach auf die Unternehmerseite gehört, wobei dieser Personenkreis weit gezogen werden sollte[85].

3. Deutscher Gewerkschaftsbund

Keine klare Aussage darüber, wen er zu den leitenden Angestellten zählt, trifft der DGB. Es geht ihm in erster Linie darum, nur den Personenkreis zu ermitteln, der nicht in den personalen Geltungsbereich des BVG fallen soll. Folglich vermeidet er es, in seinem Entwurf zum BVG von leitenden Angestellten zu sprechen.

Dort heißt es nämlich in § 5 nur: „Als Arbeitnehmer im Sinne des Gesetzes gelten nicht ... c) Personen, denen Generalvollmacht erteilt ist oder die die Geschäfte des Betriebes mit selbständiger Entscheidungsbefugnis führen, sowie Personen, die zur selbständigen Einstellung und Entlassung aller Arbeitnehmer des Betriebes berechtigt sind."

Daß der DGB den Kreis der leitenden Angestellten weiter zieht, ergibt sich aus den „Vorschlägen des DGB zur Änderung des Betriebsverfassungsgesetzes" aus dem Jahre 1970, in denen es heißt: „Der DGB will nur solche leitende Angestellte, die zur selbständigen Einstellung und Entlassung befugt sind und solche, die Generalvollmacht und Prokura haben, vom BVG ausschließen."

Da der DGB allein 900 000 „leitende Angestellte" zu seinen Mitgliedern zählt[86] und nach der von ihm veranlaßten SAMPLE-Umfrage sich 74 % der vom DGB als leitende Angestellte betrachteten Personen vom Betriebsrat vertreten lassen wollen[87], dürfte der DGB eine größere Zahl von Angestellten, wohl die meisten AT-Angestellten, als leitende Angestellte ansehen. Diese will der DGB allerdings in das Betriebsverfassungsrecht integrieren. Die SAMPLE-Umfrage erstreckte sich folglich auch auf alle AT-Angestellte.

Stephan (DGB) behauptete in der Ausschußanhörung[88] schließlich, daß eine klare Abgrenzung zwischen leitenden Angestellten und AT-Angestellten nicht möglich sei.

Eine eindeutige Haltung wird dagegen in den Arbeitsunterlagen der IG Metall zum BVG eingenommen, in denen es heißt, daß nur dann von leitenden Angestellten gesprochen werden könne, wenn diese dem Un-

---

85 Diesem Denkansatz widerspricht, wie *Witte / Bronner*, Leitende Angestellte, zurecht bemerken, jeder kollektive Willensbildungsanspruch mit Gegnerbezug zum Arbeitgeber.

86 Spiegel 1971 Nr. 10.

87 *Stephan*, Ausschußprotokoll Nr. 45/46 S. 34.

88 Ebd., S. 34.

ternehmer im Geschätfsleben kraft einer weitreichenden Vollmacht tatsächlich und rechtlich gleichwertig sind. Sie müßten Vertretungsbefugnis nach außen und Anordnungsbefugnis nach innen, also, Unternehmer- oder Arbeitgeberbefugnisse haben[89]. Offensichtlich handelt es sich hier um eine Anlehnung an die BGH-Rechtsprechung[90]. Der Bundesangestelltenausschuß des DGB[91] begrüßte die Entscheidung des Bundesarbeitsgericht von 5. 3. 1974, als Entscheidung zur engen Abgrenzung der leitenden Angestellten und betonte, daß nur Personen mit typischen unternehmerischen Aufgaben leitende Angestellte sein könnten.

4. Deutsche Angestelltengewerkschaft

Auch nach Ansicht der DAG sollten leitende Angestellte im Betriebsverfassungsgesetz nicht erwähnt werden. Nur Generalbevollmächtigte, verantwortliche Leiter eines Betriebes sowie Personen, die zur selbständigen Einstellung und Entlassung von im Betrieb oder einer wesentlichen Betriebsabteilung beschäftigen Arbeitnehmern berechtigt sind, sollen nach Meinung der DAG außerhalb des Geltungsbereiches des Betriebsverfassungsgesetzes bleiben.

Wer dann letztlich aber zu den leitenden Angestellten zählt, wird nicht gesagt.

5. Einfluß verbandspolitischer Interessen auf Sprachgebrauch und Verkehrsanschauung

Der Sprachgebrauch und die Verkehrsanschauung, insbesondere der beteiligten Verbände, kann demnach wenig zur Bestimmung der leitenden Angestellten beitragen, da die Meinungen hierzu unpräzis, unterschiedlich und vor allen Dingen stark von verbandspolitischen Interessen beeinflußt sind.

6. Rechtsprechung und Sprachgebrauch

Die neuere Rechtsprechung verweist zwar ebenfalls auf den Sprachgebrauch im Zusammenhang mit einer allgemeinen Begriffsbestimmung der leitenden Angestellten, ohne jedoch näher darauf einzugehen. Das BAG lehnt dieses Merkmal als entscheidendes Kriterium ab[92]

---

[89] Vgl. auch *Schneider* (DGB), BABl. 72/289.

[90] Vgl. BGH 56/578.

[91] Das Mitbestimmungsgespräch 74/68.

[92] Vgl. Arbeitsgericht Köln, Beschluß vom 14. 6. 1972 7 BV 17/72 und vom 30. 5. 1972 4 BV 14/72 (nicht veröffentlicht); BAG E. v. 5. 3. 1974, EzA § 5 BVG Nr. 7.

IV. Die Abgrenzung der leitenden Angestellten in der Betriebssoziologie, der Betriebswirtschaftslehre und der betrieblichen Praxis

Schon im Ausschußbericht[93] zu § 4 Abs. 2 c BVG 52 war davon die Rede, daß diejenigen nicht als Arbeitnehmer gelten sollten, die ihrer Stellung und ihrem Einflußbereich nach im Betrieb als leitende Angestellte anzusehen sind. Genauer heißt es im Ausschußbericht zu § 5 BVG 72, daß die betriebssoziologische Stellung der leitenden Angestellten nicht abschließend definiert sei[94]. Wenn auch letzteres speziell gegen die Errichtung von Sprecherausschüssen vorgebracht wurde, so kann man doch annehmen, daß der Gesetzgeber weder für das Betriebsverfassungsgesetz 1952 noch für das Betriebsverfassungsgesetz 1972 für einen dem BVG vorgegebenen Begriff des leitenden Angestellten die Abgrenzung außer acht lassen wollte, die der Personenkreis der leitenden Angestellten in der Betriebssoziologie, der Betriebswirtschaftslehre und in der betrieblichen Praxis erfährt. Vielmehr ist aus beiden Ausschußberichten zu entnehmen, daß der Gesetzgeber gerade eine an der Praxis orientierte Abgrenzung des Kreises der leitenden Angestellten besonders berücksichtigen wollte[95].

Auch in der Literatur und in der Rechtsprechung wurde zum Teil auf den betriebssoziologischen Begriff des leitenden Angestellten zurückgegriffen. So setzen Fitting / Auffarth[96] für das BVG leitende Angestellte im arbeitsrechtlichen und betriebssoziologischen Sinn voraus. Die Struktur des jeweiligen Unternehmens sieht Hösel[97] als ausschlaggebend für die Bestimmung dieses Personenkreises an. Nach dem Beschluß des LAG Düsseldorf vom 14. 11. 1972[98] soll der Begriff des leitenden Angestellten nach den Bedürfnissen und Notwendigkeiten der Praxis gebildet werden[99]. Im Beschluß des Arbeitsgerichtes Gießen vom 11. 9. 1972[100] wird die soziologische Stellung im Betrieb nur als Indiz für die etwaige Stellung als leitender Angestellter angesehen.

Als nicht brauchbar für die juristische Begriffsbildung sieht dagegen Wiedemann[101] die Ergebnisse der Betriebswirtschaftslehre und der Be-

---

[93] BT-Drucksache I 3585 S. 3.

[94] BT-Drucksache VI/2729; *Dietz / Richardi*, Anm. 100 zu § 5 BVG sprechen davon, daß weder betriebswirtschaftlich noch soziologisch Klarheit darüber herrscht, wie man Führungskräfte von anderen Mitarbeitern abgrenzen kann.

[95] Vgl. auch *Rose*, AuR 72/309; *Auffarth*, AuR 72/36.

[96] Anm. 21 zu § 5 BVG.

[97] Personal 72/86.

[98] DB 72/577.

[99] Ähnlich auch das Arbeitsgericht Köln, Beschluß vom 12. 6. 1972 10 BV 20/72 (nicht veröffentlicht).

[100] 2 BV 1/72 (nicht veröffentlicht).

[101] RdA 72/214.

triebssoziologie an, da diese die Kriterien des leitenden Angestellten aus dem Gesamtbild des Unternehmens, aus dem Gruppenverhalten und aus der Persönlichkeit des Funktionsträgers ableiten würden.

Damit widerspricht Wiedemann einmal der anerkannten Absicht des Gesetzgebers, darüberhinaus ist auch zu beachten, daß ein Gesetz wie das Betriebsverfassungsgesetz, das die Stellung der Arbeitnehmer und deren Vertretungen im Betrieb regeln will, nicht einen der betrieblichen Wirklichkeit fremden Begriff des leitenden Angestellten wollen kann. Ein vorgegebener Begriff des leitenden Angestellten kann nicht im leeren Raum stehen. Deshalb ist auch das Argument Roses[102] nicht stichhaltig, wenn er behauptet, daß die leitenden Angestellten nicht wegen ihrer betriebssoziologischen Eigenständigkeit aus dem BVG herausgenommen wurden, sondern aus der Kenntnis, daß die Trennungslinie zwischen Kapital und Arbeit nicht danach definiert werden könne, wer die Herrschaftsfunktion kraft Kapitaleignerschaft innehat. Gerade diese Trennungslinie könnte aber mit Hilfe der Betriebssoziologie, der Betriebswirtschaftslehre sowie von Untersuchungen in der betrieblichen Praxis gefunden werden. Es ist daher zunächst zu prüfen, inwieweit die Betriebssoziologie, die Betriebswirtschaftslehre und die gegenwärtige betriebliche Praxis einen Begriff des leitenden Angestellten herausgearbeitet haben. Der Gesetzgeber läßt der Entscheidungsfreiheit des Rechtsanwenders einen breiten Raum, letztlich bestimmen Praxis und Wissenschaft, wer leitender Angestellter ist[103].

1. Leitende Angestellte in der Literatur der Betriebssoziologie

Nach Trinkhaus[104] ist bei soziologischer Betrachtungsweise auch derjenige leitender Angestellter, der „ohne Vorgesetzter zu sein, innerhalb der technischen und kaufmännischen Organisation, in der Produktion, in der Marktanalyse und Marktstrategie, im Kraftfeld der staatlichen Wirtschafts-, Steuer- und Sozialpolitik unternehmerische und betriebstragende Funktionen wahrnimmt".

Es ist zu untersuchen, inwieweit die Betriebssoziologie tatsächlich einen Begriff des leitenden Angestellten herausgearbeitet hat, inwieweit also eine soziologische Betrachtungsweise überhaupt möglich ist. Nach Mayer-Maly[105] handelt es sich bei den leitenden Angestellten um eine Gruppe, die erst in den letzten 50 Jahren entstanden ist. Ihre Entstehung sei in erster Linie das Resultat einer Veränderung der Angestelltenschaft als solcher. Der „normale" Angestellte stehe heute der

---

[102] AuR 72/309.

[103] Vgl. *Rüthers / Stindt*, BB 72/977; *Wiedemann*, RdA 72/213.

[104] Arbeitsrechtsblattei, Ang. II, Leitende Angestellte I 2 b.

[105] BB 74/1124 f.

Arbeiterschaft in seinem sozialen Status näher als früher, wobei gleichzeitig seine Distanz zum Arbeitgeber größer geworden sei. Die Abgrenzungskriterien für leitende Angestellte würden auf jeden „klassischen" Angestellten zutreffen. Der leitende Angestellte von heute würde nicht durch andere Kriterien, sondern durch die Hauptelemente des „klassischen" Angestelltenbegriffes gekennzeichnet[106]. G. Kleine[107] geht, gestützt auf die Untersuchungen von Neunhöfer und Stammer[108], davon aus, daß die soziale Strukturgrenze nicht mehr zwischen Arbeitern und Angestellten, sondern zwischen Arbeitern und „normalen Angestellten" einerseits und leitenden Angestellten andererseits verläuft. Nach Pross[109] gibt es innerhalb der Unternehmung eine von der Firmenleitung als leitende Angestellte benannte Schicht von Direktoren, Werksleitern, Generalbevollmächtigten, Leitern zentraler Abteilungen und Prokuristen, die eine Sonderstellung einnimmt. Diese soziale Schicht bezeichnet er als Manager des Kapitalismus.

Eine besondere Schicht im Betrieb sieht auch Weltz[110] in Angestellten mit Vorgesetztenstellung, die aber nicht zur Unternehmensleitung (Management) zählen. Dabei subsumiert er unter den Begriff Unternehmensleitung außer den Organen juristischer Personen auch diejenigen Angestellten, die in der Betriebshierarchie unmittelbar unter dem Vorstand, der Geschäftsführung usw. stehen, also in der Regel die sogenannten Betriebsdirektoren. Unterhalb dieser Unternehmensleitung gibt es nach Weltz dann eine besondere soziologische Schicht, die bis zur Meisterebene reicht. Den Begriff „leitende Angestellte" verwendet Weltz dabei ebensowenig wie Dahrendorf. Letzterer unterscheidet zwischen Angestellten mit Führungsfunktionen und anderen Angestellten[111]. Die mit Führungsfunktionen ausgestatteten Angestellten bezeichnet er als Management, unter welchem nur Positionen verstanden werden sollen, die im Rahmen des Sozialsystems Betrieb mit letzter Entscheidungsfunktion ausgestattet sind.

Zwischen Management und Industriebürokratie-Stab, „Männern der Mitte" und Arbeitern differenziert Burisch[112] ebenfalls ohne den Begriff des leitenden Angestellten zu verwenden. Dabei zählt Burisch[113] zu den Managementpositionen die Direktoren einschließlich der Generaldirektoren (in der Regel im Vorstandsrang), Prokuristen und Abtei-

---

[106] *Mayer-Maly*, BB 74/1125.
[107] Handbuch für leitende Angestellte, Band 1, S. 108.
[108] Arbeiter u. Angestellte in der Betriebspyramide 1959.
[109] Manager des Kapitalismus 1971.
[110] Vorgesetzte zwischen Management u. Arbeitern 1969 S. 11 ff.
[111] *Dahrendorf*, Sozialstruktur des Betriebes 1959 S. 20 ff.
[112] *Burisch*, Industrie- und Betriebssoziologie 1969 S. 83 ff.
[113] Ebd., S. 101 ff.

lungsleiter. Als Qualifikation für eine Managerposition sieht er eine akademische Ausbildung an.

Zu den „Männern der Mitte" rechnet er vor allen Dingen die Meister und die Leiter kleinerer Abteilungen, die sich sowohl zum Management als auch zur Arbeiterschaft hin orientieren. Dabei zeigt Burisch eine differenziertere Statusorganisation des Industriebetriebs mit sechs Schichten auf, wobei er zwischen Bürohierarchie und Fabrikhierarchie unterscheidet und zum Vergleich die gesamtgesellschaftlichen Prestigeschichten aufzeigt.

In Schicht I, der obersten Schicht seiner Statuspyramide, reiht Burisch Direktoren und Wissenschaftler ein, welche in den gesamtgesellschaftlichen Prestigeschichten den höchsten Beamten und Akademikern entsprächen. Zu Schicht II zählt er Betriebsleiter und Leiter großer Abteilungen und als Pendant im gesellschaftlichen Bereich höherer Beamte, mittlere Unternehmer und leitende Angestellte. Nur in diesem Zusammenhang spricht Burisch von leitenden Angestellten.

In Stufe III siedelt er dann Werkmeister und mittlere Angestellte an. Die Schichten IV—VI sind dann den Arbeitern und einfacheren Angestellten vorbehalten.

Nach Burisch hängt der soziale Status im Betrieb weniger von der Funktion als vielmehr vom Qualifikationsgrad und seinen Qualifikationen (Diplome usw.) ab. Allerdings würden sich im Zuge der „Versachlichung der industriellen Verhältnisse" entscheidende Veränderungen im Verhältnis von Ausbildung, formaler Anweisungsbefugnis, innerbetrieblichem Status und sozialem Prestige anbahnen. Schließlich dürfte sich auch die Umwandlung der betrieblichen Binnenordnung vom Stabliniensystem zum Kooperationssystem, welches den Experten eine relative Autonomie bringt, auf den betrieblichen Status der leitenden Angestellten auswirken.

Im Gegensatz zu Dahrendorf und Burisch[114] differenziert Croner[115] nicht innerhalb der Angestelltenschaft, auch nicht zwischen Angestellten mit Führungsfunktionen und anderen Angestellten. Croner sieht die Angestelltenschaft mit gewissen Ausnahmen als einheitliche Schicht an, da sie in der Regel generell delegierte Unternehmerfunktionen wahrnehme, wie arbeitsleitende, konstruktive, merkantile und verwaltende Funktionen.

Vom Begriff des leitenden Angestellten geht dagegen in der betriebssoziologischen Literatur Hartmann aus. Zu den leitenden Angestellten zählt er das „gehobene Management der Linienorganisation" und die

---

[114] Vgl. oben B IV 1.

[115] Soziologie der Angestellten 1962 S. 112 ff.

Spezialisten oder Experten der Stäbe[116]. Dabei sieht Hartmann einen Bedeutungswandel des Begriffes des „leitenden Angestellten“. Während frühere Vorstellungen vom leitenden Angestellten diesen weitgehend mit der Linie, insbesondere mit der gehobenen Führungsschicht, identifiziert hätten, liefen neuere Auffassungen stärker auf eine Gleichsetzung mit dem höheren Stabspersonal bzw. qualifizierten Angestellten mit persönlicher Verantwortung, verbunden mit wissenschaftlicher Leistung, den hochqualifizierten Spezialisten der Stäbe, hinaus. Leitende Angestellte würden danach mit der technisch-wissenschaftlichen Intelligenz gleichgesetzt. Letztlich sei diese Entwicklung im Zusammenhang mit der Verwissenschaftlichung des betrieblichen Geschehens zu sehen.

In diesem Zusammenhang ist auch ein Blick in die marxistische Gesellschaftslehre interessant, in der die technisch-wissenschaftliche Intelligenz als Leitung angesehen wird[117].

Hartmann deckt sich insoweit mit den oben dargestellten Meinungen von Burisch, Dahrendorf und Pross, als auch er die leitenden Angestellten nicht als homogene Kraft ansieht, sondern sie in heterogene Gruppen unterteilt. Beispielsweise könne man differenzieren in obere Führungskräfte, wie Generalbevollmächtigte, in das mittlere Management, den Stabsbereich usw. Dabei gäben die oberen Führungskräfte einen Kristallisationskern innerhalb der leitenden Angestelltenschaft ab[118]. Einen weiteren selbständigen Kern bilde das „middle management“. Der dritte Kern sei im Stabsbereich angesiedelt, wobei wieder zwei getrennte Kraftfelder zu sehen seien, die technische Intelligenz, wozu graduierte Ingenieure und Diplomingenieure zählten, einerseits und das gehobene kaufmännische Personal mit Organisationsexperten usw. andererseits.

Empirische Untersuchungen geben zu erkennen, wie sehr sich leitende Angestellte nach solchen Eigenschaften unterscheiden. Andererseits sind Nivellierungserscheinungen zwischen Experten und nichtleitenden Angestellten erkennbar.

Schematisch lassen sich nach Hartmann[119] wiederum die leitenden Angestellten der beschlußfassenden Instanzen gliedern etwa nach leitenden Angestellten der I. Linie unterhalb des Eigentümers (bzw. des Vorstandes) und leitenden Angestellten der II. Linie, etwa Abteilungsleitern. In Zukunft wird allerdings nach Hartmann der Begriff des leitenden Angestellten mit Experten gleichgesetzt werden. Dennoch liege die Vermutung nahe, daß Experten der Stäbe mit anderen Gruppen gleicher

---

[116] *Hartmann*, Arbeit und Sozialpolitik 72/91 ff.

[117] *W. G. Afasnajew*, Wiss. Leitung der Gesellschaft, Berlin 1969 S. 136.

[118] *Hartmann*, Sonderdruck der Zeitschrift für Arbeit und Sozialpolitik 1972 Heft 3 S. 9 aus Festschrift für René König.

[119] Ebd.

Interessenlage, insbesondere mit der übrigen Arbeitnehmerschaft, zur Durchsetzung von gemeinsamen Zielen in Aktionsgemeinschaft eintreten könnten[120].

Dagegen steht jedoch die These der „dritten Kraft", die eine eigenmächtige Solidarisierung der leitenden Angestellten zwischen Kapital und Arbeit bedeuten würde. Hartmann meint jedoch, daß diese These die faktische Zerrissenheit im Selbstverständnis der leitenden Angestellten verkennt, die ihrerseits wiederum auf die Heterogenität der Gruppen und Positionen innerhalb des soziologischen Sammelbegriffs der leitenden Angestellten zurückgeht.

G. Kleine[121] kommt schließlich zu der Ansicht, daß das soziologische Abgrenzungskriterium für leitende Angestellte der Qualitätsunterschied der Tätigkeit gegenüber der übrigen Arbeitnehmerschaft sei. Der Betrieb wird neben der Disziplinarstruktur als Qualifikationsstruktur angesehen. Innerhalb der Betriebe gibt es danach eine spezielle Leistungsgruppe aufgrund besonderer Eigenschaften wie Ausbildung, Erfahrung, Verantwortungsfreude, Entscheidungskraft und Vorgesetzteneigenschaft. Entscheidend ist nach G. Kleine die Leistungswertigkeit im Arbeitsprozeß. Innerhalb dieser Qualifikationsstruktur würden damit aufgrund der Autorität auf einem Fachgebiet Leitungsfunktionen für den Betrieb eingenommen.

Aus dem Angeführten ist zu entnehmen, daß die Soziologie allenfalls erst mit der Ausarbeitung eines einheitlichen Begriffes des leitenden Angestellten begonnen hat[122]. Dagegen wird in der älteren Literatur dieser Begriff noch kaum verwendet.

Vielmehr wird in der Regel zwischen gehobenem Management, unter welches manche Autoren auch die Schicht der Meister subsumieren und dem Industriebürokratie — Stabsbereich unterschieden. Zum gehobenen Management zählt die soziologische Literatur außer den Betriebsdirektoren, Prokuristen und Hauptabteilungsleitern meist auch die Mitglieder juristischer Organe, da die Organmitglieder bei soziologischer Betrachtungsweise als leitende Angestellte im weiteren Sinne angesehen werden. Soweit zum Begriff des leitenden Angestellten nur das Management (auch das middle management) gezählt wird, hat dies seine soziologische Ursache in der Übertragung unternehmerischer Teilfunktionen.

Es kann deshalb gesagt werden, daß die von Galperin[123] bewußtseinsmäßige, soziologische Sonderstellung der leitenden Angestellten noch nicht genau umrissen ist[124].

---

[120] *Hartmann*, ebd., S. 8.

[121] S. 109.

[122] So insbesondere *Hartmann*, Festschrift für R. König, S. 38.

Im übrigen sehen sich nur 50 % der von Hartmann als leitende Angestellte befragten Personen als eigene soziologische Gruppe an. 25 % zählen sich zum Unternehmerbereich. Auch sozialempirische Untersuchungen, die vor allen Dingen von der ULA in Auftrag gegeben wurden, konnten die Schicht der leitenden Angestellten nicht abgrenzen, da hier nur ohnehin die von der ULA als leitend anerkannten Angestellten befragt wurden[125], oder man von einem angenommenen Begriff des leitenden Angestellten ausging[126].

Deshalb kann auch die Ansicht des Arbeitsgerichts Köln[127] nur mit Vorsicht übernommen werden, wenn es sagt, im allgemeinen betriebssoziologischen Sinn sei der Leitender, der die hochqualifizierte Tätigkeit eines Spezialisten in einer Schlüsselstellung für den Betrieb oder das Unternehmen in Stabsfunktion wahrnimmt. Folgerichtig hat deshalb das Arbeitsgericht Gießen der soziologischen Stellung innerhalb des Betrie-bes nur die Bedeutung eines Indizes für die Qualifikation als leitender Angestellter beigemessen[128].

Man kann aber sagen, daß die Betriebssoziologie, soweit sie näher auf dieses Problem eingeht, zu den leitenden Angestellten sowohl Angestellte im höheren und mittleren Management, als auch Spezialisten in Stabsstellungen ohne Arbeitgeberfunktionen aufgrund ihrer herausgehobenen Stellung im Betrieb zählt. Die Erkenntnisse der Betriebssoziologie können deshalb unterstützend für die Abgrenzung des Begriffes des leitenden Angestellten herangezogen werden.

2. Abgrenzung der leitenden Angestellten in der Betriebswirtschaftslehre

Nun ist zu prüfen, inwieweit die Betriebswirschaftslehre zur Abgrenzung des Kreises der leitenden Angestellten beigetragen hat. Möglicherweise kann die Lehre von der Betriebsorganisation darüber Aufschluß geben, wie eine den Notwendigkeiten der Praxis entsprechende Abgrenzung gefunden werden kann, insbesondere welche Angestellten der Unternehmensleitung zuzuordnen sind[129].

a) Zunächst soll auf die möglichen Varianten der Betriebsorganisation eingegangen werden. Daraus könnte man Rückschlüsse auf eine leitende

---

[123] *Galperin*, BVG 1972 Leitende Angestellte II 2 und auch *Rüthers / Stindt*, BB 72/978.

[124] Vgl. auch *Rose*, AuR 72/309 ff.

[125] Vgl. *Borgwardt*, Ausschußprotokoll VI Nr. 45/56 S. 20.

[126] So *Hartmann*, Festschrift für R. König, der 305 ltd. Ang. befragte.

[127] Beschluß vom 12. 6. 1972, 10 BV 20/72 (nicht veröffentlicht).

[128] Arbeitsgericht Gießen, Beschluß vom 19. 9. 1972 2 BV 1/72 (nicht veröffentlicht).

[129] Vgl. *Wisskirchen*, BABl. 72/277; *Galperin*, DLA 1971 Heft 7 S. 33.

Tätigkeit ziehen. Aus der unterschiedlichen Größe eines Betriebes und einem unterschiedlichen Organisationssystem können sich möglicherweise unterschiedlich große Prozentsätze leitender Angestellter ergeben[130]. Die Anzahl der arbeitgeberähnlichen leitenden Angestellten ist nämlich nach Wiedemann[131] mit der Art der Organisation, insbesondere mit dem Maß der Zentralisation und Dezentralisation des gesamten Unternehmens objektiv vorgegeben.

Ebenso kann der Führungsstil Einfluß auf die Zahl der leitenden Angestellten haben. So wird in einem autoritär geführten Unternehmen der Kreis der leitenden Angestellten relativ gering sein, während dann, wenn wichtige Aufgaben delegiert werden, ein verhältnismäßig größerer Kreis von Angestellten unternehmerische Aufgaben wahrnehmen und damit zu den leitenden Angestellten gezählt werden müssen[132].

Bekanntlich wird in der Betriebsorganisation zwischen dem Liniensystem, dem Funktionssystem (auch Kooperationssystem) und dem Stabliniensystem unterschieden. Dazu kommen noch einige Mischsysteme wie das Matrixsystem[133].

b) Berücksichtigung der betrieblichen Hierarchie des Liniensystems und Abgrenzung der leitenden Angestellten[134].

Im Liniensystem (nach Fayol) gehen alle sachlichen und disziplinarischen Anordnungen von der Leitung des Unternehmens aus, bei der also ein Höchstmaß an Entscheidungsgewalt konzentriert ist. Es handelt sich um ein hierarchisches Zuständigkeitssytem[135]. Weisungen verlaufen stets von oben nach unten, ein untergeordneter Strukturträger hat nur von einer übergeordneten Instanz Weisungen entgegenzunehmen[136].

Unterhalb der Unternehmensleitung ist dabei eine mehrstufige Abteilungsgliederung je nach Größe des Unternehmens erforderlich. Beispielsweise gibt es unterhalb der Unternehmensleitung eine Direktionsebene, eine Hauptabteilungsleiterebene, eine Abteilungsleiterebene, eine Unterabteilungsleiterebene, eine Meisterebene sowie meist auch noch einen Vorarbeiterbereich.

Nach Fayol genügen sechs Rangstufen für ein durchorganisiertes Unternehmen[137]. Bei dieser Stufung ist der Umfang der leitenden Aufgaben,

---

130 Vgl. *Horne*, Volkswirt 60/1402; *Koch*, BB 53/265; *Erdmann / Jürging / Kamann*, Anm. zu § 5 BVG.

131 *Wiedemann*, RdA 72/210 ff.

132 *Gaul*, Der leitende Angestellte S. 51.

133 Vgl. Wirtschaftswoche 72 Nr. 40 S. 72; *Beller*, Personal 72/68.

134 Vgl. *Falkenberg*, DB 72/774.

135 Vgl. *Gutenberg*, Betriebswirtschaftslehre I S. 258 f.

136 Vgl. *Arnold*, Organisation der Betriebsstruktur S. 70.

137 Vgl. auch *Gutenberg*, Betriebswirtschaftslehre I S. 259.

die dem Leiter der jeweiligen Organisationsstufe (z. B. dem Hauptabteilungsleiter) zustehen, der maßgebende Gesichtspunkt bei der Frage, bei welcher Stufe die Grenzlinie zwischen dem leitenden und dem nichtleitenden Angestellten verläuft. Je weiter der entsprechende Angestellte in der Betriebshierarchie oben ist, umso größer ist der Umfang seiner Leitungsaufgaben. Ein solcher Angestellter kann auch eher leitender Angestellter sein[138].

Dabei wird zwischen führen, leiten und ausführen unterschieden. Innerhalb der Betriebshierarchie ist an der Spitze (Vorstand, Eigentümer usw.) „Nur-Führung". An der Basis ist „Nur-Ausführung"[139]. Meier[140] versteht unter Führung die Bestimmung des Unternehmensgegenstandes sowie die Struktur- und Grundsatzplanung, Tätigkeiten, die sich in der Regel der Unternehmer vorbehält.

Alle Zwischenglieder, die zwischen „Nur-Führung" und „Nur-Ausführung" liegen, sind sowohl führend und leitend einerseits als auch ausführend andererseits tätig und zwar in ihrer Rangordnung in abnehmendem Verhältnis der Führung und im zunehmenden Verhältnis der Ausführung[141]. Bei der Frage, bis zu welcher Rangstufe man von leitenden Angestellten sprechen kann ist also vom Grad der leitenden Tätigkeit auszugehen, insbesondere von einem Überwiegen der leitenden Funktion gegenüber der ausführenden. Wo aber exakt die Grenze liegt, innerhalb der man im betriebsorganisatorischen Sinn noch von leitenden Angestellten sprechen kann, wird in der betriebswirtschaftlichen Literatur nicht ausgeführt. Man kann allenfalls Indizien für die Abgrenzung der leitenden Angestellten innerhalb der Betriebe finden. So sagt Meier[142], daß niemals ausschließlich nur Führungs- oder Leitungsaufgaben getätigt werden. Er unterscheidet zwischen dem Geschäftsführungsbereich, in dem in der Regel mehr als die Hälfte der Tätigkeit in Führungsaufgaben bestehe, dem Leitungsbereich, der etwa $^3/_5$ Leitungsaufgaben, $^1/_5$ Führungsaufgaben und $^1/_5$ Ausführungsaufgaben umfasse und dem Ausführungsbereich, der im wesentlichen Ausführungsaufgaben und nur wenig Leitungsaufgaben beinhalte.

Daraus kann man allenfalls einen Anhaltspunkt für die Abgrenzung der leitenden Angestellten bekommen. Meier[143] versteht unter Leitungsaufgaben vor allen Dingen die Bestimmung, wer was zu tun hat, nachdem der Unternehmensgegenstand bereits festgelegt worden ist und die Grundsatzplanung stattgefunden hat.

---

138 Vgl. Arbeitskreis Dr. *Krähe*, Unternehmerorganisation S. 21.

139 Vgl. *Nordsiek*, Betriebsorganisation S. 39.

140 *Meier*, Organisation der Unternehmensführung S. 8 ff.

141 *Nordsiek*, S. 40.

142 *Meier*, S. 10.

143 Ebd.

Zur Leitung gehören Anordnung, Anleitung und Überwachung der nachgeordneten Kräfte. Die Anordnung steht demnach sowohl in der Wichtigkeit als auch in der zeitlichen Reihenfolge an der Spitze der Leitungsaufgaben. Sie kann sich sowohl an Ausführende als auch an andere leitende Kräfte richten.

Die Leitungsaufgaben verteilen sich mit unterschiedlichem Gewicht auf die oben angeführten Ebenen.

Alle Leitungsaufgaben haben dabei nur abgeleitete Anordnungsaufgaben, die der Verwirklichung der Führungsaufgabe dienen. Die Führungsaufgabe unterscheidet sich von der Leitungsaufgabe, weil sie aus sich heraus bestimmt, was zu tun ist. Den Leitungskräften ist aber ein nach unten abnehmender Raum zur Eigeninitiative gegeben[144].

Seydlitz-Kurzbach[145] unterscheiden zwischen Leitung im engeren Sinn, die nur der Geschäftsleitung (Vorstand usw.) zustehen soll, wobei es denkbar sei, daß die Leitung im engeren Sinn alle Leitungsfunktionen ausübt und Leitung im weiteren Sinn, zu der alle Personen gehörten die, ohne daß ihnen unmittelbare Anordnungsbefugnisse übertragen sind, dennoch einen weitgehenden Einfluß auf den Betrieb ausüben. Zur Leitung im weiteren Sinn gehöre Planung, Disposition, Ausgleich, Entscheidung, Anordnung und Kontrolle.

Zwischen Führung und Leitung unterscheidet Nordsiek[146], wobei Führung die Konzeption und Repräsentation umfasse, während Leitung gleichbedeutend sei mit exekutiver Führung, die sich im wesentlichen auf Kontrolle und auf Entscheidungen über Ausnahmen von der Regel beschränke.

Zu präzisieren versucht Fassbender[147] die einzelnen Ebenen innerhalb der Hierarchie des Liniensystems. Die Angestellten der ersten Stufe unterhalb der Geschäftsleitung bezeichnet er als obere Führungskräfte. Sie seien die Träger des allgemeinen Auftrages in der Durchführung der festgelegten Unternehmenspolitik, führten weitgehend selbständig ein Hauptarbeitsgebiet und müßten hohe dispositive Fähigkeiten in Bezug auf Planung, Organisation und Kontrolle besitzen.

Die leitende Funktion der oberen Führungskräfte ist also in der betriebswirtschaftlichen Literatur nicht umstritten.

Auf der zweiten Stufe unterhalb der Geschäftsleitung siedelt Fassbender die mittleren Führungskräfte an. Sie haben nach Fassbender einen speziellen Verantwortungsbereich, sind nachgeordnete Führungs-

---

[144] Ebd., S. 10.

[145] *Seydlitz-Kurzbach*, S. 19 ff.

[146] S. 39.

[147] S. 17 ff.

kräfte in der Linie, haben ein Sachgebiet zu leiten und müssen Fähigkeiten für einen engeren Verantwortungsbereich haben. Dies ist die Stufe der Hauptabteilungsleiter, soweit sie nicht zur oberen Führungsschicht gezählt werden, der Abteilungsleiter und evtl. bestimmter Gruppenleiter[148].

Daran schließen sich nach Fassbender auf der dritten Stufe die unteren Führungskräfte an, denen ein begrenzter Verantwortungsbereich zukomme und die in der Regel Führungsbefugnis und Untergebene hätten, die sie anleiten und überwachen müßten. Die unteren Führungskräfte sind mit dem Gruppenleiter- und Meisterbereich identisch[149].

Auch danach kann man nicht ohne weiteres erkennen, wer nun im betriebswirtschaftlichen Sinn zu den leitenden Angestellten innerhalb der Linie gehört.

Aufgrund der weitgehenden dispositiven Anforderungen, die in der Betriebswirtschaftslehre ein gewichtiges Merkmal für eine echte Leitungsfunktion sind, gehören sicher die Angestellten auf der ersten Stufe unterhalb der Geschäftsführerebene dazu. Meisel[150] will die leitenden Angestellten auf die Führungskräfte der ersten und zweiten Linie innerhalb der Betriebshierarchie beschränkt wissen, wobei er zur ersten Linie offensichtlich die Organe juristischer Personen zählt. Auszuschließen sind dagegen die Angestellten des Meisterbereichs, da ihnen keine dispositiven Fähigkeiten abverlangt werden.

Fraglich bleibt jedoch weiter der Standort der mittleren Führungskräfte mit ihrem begrenzten Verantwortungsbereich und den beschränkten Möglichkeiten zur Disposition. Dazu wird es einer weiteren Prüfung, besonders der betrieblichen Praxis bedürfen.

c) Nun ist zu prüfen, ob das taylorsche Funktionssystem neue Aspekte für die Abgrenzung des Kreises der leitenden Angestellten bringt.

In diesem System wird die Einheit der Auftragserteilung fallengelassen. Der einzelne Arbeiter und Angestellte erhält seine Aufträge von verschiedenen Stellen in höheren Rangstufen. Ein konsequentes Funktionsdenken hat dazu geführt, daß neben der direkten Unterstellung unter einen Linienvorgesetzten noch zusätzliche besondere Unterstellungen unter andere Stellen bestehen[151]. Dadurch wird das Prinzip der Arbeitsteilung auch auf das Gebiet dispositiver Tätigkeit übertragen[152]. Eine Anzahl von Funktionen, die im Liniensystem einem Linienvorge-

---

[148] Vgl. dazu auch *Nordsiek*, S. 40.

[149] Vgl. Arbeitskreis Dr. *Krähe*, S. 21 ff.; *Nordsiek*, S. 40.

[150] *Meisel*, S. 29 ff.

[151] Arbeitskreis Dr. *Krähe*, S. 28.

[152] *Gutenberg*, Betriebswirtschaftslehre Bd. I, S. 259.

setzten zukommen, werden auf mehrere Spezialisten übertragen[153]. Damit, sowie mit dem im wesentlichen gleichen Kooperationssystem[154] wird dem einzelnen Spezialisten eine relative Autonomie zugestanden. Die Zahl der leitenden Angestellten kann sich dadurch gegenüber dem, an der Einheit der Auftragserteilung festhaltenden Liniensystem wesentlich erweitern, da mehrere Angestellte die geforderten dispositiven Tätigkeiten, die beispielsweise denen der oberen Führungskräfte entsprechen können, innehaben[155]. Einer Reihe von Spezialisten kommt damit eine unmittelbar leitende Tätigkeit zu.

d) Im Stabliniensystem wird prinzipiell an der Einheit der Auftragserteilung festgehalten, weshalb das oben unter 1b Gesagte auch hier Gültigkeit behält.

Jedoch sollen die Vorteile der Spezialisierung dadurch genutzt werden, daß neben den einzelnen Abteilungen der Linie gesonderte Stabsstellen mit fachlich spezialisierten Ratgebern treten. Derartige Stabsstellungen werden bei der obersten Leitung, in größeren Unternehmungen auch bei nachgeordneten Abteilungen zu finden sein.

Fraglich ist also, inwieweit die in Stabsstellen Tätigen ebenfalls als leitend angesehen werden.

Die Betriebswirtschaftslehre ist sich darüber einig, daß die Stäbe keine unmittelbaren Anordnungsbefugnisse haben, sondern planerisch tätig werden, Unternehmerentscheidungen vorbereiten und damit über die Linienkraft allenfalls eine mittelbare Exekutive ausüben[156]. Jedoch kann den Stabskräften eine sachliche Anordnungsbefugnis übertragen sein, ohne daß ihnen deshalb Vorgesetzteneigenschaften zuzusprechen sind.

Seydlitz-Kurzbach[157] zählen die Leiter von Stabsabteilungen (mit oft nur sehr wenigen Mitarbeitern) zur betrieblichen Leitung im weiteren Sinne, weil ihnen Funktionen der Geschäftsleitung, wie die Rechtsabteilung oder die Organisationsabteilung übertragen sind, oder zur Leitung im weitesten Sinne wegen ihres Einflusses auf die Leitung und damit auf den Betrieb, sei es durch Beratung oder durch andere Einflußnahme.

Ebenso setzt Fassbender[158] Stabskräfte mit Linienkräften der ersten und zweiten Stufe unterhalb der Geschäftsleitung gleich. Er stellt lei-

---

[153] *Gutenberg*, S. 260.

[154] *Landwehrmann*, Organisationsstrukturen industrieller Großbetriebe, S. 96.

[155] Vgl. *Rüthers / Stindt*, BB 72/977.

[156] *Fassbender*, S. 20 ff.

[157] S. 19 ff.

[158] S. 22.

tende Träger zentraler Spezialaufgaben ohne oder mit nur mittelbarer Exekutive, die Unternehmerentscheidungen vorbereiten oder die die Unternehmensleitung bzw. die oberen Führungskräfte beraten, sowie Bearbeiter von Spezialaufgaben den mittleren Führungskräften gleich. Dabei stellt er auf die fachliche und funktionale Autorität der Stabskräfte und den möglichen Positionstausch zwischen Stabs- und Linienkräften ab.

So seien beispielsweise Personalsachbearbeiter einer Betriebsabteilung in der Linie einem Abteilungsleiter unterstellt, gleichzeitig unterlägen sie aber der funktionalen und sachlichen Autorität des Personalleiters, der das „Wie" ihrer Arbeit bestimme. Folgerichtig will Fassbender auch die Stabskräfte in die entsprechende Stufe der Führungspyramide integrieren: dies entspräche den tatsächlichen Verhältnissen besser, weil Linien- und Stabskräfte auf derselben Ebene zusammenarbeiten würden.

So gibt es insbesondere auf der ersten und zweiten Stufe unterhalb der Geschäftsleitung Stabskräfte auf einer Ebene mit den Linienvorgesetzten. Neben der Betriebsleitung (obere Führungskräfte) stehen dann beispielsweise der Leiter der Stabsabteilung Rechtswesen oder auf der zweiten Stufe unterhalb der Geschäftsleitung der Leiter eines Teilwerkes (etwa ein Hauptabteilungsleiter) und der führende Konstrukteur (als Stabsangestellter ohne Untergebene außer evtl. einer Sekretärin) auf der gleichen betriebsorganisatorischen Stufe[159].

e) Außer diesen drei Grundsystemen der Betriebsorganisation sind eine Reihe von Zwischenformen vorhanden, die Einfluß auf die Anzahl der leitenden Angestellten haben können.

Hier sei noch das sogenannte Matrixsystem (Netzsystem) genannt, das in letzter Zeit in einem süddeutschen Großbetrieb der Metallindustrie Eingang gefunden hat[160].

Die Einheit der Auftragserteilung wird in diesem System nicht mehr voll aufrecht erhalten. Außer von den Linienvorgesetzten erhalten die Arbeitnehmer auch noch von sogenannten Funktionsvorgesetzten Anweisungen. Eine strikte Einhaltung des Dienstweges wird nicht mehr gefordert. Die unmittelbaren Beziehungen zu den Stabsabteilungen und die damit verbundenen Anweisungen von Stabsstellen an andere Abteilungen steht neben der Auftragserteilung übergeordneter Stellen in der Linie[161].

Durch diese „Doppelverantwortung" wird neue Verantwortung geschaffen. Leute, die nicht direkt in der Linie Vorgesetztenfunktionen

---

159 Vgl. *Fassbender*, Anhang Tafeln 1, 2.

160 Vgl. Wirtschaftswoche 72 Heft 40 S. 72 ff.

161 *Beller*, Personal 73, S. 68 ff.

haben, erhalten Einscheidungsmacht und dadurch auch Leitungsfunktionen, gehören also zumindest zur Leitung im weiteren Sinne[162].

Es können somit neue Stellen für leitende Angestellte entstehen, die den Kreis der leitenden Angestellten ausdehnen.

f) Zusammenfassung zur Abgrenzung der leitenden Angestellten nach betriebswirtschaftlichen Gesichtspunkten.

In der betriebswirtschaftlichen Literatur ist kaum von leitenden Angestellten die Rede. Vielmehr wird die Arbeitnehmerschaft zunächst — soweit es sich um durchorganisierte Großbetriebe handelt — betriebsorganisatorisch in der Regel in sechs bis sieben Abstufungen innerhalb der Betriebshierarchie unterteilt.

Es werden danach unterschieden:

aa) die oberen Führungskräfte, die Bereichsdirektoren — die Bezeichnungen sind unterschiedlich —, welche ihren Standort unmittelbar unterhalb der Unternehmensleitung (Geschäftsführung usw.) haben,

bb) die gehobenen Führungskräfte (etwa Hauptabteilungsleiter,

cc) der Bereich der Abteilungsleiter,

dd) der Meister- und Bürovorsteherbereich bzw. der Gruppenbereich,

ff) der Vorarbeiterbereich und

gg) der Bereich der nur ausführend Tätigen.

Wer zu den leitenden Angestellten zählt, kann aus diesem Schema noch nicht entnommen werden. Der Standort in der Betriebspyramide ist allenfalls ein Anhaltspunkt für die Stellung als leitender Angestellter.

Deshalb muß man in etwa in einen Geschäftsführungsbereich, in einen Leitungsbereich, um den es hier geht, und in einen Ausführungsbereich unterscheiden und dann diejenigen als leitend ansehen, die überwiegend Leitungs- und Führungsaufgaben wahrnehmen.

Eine Differenzierung kann auch in ausführende, überwachende, leitende und führende (richtungsweisende) Tätigkeiten geschehen[163].

Zum Leitungsbereich zählen sicher nicht mehr die Vorarbeiter, wohl auch nicht mehr die Meister, da sie keine leitende, sondern nur eine überwachende Funktion innehaben. Die Grenze muß etwa unterhalb des Abteilungsleiter- oder Hauptabteilungsleiterbereichs bzw. zwischen den mittleren und unteren Führungskräften liegen.

---

[162] Vgl. oben B IV 2 b.

[163] *Fürstenberg*, Aufstiegsprobleme der modernen Gesellschaft, S. 210.

Mittlere Führungskräfte haben im Gegensatz zu den unteren Führungskräften, denen nur ein begrenzter Verantwortungsbereich zukommt, einen speziellen Auftrag mit umfassender Verantwortung für die Durchführung dieses speziellen Auftrages. Weiter können die mittleren Führungskräfte Anweisungen an nachgeordnete Führungskräfte erteilen, deren Einsatz und Überwachung ihnen obliegt. Dem unteren Führungskreis unterstehen dagegen nur noch Arbeitnehmer, die lediglich ausführend tätig sind.

Von den Angestellten des mittleren Führungskreises werden noch dispositive Fähigkeiten verlangt, die sie in ihrem engeren Verantwortungsbereich im Rahmen der sachlichen Gegebenheiten einsetzen müssen, während die unteren Führungskräfte weitgehend nur noch die Leitungsentscheidungen übergeordneter Kräfte zu übermitteln haben[164].

Die Möglichkeit zur eigenen Disposition ist auch für die Einordnung der Spezialisten der Stäbe maßgebend.

Schwieriger ist es, bei einer funktionalen Organisation des Unternehmens den Kreis der leitenden Angestellten festzustellen. Man kann soviel aus den funktionalen Organisationsschemen entnehmen, daß mit der Zunahme der funktionalen Zuständigkeiten auch der Kreis der leitend Tätigen gegenüber der Linienorganisation mit ihren streng hierarchisch gegliederten Leitungsfunktionen anwachsen muß.

Weiter kann man feststellen, daß Leute in entscheidenden Stabspositionen weitgehend den entsprechenden Linienkräften gleichgestellt werden, auch wenn Stabsstellen nicht in das Betriebsgeschehen der Linie eingreifen dürfen. Dies gilt insbesondere für die zur Zeit in den Unternehmen vorherrschende Stablinienorganisation. Die Betriebswirtschaftslehre versucht, auch den Stabsangestellten unmittelbar einen Platz auf einer Stufe der organisatorisch vorgegebenen Betriebspyramide zuzuweisen bzw. auf eine bestimmte Qualifikationsebene zu stellen[165].

Je nach Art und Umfang der Betriebsorganisation kann der Kreis der leitenden Angestellten verschieden groß sein. Während nach der strengen Linienorganisation Leitungsfunktionen auf obere Linienvorgesetzte beschränkt sind, können in der Stablinienorganisation auch Stabsangestellte aufgrund ihrer leitenden Tätigkeit im weiteren Sinne zu den leitenden Angestellten gehören. Noch weiter ausgedehnt wird der Kreis der Angestellten mit Leitungs- und Anweisungsbefugnis im funktionalen Organisationssystem und bei der Leitungsorganisation in Form einer „Matrix“. Bei den letzten beiden Organisationsformen kön-

---

[164] Vgl. *Fassbender*, S. 22.

[165] *Hösel*, Personal 72/88; ähnlich auch *Galbraith*, der die Spezialistenhierarchie kaum trennbar mit der Linie verschmelzen läßt (vgl. *Wunderer*, DB 70/2441 ff.).

nen auch Angestellte, die nicht Linienvorgesetzte sind, aufgrund ihrer Fachstellung Anweisungen geben, die bedeutende Betriebsteile oder das ganze Unternehmen betreffen.

Wenn man davon ausgeht, daß in Zukunft immer mehr Verantwortung und Entscheidungsbefugnis nach unten in Folge von Delegation verlagert wird — bedingt durch andere Führungsmethoden einerseits und bessere Ausbildung eines immer größer werdenden Kreises von Angestellten andererseits — wird deutlich, daß der Kreis der leitenden Angestellten immer weiter anwächst.

Ein unterschiedlich großer Kreis von leitenden Angestellten kann sich auch bei zentraler im Verhältnis zu dezentraler Leitung des Betriebes ergeben.

Bei dezentraler Leitung werden besonderen Leitungsorganen (Werksleitungen) Grundaufgaben der Koordinierung und Initiative übertragen, während bei zentraler Leitung die „Führung der zweiten Hand“ oft zu einem leitenden Befehlsempfänger degradiert wird. Die Anzahl der leitenden Angestellten in der Linie ist somit weitgehend mit der Organisation objektiv vorgegeben, während der Kreis der Spezialisten stark den betrieblichen Besonderheiten unterliegt.

Gerade Überlegungen zur Gesamtorganisation der Unternehmen können deshalb bei der Abgrenzung der leitenden Angestellten nicht außer acht gelassen werden[166]. Vielmehr wird die Struktur des Unternehmens eine der ausschlaggebenden Faktoren für die Bestimmung des Kreises der leitenden Angestellten sein.

In der Organisation seines Unternehmens ist aber der Unternehmer frei. Das BAG hebt hervor, daß es auf das einzelne Unternehmen ankomme, da die Gestaltung der Organisation und der Führungsebenen dem Unternehmer nicht vorgeschrieben werden könne[167]. Die funktional-strukturelle Gestaltung ist allein Sache des Unternehmers. Das Betriebsverfassungsgesetz 1972 läßt ihm hierzu freie Hand[168]. Die Grenze der Gestaltungsfreiheit dürfte beim Mißbrauch der Unternehmensorganisation zur Manipulierung der Anzahl der leitenden Angestellten liegen.

3. Bestimmung des Begriffs „leitender Angestellter“ in der Betriebspraxis

Wie bereits erwähnt, wollte sich der Gesetzgeber bei der Abgrenzung der leitenden Angestellten auch vor allen Dingen an der betrieblichen

[166] A. M. *Wiedemann*, RdA 72/210.

[167] Entscheidungen v. 5. 3. 1974, EzA § 5 BVG Nr. 7 Ziff. III 3 c und 19. 11. 1974, EzA § 5 BVG Nr. 9, 10 Ziff. III 2 f.

[168] *Müller*, RdA 75/63 ff. (67).

Praxis orientieren[169]. So läßt die Entstehungsgeschichte des Gesetzes erkennen, daß auf die betriebliche Entwicklung Rücksicht genommen wurde bzw., daß auch die künftige Entwicklung beobachtet werden sollte[170].

Es stellt sich deshalb die Frage, inwieweit sich in den Betrieben ein einheitlicher Begriff des leitenden Angestellten gebildet hat. Auf den leitenden Angestellten, wie ihn die Betriebspraxis sieht, ist für die Abgrenzung besonderes Gewicht zu legen, da es anerkannter Grundsatz ist, der Praxis besondere Bedeutung beizumessen. Das Recht soll den Anforderungen des Gesellschaftslebens möglichst gerecht werden[171].

Man wird bei der folgenden Untersuchung nach einzelnen Wirtschaftszweigen unterscheiden müssen, wie beispielsweise die Industrie, und hier ist wiederum in metallschaffende und metallverarbeitende Industrie, Chemieindustrie und sonstige Industrien wie Textilindustrie, Brauwesen usw. einzuteilen. Auch der Groß- und Versandhandel und das Bank- und Versicherungswesen müssen berücksichtigt werden.

Weitere Unterschiede ergeben sich zwischen Groß- und Kleinbetrieben sowie zwischen forschungsintensiven und weniger forschungsintensiven Unternehmen.

a) Es soll mit einer Untersuchung in der metallverarbeitenden Industrie begonnen werden.

Ein Mittelbetrieb der Metallindustrie hat 1300 Beschäftigte, davon 500 Angestellte, davon wiederum neun leitende Angestellte. Leitende Angestellte werden hier ausschließlich nach betriebsorganisatorischen Gesichtspunkten abgegrenzt. Nur Angestellte, die auf der ersten Stufe unterhalb der Geschäftsleitung stehen, gelten als leitende Angestellte. Das sind die vier Bereichsdirektoren für die vier Hauptarbeitsgebiete Maschinenbau, Systemtechnik usw. und die fünf Hauptabteilungsleiter, die betrieblichen Verwaltungsstellen wie der Finanzplanung, der Personalabteilung, der Hauptabteilung Betriebswirtschaft usw. vorstehen. Die auf der nächsten Stufe stehenden Abteilungsleiter sind, wenn auch AT-Angestellte, so doch keine leitenden Angestellten. Stabsangestellte in der Projektplanung, Revision usw. unterstehen den Bereichsdirektoren und werden ebenfalls nicht mehr als leitende Angestellte betrachtet.

Ähnlich ist es bei einem wenig forschungsintensiven Betrieb in Augsburg, der zu einem größeren Unternehmen gehört. Hier gibt es 2200 Beschäftigte, von welchen 790 Angestellte, 60 AT-Angestellte und acht

---

[169] Vgl. BT-Drucksache VI 2729 S. 12; Ausschußprotokoll des Ausschusses für Arbeit und Sozialordnung VI, Nr. 45/46.

[170] Vgl. auch *Grüll*, RdA 72/177; *Wisskirchen*, BABl 72/289; *Stege / Weinspach*, BVG 72 S. 40, die ebenfalls eine Orientierung in der betrieblichen Praxis befürworten.

[171] *Enneccerus / Nipperdey*, S. 150.

leitende Angestellte sind. Zu den leitenden Angestellten zählt die Betriebsleitung des Augsburger Werkes einen technischen und einen kaufmännischen Direktor, dann Angestellte, die betriebsorganisatorisch eine Stufe darunter stehen, wie der Produktionsleiter, der Personalleiter, der Planungsleiter, dann noch zwei Hauptabteilungsleiter für Konstruktion und Werkstoffprüfung. Nur Angestellte mit Vorgesetztenstellung über eine größere Zahl von Arbeitnehmern, weitgehender Entscheidungsmacht und besonderer Wichtigkeit für den Betrieb, wie der Leiter der EDV-Abteilung, werden als leitende Angestellte angesehen, nicht dagegen Hallenleiter usw.

Bei einem Elektrounternehmen ist eine ähnliche Tendenz zu verfolgen. Es hat eine Gesamtzahl von 13 000 Arbeitnehmern, 120 davon sind leitende Angestellte. Im Augsburger Werk dieses Unternehmens sind von 1500 Arbeitnehmern acht leitende Angestellte. Dabei wird von folgendem Organisationsschema ausgegangen:

Den obersten Führungskreis bilden Vorstandsmitglieder und einige Angestellte. Darunter liegt organisatorisch ein oberer Führungskreis, der sich in Bereichsleiter und Hauptabteilungsleiter unterteilt. Dieser obere Führungskreis bildet mit den Nichtvorstandsmitgliedern des obersten Führungskreises den Kreis der leitenden Angestellten. Ein Bereichsleiter steht beispielsweise dem Augsburger Werk als Werksleiter vor. Die drei Hauptabteilungsleiter (Fertigung, kaufm. Verwaltung und Werksausrüstung) werden von jeweils zwei gleichberechtigten Hauptabteilungsleitern geleitet. Dagegen sind Angestellte des mittleren Führungskreises, die Abteilungsleiter, mit Ausnahme des Leiters der Personalstelle, keine leitenden Angestellten, auch wenn sie bis zu 400 Untergebene haben. Dieser Führungskreis wurde unabhängig vom BVG abgegrenzt. Wenige Stabsspezialisten gelten ebenfalls als leitende Angestellte. Sie werden mit entsprechenden Bezeichnungen wie Referent und Hauptreferent den leitenden Angestellten in der Linie gleichgestellt, wobei die Grenze zu den nichtleitenden Angestellten zwischen den Hauptreferenten und den Referenten gezogen wird. Diese Spezialisten sind im technischen und kaufmännischen Bereich tätig und leiten in der Regel größere Sachgebiete wie z. B. die Entwicklungsabteilung.

Wie klein der Kreis der leitenden Angestellten hier ist ergibt sich daraus, daß im Augsburger Werk dieses Unternehmens kein Spezialist zu den leitenden Angestellten gezählt wird.

Prozentual mehr leitende Angestellte gibt es bei einem Großbetrieb der süddeutschen Metallindustrie. Auf 37 000 Arbeitnehmer, davon 11 000 Angestellte, kommen 939 leitende Angestellte.

Der Kreis der leitenden Angestellten ist unabhängig vom Gesetz aus früheren Oberbeamten historisch gewachsen. Die leitenden Angestellten werden aufgrund der Bedeutung ihrer Aufgaben eingestuft. Dabei kommt es nicht auf die Stellung in der Linienorganisation, sondern auf folgende Gesichtspunkte an:

(1) Zunächst ist die Informationsmenge wichtig, die der betreffende Angestellte hat, wobei der Begriff Information nicht nur das Ausbildungswissen umfaßt, sondern auch die Informationen, die inner- und außerbetrieblich bezogen werden.

(2) Die Tätigkeit an sich muß vorwiegend dispositiv sein. Dabei gibt das Verhältnis der determinierten zur dispositiven Tätigkeit einen Anhaltspunkt, welche Bedeutung die Aufgabe hat und wie groß die Entscheidungsbefugnis ist.

(3) Weiteres Kriterium ist die Kontrollspanne. Sie ist um so größer, je später ein etwaiger Fehler entdeckt werden kann. Dabei wird bei eigenverantwortlicher Planung auf weite Sicht, wie z. B. beim Marktforscher, der Fehler erst spät entdeckt. Hat jemand einen fachkundigen Vorgesetzten, der sofort kontrolliert, so ist die Kontrollspanne dagegen gering.

Die mögliche Schadenshöhe bei einer Fehlentscheidung sowie der Umfang der negativen Auswirkungen bei Nichtbesetzung der entsprechenden Stelle sind ebenfalls Anhaltspunkte für die Zugehörigkeit zu den leitenden Angestellten.

Beispielsweise sind die Leiter der Rechtsabteilung, einer größeren Verkaufsabteilung, der Buchhaltung sowie eines Konstruktionsbüros leitende Angestellte.

Innerhalb der Linie werden bei einer voll ausgebauten Organisation von sieben Stufen (letzte Stufe ist der Meisterbereich) die Linienvorgesetzten bis zur fünften Stufe — Bereichsdirektoren (z. B. Motorenbau) — Abteilungsdirektoren — Hauptabteilungsleiter — Abteilungsleiter — und Hauptgruppenleiter zu den leitenden Angestellten gerechnet. Regelmäßig sind auch deren Stellvertreter, soweit sie Vollvertretung haben, leitende Angestellte.

Die Einstufung der Stabsangestellten und der Spezialisten als leitende Angestellte ergibt sich aus den oben genannten drei Kriterien. Sie gehören auch ohne Leitungsfunktion aufgrund ihrer Fachfunktion zu den leitenden Angestellten. Bei diesem Unternehmen kommt es überhaupt für die Abgrenzung der leitenden Angestellten auf die Funktion, die sich nach den angeführten Gesichtspunkten ergibt, so wie auf die Bedeutung der Funktion für den Betrieb und nicht auf eine Arbeitgeberfunktion oder Leitungsfunktion im engeren Sinne an.

Völlig unabhängig von der Stellung innerhalb der Linie wird die Abgrenzung der leitenden Angestellten bei einem Unternehmen der metallverarbeitenden Industrie mit 7000 Arbeitnehmern vorgenommen, das zu einem amerikanischen Konzern gehört. Die Abgrenzung erfolgt aufgrund einer Arbeitsplatzbewertung oder Stellenbeschreibung. Die Arbeitsplatzwerte bewegen sich in einer Skala von 1—20. Der Tarifbereich umfaßt die Werte 1—12, der AT-Bereich die Werte 13—16, und die leitenden Angestellten bewegen sich zwischen den Arbeitsplatzwerten 17—20. Das ergibt bei einer Angestelltenschaft von 4500, davon 900 AT-Angestellte, 135 leitende Angestellte, von denen wiederum 45 Leiter von Kundendienstbüros im Außendienst sind. Hier ist zu beachten, daß es bei dieser Firma in Deutschland keine Forschung gibt.

Folgende Bewertungskriterien ergeben den Arbeitsplatzwert 17 und damit die Voraussetzung für einen leitenden Angestellten:

Zunächst werden der Wissenstand etwa eines Diplomingenieurs oder eines Diplomkaufmanns und ca. sieben Jahre Erfahrung verlangt. Weitere Voraussetzung ist entweder eine schwierige qualifizierte Tätigkeit oder eine Leitungsfunktion über ein umfangreiches Sachgebiet. Dazu werden wissenschaftliches Denken und selbständige Durchführung der Arbeiten innerhalb gegebener allgemeiner Richtlinien verlangt. Die Überwachung beschränkt sich auf die Abstimmung der Aufgabenstellung mit anderen betrieblichen Stellen oder mit den unternehmerischen Zielsetzungen. Ein weiteres Kriterium ist das Maß der Verantwortung für eine umfangreiche finanzielle Ausstattung, das so groß sein muß, daß erhebliche Verluste möglich sein können. So werden Geschäftsführer, Prokuristen, Bereichsleiter mit 150 Mitarbeitern als leitende Angestellte angesehen, nicht aber Abteilungsleiter, der Leiter der Buchhaltung oder der EDV-Organisation. Auch die 45 Kundendienstdistriktsleiter sind leitende Angestellte, was aber vom Betriebsrat bestritten wird, da diese Angestellten ohne wesentliche Selbständigkeit nur die Entscheidungen der Kundendienstleitung nachzuvollziehen hätten. Hier spielen wohl Prestigegründe gegenüber den Kunden eine erhebliche Rolle.

In der Linienorganisation sind nach dieser Bewertungsskala in der Regel die Angestellten der ersten, zweiten und dritten Ebene unterhalb der Geschäftsführung leitende Angestellte. Dabei werden die vier Hauptunternehmensbereiche von den Mitgliedern der Geschäftsführung geleitet. Die erste Ebene unterhalb der Geschäftsleitung ist dann die Direktionsebene. Den Direktoren unterstehen die einzelnen Werke. Darunter ist die Bereichsleiterebene. Unterhalb der Bereichsleiterebene stehen größeren Abteilungen Hauptabteilungsleiter vor, die leitende Angestellte sind. Kleinere Abteilungen werden von Abteilungsleitern geleitet, die nicht mehr zu den leitenden Angestellten zählen.

Außerhalb der Linie erfüllen auch bestimmte Stabsangestellte die für leitende Angestellte nötige Punktzahl von 17. Das sind in der Regel die

Leiter qualifizierter Abteilungen wie der Rechtsabteilung und die Leute der Unternehmensplanung, die Vorentscheidungen für die Geschäftsleitung treffen.

Von einem ähnlichen Bewertungsmodell geht auch eine nach amerikanischen Organisationsgrundsätzen aufgebaute Metallwarenfabrik aus. Hier gibt es bei 15 271 Arbeitnehmern[172] 3674 Angestellte, davon 216 leitende Angestellte. Aufgrund einer umfangreichen Stellenbewertung wurden die leitenden Angestellten des Betriebes unabhängig vom BVG bestimmt. Die Stellenbewertung enthält zehn verschiedene Auswahlkriterien, wie Ausbildung, Erfahrung, Vielfalt der Fragestellung, Umgang mit anderen, Art der Probleme, Selbständigkeit, Größe der organisatorischen Einheit, Einfluß auf betriebliche Ergebnisse, Verantwortung für Personal und Budget und Stellung innerhalb der Führungsebene. Durch ein Punktsystem können 69 Punkte erreicht werden. Die Grenze des AT-Angestellten liegt bei einer Punktzahl von 48, die des leitenden Angestellten bei 53 Punkten. Um diese Punktzahl zu erreichen muß der leitende Angestellte entweder bei sämtlichen der angegebenen Kriterien eine überdurchschnittliche Punktzahl erlangen oder in einigen Bereichen auf die Höchstpunktzahl kommen. Dabei kommen den Kriterien Ausbildung und Stellung innerhalb der Betriebshierarchie eine geringe Bedeutung zu. Für die Stellung als Hauptabteilungsleiter schlechthin kann man z.B. lediglich drei Punkte erreichen. Dagegen ist die Größe der organisatorischen Einheit, der ein Angestellter vorsteht, mit der Höchstpunktzahl von 15 von vergleichsweise großer Bedeutung. Die Stellung in der Betriebshierarchie spielt deshalb mittelbar eine größere Rolle.

Aufgrund des angeführten Punktsystems können sowohl höhere Linienvorgesetzte, als auch Angestellte in entscheidenden Stabsstellen oder sonstige Spezialisten leitende Angestellte sein. Eine Vorgesetztenstellung ist dabei nebensächlich. Es kommt allein auf die Wichtigkeit der Stelle für den Betrieb an. Somit kann auch die Anzahl der leitenden Angestellten von der Betriebsleitung gesteuert werden. Beispielsweise werden als leitende Angestellte angesehen der Verantwortliche für die Personalführung, der nur einen Mitarbeiter hat, sämtliche drei Mitarbeiter in der Stabsstelle Produktion, ein Hauptabteilungsleiter, der eine Abteilung mit über 100 Mitarbeitern leitet.

Auch bei einem metallverarbeitenden Betrieb, der zu einem Chemiekonzern gehört, werden die leitenden Angestellten vorwiegend aufgrund einer Stellen-Arbeitsplatzbewertung abgegrenzt.

Vorweg ist festzustellen, daß von der Firmenleitung bei 5530 Arbeitnehmern, davon 2538 Angestellten, 170 Mitarbeiter als leitende Angestellte betrachtet werden. Der Wahlvorstand rechnet jedoch nur 50

---

[172] Stand vom 28. 2. 1973.

davon zum Kreis der Leitenden und hat deshalb ein arbeitsgerichtliches Beschlußverfahren eingeleitet.

Bei diesem Betrieb werden die Arbeitnehmer in Rangstufen eingeteilt. Jeder Arbeitnehmer mit Rangstufe Va ist leitender Angestellter. In der Linie bedeutet Rangstufe Va die Stellung eines Hauptgruppenleiters, der auf der fünften Stufe unterhalb des Vorstandes steht. Die Abstufung erfolgt in Direktoren (Rangstufe IX), Abteilungsdirektoren (VIII), Hauptabteilungsleiter (VII), Abteilungsvorstände (VIa), Abteilungsleiter (VI) und Hauptgruppenleiter (Va). Allein 90 der 170 leitenden Angestellten gehören zu den Hauptgruppenleitern[173].

Angestellte in Stabsstellen unterliegen ebenfalls dieser Rangordnung. Sie stehen etwa zwei bis drei Rangstufen unter dem Linienvorgesetzten der Abteilung, der sie zugeordnet sind. So hat beispielsweise der Assistent eines Abteilungsdirektors die Rangstufe VI, der Einkaufsleiter die Rangstufe VII, die Leiter des Rechenzentrums und des Rechnungswesens sowie der Werksarzt stehen auf Rangstufe VIa, womit sie alle zu den leitenden Angestellten dieses Betriebes gehören.

Spezialisten, in der Regel Akademiker, die an Zukunftsprojekten arbeiten, sind nach dieser Rangordnung leitende Angestellte.

Hauptabgrenzungskriterium ist also eine aufgrund einer Stellenanalyse festgelegte qualifizierte Tätigkeit und nicht die Leitungsfunktion oder Schlüsselstellung innerhalb des Unternehmens.

Wesentlich enger wird der Kreis der leitenden Angestellten bei einem Unternehmen der Metallindustrie mit 12 000 Arbeitnehmern gezogen. 180 Mitarbeiter werden hier zu den leitenden Angestellten gezählt.

In der Linie sind die Spartenleiter (für die einzelnen Produktgruppen) und die Hauptabteilungsleiter (zweite Stufe unterhalb der Vorstandsebene) generell leitende Angestellte. Die auf der dritten Stufe stehenden Abteilungsleiter sind nur noch dann leitende Angestellte, wenn sie Abteilungen vorstehen, die für die Firma von besonderer Bedeutung sind, wie z. B. die Patentabteilung. Abteilungsleiter einer reinen Fertigungsabteilung sind dagegen keine leitenden Angestellte mehr.

In Stabsstellen werden nur diejenigen Mitarbeiter als leitende Angestellte angesehen, die eine unternehmerische Schlüsselposition einnehmen. Dies sind zahlenmäßig wenige Angestellte, wie z. B. die Assistenten des Vorstandes, der Justitiar und der Leiter der zentralen Planung.

Technische Spezialisten gehören dann zu den leitenden Angestellten, wenn sie außer ihrer qualifizierten Tätigkeit noch einer Abteilung, wie

---

[173] In dem vor dem Arbeitsgericht München durchgeführten Beschlußverfahren (vom 20. 4. 1972, 1 BV 6/72 DLA 72 Heft 7 S. 14) wurde aber ein Teil dieser Hauptgruppenleiter als leitende Angestellte anerkannt.

z. B. der Abteilung Qualitätssicherung oder Entwicklungskoordination vorstehen.

Die in Frankfurt liegenden Betriebsteile eines Metallunternehmens haben 2000 Arbeitnehmer, davon 1420 Angestellte, davon wiederum 120 leitende Angestellte.

Hier ist zu beachten, daß der relativ hohe Anteil der leitenden Angestellten in der Frankfurter Zentrale dieser Firma aus der Tatsache resultiert, daß dort alle Zentral- und Handelsabteilungen sind.

In diesem Betrieb wird wiederum zwischen leitenden Angestellten in der Linie, also Angestellten mit Arbeitgeberfunktionen, und sonstigen leitenden Angestellten unterschieden.

Leitende Angestellte in der Linie sind alle Angestellten vom Abteilungsleiter aufwärts, der in der Regel die Bezeichnung Prokurist führt. Es ist zu berücksichtigen, daß der Abteilungsbegriff in diesem Betrieb ziemlich hoch angesiedelt ist. Die Abteilung kommt unterhalb der Unternehmensbereiche (wie Metallwirtschaft, Verarbeitung, Anlagenbau, Chemie und Transport) und der Geschäftsbereiche (wie Bergbau, Metallerzeugung usw.). Ein Abteilungsleiter steht beispielsweise der Erzabteilung, der Metallabteilung, der technischen Abteilung usw. vor.

In einigen Fällen bekleiden leitende Angestellte mit der Bezeichnung Prokurist auch besondere Funktionen wie Vorstandsassistenten oder sind Leiter von Zentralabteilungen wie der Abteilung Rechnungswesen, Revision, Finanz- und Betriebswirtschaft, Versicherungswesen, Recht usw.

Zwischen leitenden Angestellten der Linie und diesen gleichgestellten Mitarbeitern in der Fachlaufbahn unterscheidet auch ein Großunternehmen der Metall- und Elektroindustrie.

Die Grenze bei den leitenden Angestellten in der Linie liegt zwischen dem unteren und dem mittleren Führungskreis. Zum mittleren und oberen Führungskreis zählen auf der zweiten Stufe unterhalb der Geschäftsleitung die Abteilungsleiter, auf der ersten Stufe gleichrangig Werkleiter und kaufmännische Leiter.

Den Linienvorgesetzten auf der ersten Stufe gleichgestellt und somit ebenfalls leitende Angestellte sind die Abteilungsdirektoren, die den Stabsstellen vorstehen.

Außerdem werden sogenannte Fachreferenten, qualifizierte wissenschaftliche Mitarbeiter, wie Physiker, die im Rahmen der Grundlagenforschung tätig sind, zu den leitenden Angestellten gerechnet. Hier kommt es allein auf die qualifizierte Tätigkeit und nicht auf die Vorgesetztenstellung an. Es ist zu beachten, daß diese nicht zuletzt aufgrund von § 5 Abs. 3 Ziff. 3 BVG 72 in den Kreis der leitenden Angestellten aufgenommen wurden. In diesem Unternehmen gibt es bei 52 000 Arbeitnehmern 850 leitende Angestellte, das sind 1,6 % der Gesamtbelegschaft und 7,5 % der Angestellten.

Bei einem anderen Großunternehmen der Metall- und Elektroindustrie kommen auf 40 000 Arbeitnehmer, davon 16 000 Angestellte, ebenfalls 850 leitende Angestellte.

In der Linie werden Vorgesetzte bis in die dritte, teilweise sogar bis in die vierte Stufe unterhalb des Vorstandes als leitende Angestellte geführt. Das Unternehmen ist gegliedert in Geschäftsbereiche, dann pro Geschäftsbereich in drei bis vier Funktionsbereiche, dann in Abteilungen, Hauptgruppen und Gruppen. Vom Abteilungsleiter aufwärts sind alle Leiter dieser Organisationsgliederungen ebenso wie die Leiter großer Hauptgruppen leitende Angestellte.

Auch die Leiter zentraler Stäbe wie Personal-, Sozialwesen usw. gehören als leitende Angestellte nicht in den personalen Geltungsbereich des Betriebsverfassungsgesetzes.

Aufgrund einer Stellenbeschreibung werden auch bestimmte Spezialisten in Forschungslabors und an anderen wichtigen Stellen, die weittragende Verantwortung für die Entwicklung des Betriebes haben, über umfangreiche Kenntnisse, insbesondere solche innerbetrieblicher Art verfügen, oder denen umfangreiche Apparaturen zur Verfügung stehen, als leitende Angestellte bezeichnet. Eine für die Entwicklung des Betriebes bedeutende Position haben beispielsweise Angestellte, die an einem Projekt maßgeblich mitarbeiten, von dem der zukünftige Umsatz des Unternehmens erheblich abhängt.

Demnach gibt es in diesem Unternehmen drei Gruppen von leitenden Angestellten: einmal Linienvorgesetzte der mittleren und oberen Leitungsebene, dann Leiter von Stabsabteilungen und schließlich besonders qualifizierte und deshalb besonders wichtige Spezialisten.

Bei einem Elektrounternehmen mit im Inland 200 000 Beschäftigten teilt sich unterhalb des obersten Führungskreises, der den Vorstand und die erste Stufe darunter, die sogenannten Direktoren des Unternehmens umfaßt, die Betriebshierarchie in eine sogenannte Linienlaufbahn und in eine Fachlaufbahn.

In der Linie folgen auf der zweiten, dritten und vierten Stufe die Abteilungsdirektoren, Prokuristen (Funktionsbezeichnung innerhalb der Linie, nicht nur handelsrechtliche Vollmacht) und Abteilungsbevollmächtigte.

Ihr Gegenstück in der Fachlaufbahn sind die wissenschaftlichen Berater und wissenschaftlichen Mitarbeiter. Diese beiden Gruppen bilden den „oberen“ Führungskreis.

Die 2600 Angestellten in diesem oberen Führungskreis werden gemeinsam mit den 50 Direktoren (Generalbevollmächtigte) als die leitenden Angestellten im vorgegebenen, betriebsorganisatorischen Sinn dieses Unternehmens angesehen.

Auf der fünften Stufe vereinigen sich dann wiederum die Linienvorgesetzten und die Spezialisten zu den sogenannten Normalbeteiligten. Diese zählen mit den restlichen AT-Angestellten (auf der sechsten Stufe der Organisationspyramide) zum mittleren Führungskreis, der insgesamt 14 100 Arbeitnehmer umfaßt.. Ein Teil dieser „Normalbeteiligten" wird im Hinblick auf § 5 Abs. 3 Nr. 3 BVG, und nicht weil sie leitende Angestellte im vorgegebenen Sinn sind, zu den „leitenden Angestellten im Sinne des Betriebsverfassungsgesetzes" gerechnet, wenn sie eine ähnliche Tätigkeit wie Abteilungsbevollmächtigte ausüben.

Die Spezialisten dieses Unternehmens gehören dann dem oberen Führungskreis an, wenn ihre wissenschaftliche Tätigkeit der eines Hochschuldozenten entspricht, d. h. wenn sie wissenschaftliche Arbeiten veröffentlicht haben, Lehrbefähigung für eine wissenschaftliche Hochschule innehaben usw. Entscheidendes Kriterium ist die fachliche Qualifikation, der Einfluß auf das Unternehmen und die Komplexität der Verantwortung, die soweit geht, daß eine fachliche Kontrolle kaum noch möglich ist.

Die Stabsabteilungen sind wiederum entsprechend der Linienorganisation durchorganisiert. Ihre Leiter sind ebenfalls leitende Angestellte.

Zur Veranschaulichung sollen noch die Verhältnisse eines Zweigwerkes dieses Unternehmens, einem reinen Fertigungsbetrieb, dargestellt werden.

Hier kommen auf eine Gesamtbelegschaft von 3500 (davon 900 Angestellte, 85 AT-Angestellte) 17 leitende Angestellte. Dies sind zwei Abteilungsdirektoren, die dieses Werk leiten, neun Abteilungsbevollmächtigte, zwei Spezialisten, ein Werksarzt, zwei Leiter großer Dienststellen mit ca. 10 Meistereien (nächste Organisationsstufe nach der Abteilung) sowie der Personalchef, der ebenfalls die Funktion eines Abteilungsbevollmächtigten hat.

Bei einem weiteren Betrieb der Metallindustrie mit 6000 Arbeitnehmern gibt es 80 leitende Angestellte. Dabei werden von der Firmenleitung selbst nur 47 als leitende Angestellte in vorgegebenem Sinn angesehen. Die restlichen Angestellten wurden aus unterschiedlichen, nicht klar ersichtlichen Gründen diesen „echten" leitenden Angestellten gleichgestellt.

b) Verhältnismäßig wenig leitende Angestellte gibt es in der Automobilindustrie.

In einem Unternehmen dieses Industriezweiges kommen auf 31 884 Arbeitnehmer, davon sind 5639 Angestellte, 318 (= 1 %) leitende Angestellte[174].

Der Betrieb hat eine gemischte Linien- und Kooperationsorganisation.

Bei den Linienvorgesetzten sind 12 Bereichsleiter (erste Stufe nach der Geschäftsleitung), die Hauptabteilungsleiter (zweite Stufe) und die Abteilungsleiter (dritte Stufe) leitende Angestellte.

Den Linienvorgesetzten sind die mit fachlichen Anweisungsbefugnissen ausgestatteten Referenten (Bereichsreferenten — Hauptabteilungsreferenten) gleichgestellt. Sie werden aufgrund ihrer fachlichen Funktion als leitende Angestellte angesehen. Referenten haben Aufgaben, denen in ihrer Gewichtigkeit eine fachliche Anleitungsfunktion zukommt, ohne daß sie einer Abteilung aufgrund ihrer Tätigkeit vorstehen. Man kann sagen, daß die Referenten eine fachlich leitende Tätigkeit wegen ihrer Anweisungsbefugnis innehaben, obwohl sie keine Vorgesetzten von Arbeitnehmern sind. Die Spezialisten sind nur leitende Angestellte, wenn sie als Referenten eingestuft sind.

Für die Stellvertreter von leitenden Angestellten gibt es keine Probleme, da in der Regel ein Angestellter der nächsten Stufe Stellvertreter seines Vorgesetzten ist. So ist ein Abteilungsleiter Stellvertreter eines Hauptabteilungsleiters und somit ohnehin schon leitender Angestellter.

Auf einen gewachsenen Begriff des leitenden Angestellten greift ein anderes Großunternehmen der Automobilindustrie zurück. Die Vorläufer der 1300 leitenden Angestellten bei 111 000 Arbeitnehmern (davon 27 700 Angestellten) wurden früher Oberbeamte genannt.

Auch in diesem Betrieb gibt es zunächst leitende Angestellte innerhalb der Linienorganisation. Dabei sind unbestritten die 40 Direktoren auf der ersten Stufe und die 303 Hauptabteilungsleiter auf der zweiten Stufe nach der Unternehmensleitung leitende Angestellte. Sie gehören dem oberen Führungskreis an und werden in einer sogenannten Personalliste A geführt. Die Abteilungsleiter, die zum mittleren Führungskreis gehören und in einer Personalliste B geführt werden, sieht die Werksleitung ebenfalls als leitende Angestellte an, was jedoch vom Betriebsrat bestritten wurde.

Den Abteilungsleitern und Hauptabteilungsleitern sind die Referenten und Hauptreferenten, Spezialisten ohne größere Personalverantwortung, aber mit großer Bedeutung für die Firma, gleichgestellt. Ihnen ist die Fachlaufbahn vorbehalten. Kriterien für die Einstufung als Fachreferent sind indirekte, fachliche oder funktionale Führungsverantwor-

---

[174] Stand 28. 2. 1973.

tung, Ausmaß der mittleren Tragweite der Entscheidungen, Ausbildung, Erfahrungen, analytisches, wissenschaftliches Denken, inner- und außerbetriebliche Kontakte (z. B. bezüglich der Verkehrssicherheit) usw. Dabei entscheidet das Gesamtbild des betreffenden Angestellten, das durch eine Punktwertung konkretisiert wird. So zählt beispielsweise ein Wissenschaftler, der über für die Firma wichtige Patente für seine Arbeit verfügt und die Forschung maßgeblich beeinflußt, zu den leitenden Angestellten. Nichtleitende Angestellte sind dagegen in der Regel Mitarbeiter eines Forschungsteams, da ihnen kein genügend großes Gewicht zukommt.

In den Stäben gehören nur die Leiter von Stabsabteilungen oder wichtiger Sparten sowie die Assistenten des Vorstandes und der 40 Direktoren zum Kreise der leitenden Angestellten.

Beim dritten der untersuchten Automobilwerke gibt es 59 155 Arbeitnehmer, davon 10 805 Angestellte und 535 leitende Angestellte[175].

Ähnlich wie beim vorgenannten Unternehmen sind auch hier in der Linie prinzipiell die Grenzen unterhalb der Abteilungsleiterebene, also des mittleren Führungskreises, jedoch mit der Einschränkung, daß zwischen Abteilungsleitern und Hauptabteilungsleitern kein weiterer Vorgesetzter mehr stehen darf, daß also der fragliche Abteilungsleiter unmittelbar dem Hauptabteilungsleiter unterstellt sein muß. Auf der unteren Grenze der leitenden Angestellten in der Linie stehen dann Abteilungsleiter der Abteilungen Motorenbau, Vergaserbau, Karosseriebau, Fertigmontage usw.

Daneben zählt man wenige herausragende Spezialisten zu den leitenden Angestellten, die aber zumeist Stabsfunktionen wahrnehmen, wie beispielsweise die Leiter der Presseabteilung, der Datenverarbeitung, der Steuerabteilung, der Revisions- und Rechtsabteilung.

c) Leitende Angestellte in der eisenschaffenden Industrie.

Bei einem Stahlunternehmen mit 34 900 Arbeitnehmern von denen 8700 Angestellten und davon wiederum 480 leitende Angestellte sind, ist für die Abgrenzung dieser leitenden Angestellten im vorgegebenen Sinn ausschließlich die hierarchische Einstufung maßgebend.

Zu ihnen gehören Generalbevollmächtigte und die Werksdirektoren und Direktoren des Unternehmens, Angestellte des obersten Führungskreises. Ebenso sind die Angestellten des oberen Führungskreises wie Betriebsdirektoren, Prokuristen sowie Betriebs- und Abteilungschefs und Handlungsbevollmächtigte leitende Angestellte. Nicht mehr zum Kreis der leitenden Angestellten gehören die übrigen AT-Angestellten wie Abteilungsleiter, Assistenten und Sachgebietsleiter. Als Beispiele

---

[175] Stand 31. 12. 1972.

für leitende Angestellte in der Eingangsstufe seien genannt: ein Betriebschef, der im Hochofenwerk die Sinteranlage oder in einem Walzwerk den Erhaltungsbetrieb für ein Großblechwalzwerk leitet.

Den Stäben kommt in diesem Zusammenhang kaum Bedeutung zu, da es über den oben genannten Kreis der leitenden Angestellten mit Ausnahme von einigen Vorstandsassistenten keine leitenden Angestellten in Stabsfunktionen mehr gibt.

Weiter wurden im Hinblick auf § 5 Abs. 3 Nr. 3 BVG wissenschaftliche Mitarbeiter, die größeren Labors vorstehen, als leitende Angestellte eingestuft, wie z. B. ein Physiker, der die Abteilung Festkörperphysik leitet. Diese „leitenden Angestellten" werden jedoch von der Unternehmensleitung nicht als leitende Angestellte im vorgegebenen Sinn angesehen.

Wesentlich weiter nach unten wurde die Grenze zwischen nichtleitenden und leitenden Angestellten bei einem anderen eisenschaffenden und eisenverarbeitenden Unternehmen verlagert.

Alle Angestellten bis zu den Abteilungsleitern, die aber erst auf der fünften Stufe unterhalb der Geschäftsführung, also auch für einen Großbetrieb sehr weit unten angesiedelt sind, gehören zum Kreis der leitenden Angestellten. Diesen Angestellten der Linie sind Spezialisten, die als Hauptreferenten oder Referenten bezeichnet werden, gleichgestellt. In der Regel genügt schon ein mindestens 20 % über dem höchsten Tarifgehalt liegendes Monatsgehalt, um als leitender Angestellter zu gelten. Dementsprechend kommen auf 35 000 Arbeitnehmer (davon 15 000 Angestellte) 2000 leitende Angestellte.

d) Weit wird der Kreis der leitenden Angestellten in der Chemieindustrie gezogen. So gibt es bei einem Großunternehmen der chemischen Industrie mit einer Belegschaft von 82 400 Mitarbeitern, von denen 33 600 Angestellte sind, 3800 leitende Angestellte.

Der hohe Prozentsatz an Arbeitnehmern, die als leitende Angestellte angesehen werden, ist vor allen Dingen auf die große Anzahl von Chemikern zurückzuführen. So sind von 75 Diplomchemikern eines Zweigwerkes dieses Unternehmens 54 leitende Angestellte. Der Rest sind vorwiegend jüngere Chemiker mit kurzzeitiger Betriebszugehörigkeit.

In Linien- und Stabsfunktionen gehören in diesem Zweigwerk nur die zwei Direktoren, neun Betriebs- und einige Abteilungsleiter sowie der Personalchef und der Leiter des Sozialwesens zu den leitenden Angestellten.

Noch größer ist der Prozentsatz der leitenden Angestellten beim zweiten der untersuchten Großunternehmen der chemischen Industrie. Von 50 000 Mitarbeitern sind 20 000 Angestellte und 2500 leitende Angestellte.

Zu den leitenden Angestellten zählen hier zunächst in der Betriebshierarchie Angestellte bis zur Betriebsleiter- und Abteilungsleiterebene (dritte und vierte Stufe in der Betriebshierarchie). Dazu kommen im kaufmännischen Bereich noch die Unterabteilungsleiter, Hauptgruppenleiter und Gruppenleiter (siebte Stufe) sowie deren Stellvertreter, sofern sie diese Funktion kontinuierlich für alle Fälle innehaben. Ebenso rechnet man die Leiter von Stabsstellen sowie von Hilfs- und Nebenbetrieben zu den leitenden Angestellten.

Auch Spezialisten im Forschungsbereich ohne Vorgesetztenstellung, also insbesondere Chemiker, werden zu den Leitenden gezählt. Voraussetzung für sie ist Hochschulausbildung und die Erfüllung entsprechender Aufgaben nach angemessener Einarbeitungszeit, d. h., daß fast alle Akademiker nach zwei bis drei Jahren Dienstzeit als leitende Angestellte gelten.

Die Feststellung, wer leitender Angestellter ist, geschieht aufgrund eines Fragebogens, in welchem folgende Kriterien aufgeführt sind:

(1) Berufserfahrung,
(2) Aufgaben des Arbeitnehmers (Stellenbeschreibung),
(3) Schwerpunkt der Verantwortung,
(4) gewisser Einfluß auf unternehmerische Entscheidungen durch diesen Mitarbeiter,
(5) selbständige Bearbeitung qualifizierter Aufgaben unter persönlicher Verantwortung,
(6) Zahl der Berufsjahre und der Jahre als AT-Angestellter,
(7) Berufsausbildung,
(8) Handlungsvollmacht und
(9) Wettbewerbsvereinbarung.

In einem weiteren Großbetrieb der chemischen Industrie kommen auf 60 000 Beschäftigte 4400 AT-Angestellte, davon 3100 leitende Angestellte, wie Betriebsführer, Forscher und Stabsangestellte.

Betriebsführer und Forscher stehen sich rangmäßig gleich. Der eine hat beispielsweise 100 Mitarbeiter und Verantwortung für ein Investitionsvolumen von DM 25 000 000, der andere jährlich Betriebskosten von DM 250 000 und das nötige „know-how“.

Bei einem bayerischen Chemieunternehmen gibt es 358 leitende Angestellte bei 7658 Arbeitnehmern, davon 2292 Angestellten.

In einem Werk dieses Unternehmens werden folgende Arbeitnehmer zu den leitenden Angestellten gerechnet: der Werksleiter, darunter Chefchemiker und Chefingenieure, darunter wiederum die Abteilungsleiter und schließlich auf der untersten Stufe innerhalb der Hierarchie die Betriebsleiter einer selbständigen Produktionsstätte, denen Angestellte mit selbständigen Forschungs- und Entwicklungsaufgaben, aber ohne Vorgesetztenstellung, gleichgestellt sind. Darüber hinaus gehören im kaufmännischen Bereich Abteilungsleiter, die Leiter selbständiger kaufmännischer Bereiche sowie der Leiter der Personalabteilung zu den leitenden Angestellten.

Ein ähnliches Bild ergibt sich auch bei einem kleineren Betrieb der Chemiebranche (1400 Arbeitnehmer, 502 Angestellte, 49 leitende Angestellte).

Als leitende Angestellte werden hier Angestellte angesehen, die Aufgaben wahrnehmen, die sie in Unternehmernähe bringen, d. h. Angestellte, die Führungsaufgaben innehaben oder in der gehobenen Fachlaufbahn tätig sind. Dazu gehören einmal die Vorgesetzten auf den ersten vier Stufen unterhalb der Geschäftsleitung, nämlich die vier Bereichsleiter, zehn Hauptabteilungsleiter, die 20 Abteilungsleiter und ein Teil der Gruppenleiter. In einer Gruppe können 2—50, in einer Abteilung bis 100 Arbeitnehmer beschäftigt sein.

Den Abteilungsleitern bzw. Gruppenleitern sind die sogenannten wissenschaftlichen Berater und Referenten gleichgestellt, Angestellte auf den beiden höchsten Stufen der Fachlaufbahn, in der Regel mit einem eigenen Forschungsgebiet.

Dagegen gehören die übrigen AT-Angestellten, nämlich Sachgebietsleiter und Fachreferenten sowie Chemiker ohne eigenes Forschungsgebiet, nicht mehr zum Kreis der leitenden Angestellten.

Es ist zu beachten, daß in diesem Betrieb Angestellte mit Vorgesetztenstellung innerhalb der Betriebshierarchie als leitende Angestellte in einem vorgegebenen Sinn betrachtet werden. Dagegen werden die wissenschaftlichen Mitarbeiter ohne Vorgesetztenstellung zum Teil nur wegen § 5 Abs. 3 Nr. 3 BVG den leitenden Angestellten der Linie gleichgestellt.

Gemäß einer Stellenbeschreibung richtet sich die Abgrenzung der leitenden Angestellten nach den Haupt- und Sonderaufgaben, der notwendigen Ausbildung und Erfahrung sowie der Anzahl der zu führenden Mitarbeiter.

e) Von den übrigen Industriezweigen wurde zunächst eine Großbrauerei mit 1400 Arbeitnehmern, davon 16 leitenden Angestellten, untersucht.

Als leitende Angestellte gelten hier die Bereichsleiter auf der ersten Stufe unterhalb des Vorstandes der Brauerei, die Prokuristen auf der zweiten Stufe, die ausnahmlos Abteilungen vorstehen sowie der Leiter der Stabsstelle Gesamtplanung. Die auf der nächsten Ebene stehenden

Handlungsbevollmächtigten sowie Angestellte mit qualifizierter Tätigkeit ohne Vorgesetztenstellung gehören in diesem Betrieb nicht zum Kreis der leitenden Angestellten.

Prozentual wesentlich mehr leitende Angestellte gibt es in einem Textilunternehmen. Auf 1230 Arbeitnehmer[176] (davon 350 Angestellte) kommen 45 leitende Angestellte. Diese sind mit Ausnahme von zwei Coloristen, die aufgrund ihrer qualifizierten Tätigkeit als leitende Angestellte gelten, und den Vorstandassistenten Linienvorgesetzte, d. h., daß man hier bei der Abgrenzung von der Betriebsorganisation ausgeht. Unproblematisch ist die Einstufung der 14 Hauptabteilungsleiter dieses Betriebes als leitende Angestellte. Darunter sind aber auch alle Abteilungsleiter und eine Reihe von Gruppenleitern den leitenden Angestellten zugerechnet. Die Gruppen sind im wesentlichen identisch mit einem Meisterbereich.

Erstaunlich ist die große prozentuale Differenz an leitenden Angestellten zwischen diesem Textilbetrieb und einer Firma des Druckereigewerbes. Bei einem großen Verlag kommen nämlich auf 3000 Beschäftigte 30 leitende Angestellte, und zwar ausschließlich Chefredakteure und Ressortleiter.

An dieser Stelle soll auch die Untersuchung von Witte / Bronner über die Abgrenzung der leitenden Angestellten in der betrieblichen Praxis in Industrieunternehmen erwähnt werden[177]. Die Untersuchung kommt insbesondere zur Frage der leitenden Angestellten auf den verschiedenen Leitungsebenen zu ähnlichen Ergebnissen, wie die hier vorgefundenen. Witte / Bronner[178] gingen bei ihrem empirischen Befund immer vom Gesamtunternehmen aus und nicht vom einzelnen Betrieb.

Danach bewegt sich die Zahl der leitenden Angestellten in den untersuchten Unternehmen der Montan-, Chemie-, Maschinen-, Elektroindustrie und sonstigen Industriezweigen zwischen 4,3 % bei der Chemieindustrie und 1,4 % in der Maschinenindustrie, bezogen auf die Gesamtzahl der Beschäftigten[179], was unter Einrechnung des Handels im Durchschnitt bezogen auf die Gesamtzahl der Beschäftigten 2,1 % leitende Angestellte ausmacht. Von den Angestellten sind 6 % leitende Angestellte. Bei Unternehmen mit weniger als 10 000 Arbeitnehmern ist der Prozentsatz der leitenden Angestellten mit 2,8 % etwas höher, als bei den Großunternehmen in denen durchschnittlich 2,0 % der Beschäftigten leitende Angestellte sind. Dabei haben 78 % der leitenden Ange-

---

[176] Stand 28. 2. 1973.

[177] Die Leitenden Angestellten, Bd. 1.

[178] S. 121.

[179] Ebd., S. 80.

stellten einen Hochschulabschluß und 75 % der Hochschulabsolventen sind umgekehrt leitende Angestellte[180].

Ein Blick auf die Organisationsstruktur der Unternehmen zeigt bei Witte / Bronner[181], daß je nach Größe der Unternehmen vier bis acht Leitungsebenen vorhanden sind. Ausschließlich leitende Angestellte befinden sich auf der zweiten und dritten Leitungsebene (erste und zweite Ebene unterhalb der Unternehmensleitung)[182]. Auf der vierten Leitungsebene gibt es ebenfalls noch überwiegend leitende Angestellte[183], während auf der fünften Leitungsebene nur noch in Großunternehmen mit tief gestaffelter Organisationsstruktur leitende Angestellte vorhanden sind.

Hinsichtlich der Personalverantwortung kommen Witte / Bronner[184] zu dem Ergebnis, daß den leitenden Angestellten im Durchschnitt 200 Arbeitnehmer zugeordnet sind, wobei eine Personalverantwortung von über 300 und mehr Arbeitnehmern als sicheres Indiz für die Eigenschaft als leitender Angestellter in den untersuchten Unternehmen gelte.

Kosten- und Umsatzverantwortung spielen bei der Abgrenzung in den von Witte / Bronner untersuchten Unternehmen nur eine geringe Rolle[185].

Das Jahreseinkommen, das nach Witte / Bronner[186] den leitenden Angestellten „unzweifelhaft als solchen kennzeichne", betrug im Herbst 1973 in den hier genannten Fällen bei den Personen, die nur noch leitende Angestellte waren, über 55 000 DM.

Die Abgrenzungsmotive tendierten in der Mehrzahl der untersuchten Unternehmen eindeutig zu einer engen Abgrenzung der leitenden Angestellten[187]. Witte / Bronner[188] sehen abschließend als entscheidend für die Abgrenzung folgende Kriterien an: Prokura, Leitungsebene, Jahreseinkommen, Personal- und Sachveranwortung.

f) Für den Versandhandel wurde ein Großversandhaus mit 27 000 Arbeitnehmern untersucht. Von den 12000 AT-Angestellten dieses Unternehmens sind 100 leitende Angestellte.

Überwiegend wird hier auf die Arbeitgeberfunktion abgestellt. So hat beispielsweise ein Hauptabteilungsleiter im Einkauf keine Arbeit-

---

[180] Ebd., S. 47 f.

[181] Ebd., S. 62.

[182] Ebd., S. 63 f.

[183] Vgl. ebd., S. 63, 84.

[184] Ebd., S. 121.

[185] Ebd., S. 71.

[186] Ebd., S. 121.

[187] Ebd., S. 96 ff.

[188] Ebd., S. 119.

geberfunktion und wird deshalb nicht zu den leitenden Angestellten gezählt. Unabhängig vom BVG werden die 23 Direktionsbereichsleiter und die 60 Bereichsleiter mit und ohne Prokura (erste und zweite Stufe unterhalb der Firmenleitung) als leitende Angestellte angesehen. Dazu kommen noch Leiter der Stabsabteilungen, die unmittelbar der Geschäftsführung beigeordnet waren, wie das Zentralsekretariat, die Rechts- und Personalabteilung. Alle übrigen Abteilungsleiter gehören nicht mehr zum Kreis der leitenden Angestellten, obwohl sie oft bis zu 80 Mitarbeiter haben und laut einer Stellenbeschreibung in ihrem Bereich weitgehend selbständig entscheiden können, z. B. über Warenaufbau, Stornierung von Aufträgen, Personaleinsatz usw.

In den Warenhäusern dieses Großversandhauses sind nur die Warenhausleiter leitende Angestellte.

g) Am weitesten ist der Kreis der leitenden Angestellten im Bankgewerbe (mit einer Ausnahme) gezogen.

Die Bank, die von den Regelprozentsätzen abweicht, hat bei 6227 Mitarbeitern 126 leitende Angestellte. Dazu zählen die 18 Abteilungsleiter in der Hauptverwaltung, wozu sowohl reine Geschäftsabteilungen als auch die Rechtsabteilung, die Personalabteilung usw. gehören und die Leiter der 108 Niederlassungen im ganzen Bundesgebiet.

Eine bayerische Großbank hat dagegen alle Angestellten mit bestimmten Titeln in den Kreis der leitenden Angestellten eingereiht.

In der Betriebshierarchie gehören dazu: die Generalbevollmächtigten, die Direktoren, die stellvertretenden Direktoren, die Abteilungsdirektoren und die Prokuristen (Prokurist ist nur ein Titel in der Betriebshierarchie, auch alle Angestellten auf den übergeordneten Ebenen haben Prokura).

Die Prokuristen sind entweder Leiter kleiner Gruppen oder reine Titularprokuristen in der Stellung von Sachbearbeitern. Weiter gibt es einige Spezialisten wie Mathematiker, Systemanalytiker usw., die unter dem Titel Prokurist geführt werden und deshalb als leitende Angestellte gelten.

In den Außenstellen sind die Niederlassungs- und Filialleiter leitende Angestellte, mit Ausnahme der Leiter unselbständiger Geschäftsstellen. Bei 10 500 Arbeitnehmern gibt es in dieser Bank 500 leitende Angestellte.

Ähnlich hat auch eine weitere Großbank (34 700 Arbeitnehmer, 2300 leitende Angestellte) den Kreis ihrer leitenden Angestellten abgesteckt. Sie zählt zu den leitenden Angestellten Generalbevollmächtigte, Direktoren und Prokuristen (erste bis dritte Stufe der Betriebshierarchie unterhalb des Vorstandes).

Prokuristen haben zum Teil die Stellung von Abteilungsleitern, zum Teil wurde ihnen Prokura nur zur Erleichterung des Geschäftsverkehrs erteilt. Weiter gehören zu den leitenden Angestellten Zweigstellenleiter, die Leiter der Kreditabteilungen und einige Spezialisten wie Mathematiker usw.

Ein Teil der Banken stellt auf die Nummern 1 und 2 des § 5 Abs. 3 BVG 72 ab und sieht nur Einstellungs- und Entlassungsberechtigte sowie Prokuristen als leitende Angestellte an. In manchen Banken werden aber auch Händler, erste Sekretärinnen und Vorstandsassistenten als leitende Angestellte betrachtet. Insgesamt ist es bei den Banken nicht möglich, klare Kriterien für die Abgrenzung zu finden. Oft werden Angestellte, die von der Geschäftsleitung nicht als leitende Angestellte gesehen werden, die in keiner Weise, auch nicht mittelbar, leitend tätig sind und auch keine für die Bank besonders wichtige Funktion haben, nur aufgrund der Nr. 1, 2 oder 3 des § 5 Abs. 3 BVG oder aus Gründen der Erleichterung des Geschäftsverkehrs zu „leitenden Angestellten" ernannt.

Bei einem großen Versicherungskonzern rechnet man ca. 3 % der Angestellten zu den leitenden Angestellten. Für die Abgrenzung der leitenden Angestellten ist hier ausschließlich die Stellung innerhalb der Betriebshierarchie entscheidend. Leitende Angestellte sind auf der Ebene der Direktoren, der stellvertretenden Direktoren, der Abteilungsdirektoren, der Prokuristen sowie der leitenden Handlungsbevollmächtigten anzutreffen. Letztere können bis zu 30 Mitarbeiter haben. Es gibt aber auch leitende Handlungsbevollmächtigte, die diese Stellung aufgrund ihrer bedeutenden Funktion bekommen, ohne das sie eine Vorgesetztenstellung einnehmen wie Juristen, die selbständig Prozesse für die Firma führen können.

Die Leiter von Stabstellen sind ebenfalls in diese Hierarchie integriert. Darüberhinaus zählen die Geschäftsstellenleiter der Außenstellen zu den leitenden Angestellten.

Zu ähnlichen Ergebnissen kommen Witte / Bronner[189] hinsichtlich der leitenden Angestellten im Handel, bei Banken und Versicherungen. Hiernach ziehen von diesen drei Bereichen die Banken den Kreis der leitenden Angestellten am weitesten. 6,8 % der Beschäftigten werden in den untersuchten Banken als leitende Angestellte angesehen. Wesentlich enger ist der Kreis der leitenden Angestellten mit 3,6 % der Beschäftigten bei den Versicherungsunternehmen. Im Handel (vorwiegend Großunternehmen des Versandhandels) wurden nur 0,8 % der Beschäftigten (1,1 % der Angestellten) als leitende Angestellte bezeichnet[190].

[189] Leitende Angestellte, Band 2.
[190] Ebd., S. 47.

Die Unternehmen dieser Branchen haben nach dieser Untersuchung in der Regel fünf bis acht Leitungsebenen[191]. Der Mindestrang der leitenden Angestellten ist in der Regel die dritte oder vierte Leitungsebene, in 14 % der Fälle noch die fünfte Leitungsebene. Darunter befinden sich in der betrieblichen Praxis danach nur noch wenige leitende Angestellte. Dabei ist beim Handel und bei Versicherungen der Mindestrang der leitenden Angestellten auf der dritten, allenfalls auf der vierten Ebene. (2. oder 3. Ebene unterhalb der Unternehmensleitung.) Die Unternehmen der Bankwirtschaft, die die tiefste organisatorische Gliederung besitzen, ordnen Angestellte auf der fünften Leitungsebene zumeist noch als leitende Angestellte ein[192].

Witte / Bronner sehen das Einkommen als „objektive Maßgröße" in der betrieblichen Praxis[193] und somit als finales Erkennungsmerkmal[194] an. Ab einer bestimmten Betragshöhe wollen sie den Kreis der leitenden Angestellten in der Praxis als zweifellos definierbar bestimmen[195].

So soll bei einem Jahreseinkommen von über 57 000 DM der betreffende Angestellte mit sehr hoher Sicherheit leitender Angestellter sein[196].

Dagegen spielen in den betreffenden Unternehmen Kosten-, Umsatz- und Vermögensverantwortung nur eine geringe Rolle[197].

Die Personalverantwortung ist danach sehr unterschiedlich, auch Angestellte mit weniger als 50 unterstellten Arbeitnehmern können leitende Angestellte sein[198]. Personalvollmacht im Sinne des § 5 Abs. 3 Nr. 1 BVG haben danach in drei Viertel der von Witte / Bronner[199] untersuchten Fälle nicht Einzelpersonen, sondern sie wird in Zusammenarbeit zwischen Personal- und Fachressort wahrgenommen.

Schließlich tendierten 72 % dieser Unternehmen zur engeren Abgrenzung der leitenden Angestellten um die Betriebsarbeit zu versachlichen, die Arbeit mit dem Betriebsrat nicht zu beeinträchtigen oder weil man der Meinung war, der Betriebsrat vertrete alle Arbeitnehmer[200]. Nur 24 % der Unternehmen grenzten eher weiter ab[201].

---

191 Ebd., S. 30.
192 Ebd., S. 49 ff.
193 Ebd., S. 53.
194 Ebd., S. 26.
195 Ebd., S. 26 f.
196 Ebd., S. 25.
197 Ebd., S. 37 f.
198 Ebd., S. 36.
199 Ebd., S. 33.
200 Ebd., S. 42 f.
201 Ebd., S. 42.

h) Zusammenfassung der Betriebsuntersuchungen.

aa) Die betriebliche Praxis zeigt, daß einmal Leute mit echten Arbeitgeberbefugnissen, d.h. Linienvorgesetzte bis zu einer gewissen Ebene in der Betriebshierarchie generell als leitende Angestellte angesehen werden.

In manchen Betrieben bleibt es dann im wesentlichen bei diesen Angestellten mit Vorgesetztenfunktionen innerhalb der Linie.

Unklar ist die Abgrenzung der leitenden Angestellten in der Linie nach unten. Bei einem Unternehmen bezeichnet man noch die Angestellten auf der Meisterebene als leitende Angestellte. Meist wird die Grenze der leitenden Angestellten unterhalb der 2., 3. oder 4. Stufe nach der Geschäftsleitung (Geschäftsführung, Vorstand) gezogen. Die unterschiedlichen Ebenen, auf denen noch leitende Angestellte zu finden sind, beruhen zum Teil auf der Größe des Betriebes — kleinere Betriebe haben im allgemeinen eine weniger durchorganisierte Betriebsstruktur als größere und deshalb auch weniger Organisationsebenen. Auch bei einer ganzen Reihe von Großbetrieben ging man nur bis auf die zweite, allenfalls bis auf die dritte Ebene bei der Abgrenzung der leitenden Angestellten, weil man der Meinung ist, daß nur diese Leute mehr als bloße Überbringer von Weisungen sind, worüber sie selbst nicht zu entscheiden haben, d.h., daß nur der obere Führungskreis zu den Leitenden gezählt wird.

In einigen Fällen werden als leitende Angestellte der Linienhierarchie nur solche Mitarbeiter angesehen, die ihre Vorgesetztenstellung direkt von der Geschäftsleitung ableiten. Diese Angestellten haben dann echte selbständige Entscheidungsbefugnisse und sind für ihre Entscheidungen nur noch der Geschäftsleitung gegenüber verantwortlich.

Andere Betriebe wiederum unterscheiden zwischen einem oberen und einem mittleren Führungskreis. Jedoch ziehen sie daraus unterschiedliche Folgerungen. Zum Teil wird nur der obere Führungskreis (meist Angestellte auf der 1. und 2. Ebene unterhalb der Geschäftsführung) den leitenden Angestellten zugerechnet, zum Teil zählen Unternehmen aber auch Angestellte des mittleren Führungskreises dazu. Auch der mittlere Führungskreis wird in einigen Betrieben unterteilt in leitende und nichtleitende Angestellte, je nach der Größe der Abteilungen, der die betreffenden Angestellten vorstehen.

Im Regelfall aber zählt das middle-management, soweit deren Vertreter größerer Abteilungen vorstehen, zum Kreis der leitenden Angestellten.

Es konnte aber auch festgestellt werden, daß in einigen Unternehmen zwischen „echten" leitenden Angestellten, die von der Firmenleitung einem engeren Leitungskreis zugerechnet werden, und „unechten" leitenden Angestellten, die entweder dem middle-management angehören oder im Hinblick auf § 5 Abs. 3 BVG oder aus Prestigegründen zu leitenden Angestellten „erklärt“ wurden, unterschieden wird. Diese Differenzierung manifestiert sich auch im unterschiedlichen Informationsgrad von „echten“ und „unechten“ leitenden Angestellten.

Im allgemeinen kann man sagen, daß in den Betrieben die Grenze zwischen den leitenden und nichtleitenden Angestellten zwischen dem mittleren und unteren Führungskreis gezogen wird.

bb) Wesentlich differenzierter ist, wie oben gezeigt wurde, das Problem der Stabsangestellten gelöst. In den wenigen Firmen, die noch eine reine Linienorganisation haben, tritt diese Frage nicht auf. Überwiegend hat sich die Stablinienorganisation durchgesetzt. Die Stäbe sind jedoch auf verschiedene Weise in die Betriebsorganisationen eingegliedert. Zum Teil werden die einzelnen Stabsabteilungen in die Linienorganisationen integriert. Die Leiter der Stabsabteilungen haben dann eine dem Linienvorgesetzten entsprechende Stellung. Es konnte aber auch festgestellt werden, daß in der Mehrzahl der Betriebe die Stabsabteilungen außerhalb der Linienorganisation gebildet und dann den oberen Führungskräften der Linie beigeordnet werden.

Meist werden die Leiter der Stabsabteilungen als leitende Angestellte angesehen. Daneben gelten nur sehr wenige Angestellte in Stabsstellen, die keine Vorgesetztenfunktion haben, wie Leiter einer Abteilung usw., als leitende Angestellte im vorgegebenen Sinn. Gewöhnlich ist das nur ein kleiner Kreis von Beratern, wie Assistenten des Vorstandes oder eines Betriebsdirektors.

cc) Damit wird zugleich die Verbindung zu den Spezialisten hergestellt. Auch ihre Einstufung in den Kreis der leitenden Angestellten wird unterschiedlich gehandhabt.

Man kann aber feststellen, daß die überwiegende Anzahl der Unternehmen einen wenn auch nicht genau definierten Kreis von Spezialisten bei der Abgrenzung der leitenden Angestellten den Führungskräften in der Linie gleichstellt.

Dabei wurde auf Kriterien abgestellt wie Bedeutung der Forschungsaufgabe für den Betrieb, Grad der Information, Verfügung über eigene Mittel, Grad der Kontrollmöglichkeit durch Vorgesetzte, Dauer der Entdeckung einer Fehlentscheidung des betreffenden Angestellten, selbständige Bestimmung der Arbeit innerhalb grob umrissener vorgegebener Richtlinien, Grad der Möglichkeit der sachlichen Einwirkung auf das Betriebsgeschehen, Einfluß auf die Unternehmerentscheidungen usw. Für diesen Kreis von Angestellten ist weder die Stellung eines Linienvorgesetzten noch eines Leiters einer Stabsabteilung erforderlich, um in der betrieblichen Praxis zu den leitenden Angestellten zu zählen. Nur in wenigen Betrieben wird zusätzlich eine Vorgesetztenstellung über ein Forschungsteam gefordert.

Folgerichtig sind auch manche Betriebe dazu übergegangen, diese Angestellten beispielsweise mit der Funktionsbezeichnung Referent, Fachreferent oder Berater den leitenden Angestellten in der Linie mit entsprechender Ausbildung, Grad an Information und Gehalt gleichzustellen und neben der Linienlaufbahn eine Fachlaufbahn zu errichten. Letztlich geschieht das aus der Erwägung, daß diese Angestellten zum weiteren Führungskreis gehören und damit ebenfalls Unternehmerfunktionen wahrnehmen.

In gewissem Umfang wird deshalb auch in einigen Betrieben den Spezialisten eine sachliche Anweisungsbefugnis unter Aufgabe der Einheit der Auftragserteilung zugestanden.

Soweit diese Spezialisten, die vorwiegend in der Forsuchng tätig sind in der Betriebspraxis nicht zu den leitenden Angestellten gerechnet wurden, handelt es sich um Unternehmen, in denen wenig oder überhaupt keine Forschung betrieben wird. Dagegen bilden gerade in den forschungsintensiven Chemieunternehmen die Spezialisten einen wesentlichen Kern der leitenden Angestellten.

Auch insoweit deckt sich die Betriebspraxis mit der Betriebssoziologie, die Spezialisten zu den Führungskräften im weiteren Sinne rechnet.

Besonders in funktionalen Organisationsmodellen mit ihren sachlichen Anweisungsbefugnissen kommen den Spezialisten besondere Leitungsbefugnisse zu.

Die beginnende Umwandlung der betrieblichen Binnenordnung vom Stabliniensystem zum Kooperations- oder Funktionalsystem, welches dem Experten eine relative Autonomie in manchen Betrieben gebracht und ihm sachliche Leitungsbefugnisse eingeräumt hat, wirkt sich auf deren innerbetrieblichen Status aus.

Bemerkenswert ist, daß immer mehr Betriebe dazu übergehen, Stellenbewertungen bzw. Stellenbeschreibungen zu erstellen. Die leitenden Positionen sollen klare Definitionen des Aufgabenzieles und der Geschäftsprinzipien erhalten. In diesen Stellenbeschreibungen wird zwischen disziplinarischen, personenbezogen und sachbezogenen Kompetenzen unterschieden. Nur sachbezogene Kompetenzen kommen dabei leitenden Angestellten zu, die keine Vorgesetztenstellung haben.

Interessant ist in diesem Zusammenhang das Modell von Engriser / Heinz[202], wonach für eine Stellenbeschreibung nach der die Abgrenzung der leitenden Angestellten erfolgen soll, folgende Kriterien maßgebend sind: Wissen und Können, kreatives Denken, Kommunikation, Personalführung, Handlungs- und Entscheidungsspielraum, struktureller Bei-

[202] Bei *Gaul*, Der leitende Angestellte, S. 98 ff.

trag für den eigenen und andere Bereiche, sowie der operationelle Beitrag. Durch diese Abgrenzungskriterien soll eine Versachlichung der Abgrenzung der leitenden Angestellten nach objektiven Maßstäben stattfinden[203].

Durch eine Stellenbeschreibung wird dem Mitarbeiter eine Teilfunktion der Führung übertragen, er übernimmt Entscheidungsbereiche, die er selbst steuert. Nur in Ausnahmefällen übernimmt die höhere Stelle eine Reglerfunktion.

Die Praxis ist somit in gewissem Maße an vorgegebene Kriterien gebunden[204].

dd) Zwischen den verschiedenen Branchen gibt es unterschiedliche Prozentsätze leitender Angestellter.

Während in der Automobilindustrie meist weniger als 1 % aller Mitarbeiter zu den leitenden Angestellten gerechnet werden, sind dies in der übrigen Metall- und Elektroindustrie 1,5—2 %. In der chemischen Industrie steigt dieser Anteil auf 4 % aller Mitarbeiter. Dies ist nur zum Teil auf den verhältnismäßig großen Anteil von wissenschaftlichen Mitarbeitern in der Chemieindustrie zurückzuführen. Der Anteil der AT-Angestellten umfaßt nämlich hier 25 % der Angestellten, während er in der Automobilindustrie immerhin auch 15 % ausmacht. Am größten ist der Anteil der leitenden Angestellten mit 7—8 % aller Mitarbeiter im Bankgewerbe, wo jedoch für viele leitende Angestellte die Bezeichnung leitender Angestellter ein reines Statussymbol ist.

In den übrigen Geschäftszweigen sind oft sehr unterschiedliche Prozentsätze an leitenden Angestellten im Verhältnis zur Gesamtbelegschaft festzustellen. Auch unterschiedliche Organisationsstrukturen in Firmen gleicher Branche ergeben einen verschieden hohen Anteil an leitenden Angestellten. Am geringsten ist der Prozentsatz der leitenden Angestellten in Betrieben mit streng zentralistischer Linienorganisation, bei denen auch höheren Angestellten nur ein geringer Raum für eigene Entscheidung gelassen wird. Wo jedoch den Angestellten, auch den Spezialisten, eine möglichst weitgehende Befugnis zur eigenen Disposition eingeräumt ist, erweitert sich der Kreis der leitenden Angestellten.

4. Beurteilung der Bestimmung des Begriffs des leitenden Angestellten aus betriebssoziologischen und betriebsorganisatorischen Gesichtspunkten sowie der Betriebspraxis

Nach den bisherigen Untersuchungen ist aus Rechtsprechung und Literatur sowie der Verbandsanschauung kein einheitlicher Begriff des lei-

---

[203] Ebd., S. 129 ff.

[204] A. M. LAG Düsseldorf, Beschluß v. 14. 11. 1972, DB 73/577; vgl. auch *Schubert*, S. 115 ff.

tenden Angestellten herauszuarbeiten. Ein vorgegebener Begriff des leitenden Angestellten kann deshalb nur aus betriebssoziologischen und betriebsorganisatorischen Gesichtspunkten in Verbindung mit der Betriebspraxis gefunden werden[205].

Gerade die Überlegungen in der Betriebswirtschaftslehre zur Gesamtorganisation des Unternehmens, die nach Wiedemann[206] wenig Klarheit für die Abgrenzung bringen, ermöglichen die Ziehung ziemlich eindeutiger Grenzlinien. Dabei kann auch der Forderung von Raatz[207] Rechnung getragen werden, die betriebsorganisatorischen Erfordernisse zu berücksichtigen.

Beim Begriff des leitenden Angestellten ist von der Betriebspraxis auszugehen. Anhand der betriebswirtschaftlichen und betriebssoziologischen Erkenntnisse ist dabei zu versuchen, trotz der unterschiedlichen Handhabung der Abgrenzung der leitenden Angestellten in den Betrieben, gerade in den Grenzbereichen eine einheitliche Linie, zumindest für nach Größe und Unternehmensart ähnliche Betriebe, zu finden.

a) Hier ist wiederum von Angestellten in der Linie, in den Stäben, sowie von Angestellten in Spezialistenstellungen auszugehen, und zwar zunächst in einem voll durchorganisierten Großbetrieb mit sechs bis sieben Leitungsebenen.

Daß hier das gehobene Management, nämlich die höheren Führungskräfte auf der ersten Ebene unterhalb der Unternehmensleitung zu den leitenden Angestellten gehört, ist sowohl in der Betriebspraxis wie auch in der betriebssoziologischen und betriebswirtschaftlichen Literatur unbestritten.

Die eigentlichen Abgrenzungsprobleme bestehen bei dem unter dem oberen Führungskreis liegenden „middle-management".

In der Betriebspraxis wird dieser mittlere Führungskreis auf der zweiten, dritten und zum Teil auch auf der vierten Stufe (je nach Betriebsgröße und Art der Organisation) unterhalb der Geschäftsleitung zumindest teilweise den leitenden Angestellten zugerechnet[208].

In der Betriebssoziologie unterscheidet eine Mindermeinung nur zwischen den Angestellten des oberen Führungskreises, wozu außer den Vorstandsmitgliedern auch die Betriebsdirektoren und Werkleiter zählen sollen, und den übrigen Angestellten schlechthin. Dagegen spricht

---

[205] Vgl. auch Ausschußbericht BT VI 2729, S. 11; BAG v. 5. 3. 1974, EzA § 5 BVG Nr. 7, Ziff. III 3 c.

[206] RdA 72/211.

[207] *Raatz*, Betrieb 72, Beilage I, S. 2; vgl. auch BAG v. 5. 3. 1974, EzA § 5 BVG Nr. 7, Ziff. III 3 c; v. 19. 11. 1974, EzA § 5 BVG Nr. 9, 10, Ziff. III 2 f.

[208] Vgl. auch *Witte / Bronner*, DB 74/1233 ff., nach denen in der 5. hierarchischen Stufe sich nur noch wenig leitende Ang. befinden.

die überwiegende Meinung von den „Männern der Mitte" oder dem „middle-management", welches wegen seiner noch beschränkten Leitungsfunktionen ebenfalls zur Schicht der leitenden Angestellten gerechnet wird. Insoweit deckt sich also die überwiegende Betriebspraxis mit der betriebssoziologischen Forschung. Ähnlich wird in der betriebswirtschaftlichen Literatur zwischen den Angestellten, die dem gehobenen Führungskreis angehören sowie den Angestellten des mittleren und unteren Führungskreises unterschieden.

Der untere Führungskreis, der die Gruppenleiter- und Meisterbereiche umfaßt, wird weder in betriebssoziologischer oder betriebsorganisatorischer Sicht noch in der ganz überwiegenden Praxis zu den leitenden Angestellten gerechnet. Dagegen wird den mittleren Führungskräften ein spezieller Verantwortungsbereich zugeordnet, in dem sie ein begrenztes Sachgebiet zu leiten haben und deshalb in der betriebswirtschaftlichen Literatur zu den Angestellten mit Leitungsfunktionen im weiteren Sinn gezählt werden. Insofern deckt sich die betriebswirtschaftliche Literatur mit der betrieblichen Praxis, die ja gerade die Hauptabteilungs- und Abteilungsleiter mit ihren beschränkten Leitungsbefugnissen in den meisten Fällen zu den leitenden Angestellten zählt.

Zu den leitenden Angestellten der Linie im vorgegebenen Sinn gehören demnach außer den Angestellten auf der ersten Stufe unterhalb der Geschäftsleitung auch diejenigen der zweiten und dritten Stufe. Angestellte auf der vierten Stufe, im Großunternehmen meist die Abteilungsleiterebene, werden nur in voll durchorganisierten Großbetrieben mit einer siebenstufigen Organisationsgliederung zu den leitenden Angestellten zu rechnen sein, wenn sie Abteilungen mit einem speziellen Veranwortungsbereich vorstehen.

Bei Angestellten auf der dritten Stufe in Mittelbetrieben und auf der vierten Stufe in Großbetrieben dürfte es jedoch oft an der gestaltenden Tätigkeit fehlen und die ausführende Tätigkeit sowie die Weiterleitung von Weisungen und Anordnungen im Verhältnis zur stelbständigen Weisungsbefugnis überwiegen. Diese Vorgesetzten stehen weitgehend unter Oberaufsicht, sie haben keine Schlüsselstellung inne, ihre Tätigkeit geht meist nicht über den Vollzug von Leitungsmaßnahmen nach konkreten Richtlinien hinaus.

Man wird darauf achten müssen, daß sich zwischen der untersten Stufe der leitenden Angestellten und den Tarifangestellten noch mindestens auf einer, in Großbetrieben in der Regel auf zwei Ebenen AT-Angestellte befinden, die nichtleitende Angestellte sind, so daß eine Minderheit von AT-Angestellten leitende Angestellte sind[209].

---

[209] Vgl. auch *Hösel*, Personal 72/86.

Bei kleineren Firmen werden sich die Ebenen, auf denen sich leitende Angestellte der Linie befinden, auf eine bis zwei reduzieren. Nach den Untersuchungen von Fassbender[210] konzentrieren sich in kleineren Betrieben Leitungsaufgaben bei der Betriebsleitung, allenfalls noch auf der ersten Ebene darunter, die in Großbetrieben zum großen Teil auf leitende Angestellte der zweiten, dritten oder gar vierten Führungsebene delegiert werden.

So kann z. B. in einem kleineren Betrieb bei einer oberen Führungskraft der gesamte Einkauf, Verkauf, einschließlich Bank-, Kredit- und Rechnungswesen liegen, während mittlere Führungskräfte überhaupt nicht benötigt werden.

Dies stimmt auch mit der betrieblichen Praxis überein, wo in Mittelbetrieben mit 1000—2000 Arbeitnehmern allenfalls auf der ersten und zweiten Stufe in der Betriebshierarchie, oft nur auf der ersten Stufe unterhalb der Geschäftsleitung leitende Angestellte zu finden sind. Hier werden folgerichtig auch nur die Leiter der Direktions- oder Hauptabteilungsbereiche als leitende Angestellte angesehen. Demgemäß ist auch der Prozentsatz der leitenden Angestellten in Mittelbetrieben geringer als in Großbetrieben des entsprechenden Wirtschaftszweiges. Dies ist zumindest zum Teil auf die verstärkte Übernahme von Arbeitgeberfunktionen durch leitende Angestellte im Großbetrieb zurückzuführen. Eine Erhöhung des Anteils der leitenden Angestellten läßt sich dort aus der tiefer gestaffelten Organisation herleiten. Im übrigen ist aber auch der größere Anteil der leitenden Angestellten in Großbetrieben auf die zahlreichen Spezialisten, vor allen Dingen in den Forschungsabteilungen, zurückzuführen.

In ähnlicher Weise zählt das BAG in seiner Entscheidung vom 19. 11. 1974[211] einen Gruben- oder Fachfahrsteiger mit 100 bis 120 unterstellten Arbeitnehmern, der sich nach der Unternehmensleitung, der Werksdirektion, dem Leiter des Untertagebetriebes und den Leitern der Schachtanlagen auf der fünften Leitungsebene befindet, noch zu den leitenden Angestellten. In der Entscheidung vom 17. 12. 1974[212] wird ein Abteilungsleiter, der nach der Geschäftsführerebene, den Geschäftsbereichen und den 19 Hauptabteilungen auf der vierten Stufe der Betriebsorganisation steht, nicht mehr zu den leitenden Angestellten gerechnet[213]. Hier ist aber insbesondere zu beachten, daß den 19 Hauptabteilungen 72 Abteilungen unterstellt sind. In diesem Fall handelt es sich um ein wesentlich kleineres Unternehmen (mit 2570 Beschäftigten), als

---

[210] *Fassbender*, Anhang, Tabellen 1—8.

[211] 1 ABR 50/73, EzA § 5 BVG Nr. 10.

[212] 1 ABR 131/73, EzA § 5 BVG Nr. 11.

[213] Vgl. auch *Ebert*, BB 75/610.

im oben genannten Bergwerksunternehmen, in dem im Bereich der Werksdirektion ca. 6500 Arbeitnehmer beschäftigt sind.

Abschließend ist zu sagen, daß die Grenze der leitenden Angestellten unterhalb des mittleren Führungskreises zu ziehen ist.

b) Auch hinsichtlich der leitenden Angestellten in Stäben stimmen die Lehre von der Betriebsorganisation, die Betriebssoziologie und die Betriebspraxis weitgehend überein.

In der Organisationslehre und in der Praxis zählen die Leiter von Stabsstellen entweder zum Führungskreis im weiteren Sinn oder werden ohnehin schon in die Linienorganisation eingegliedert. Auch ein kleiner Kreis von Stabsangestellten, die nicht Leiter von Stabsstellen sind, wie Vorstandsassistenten usw., werden sowohl in der Lehre als auch in der Betriebspraxis dem Führungskreis zugeordnet.

Ähnlich verfährt die Betriebssoziologie, die die Stabsangestellten zum gehobenen Management der Linie zählt, wobei unter anderem auf die gleiche Bewußtseinslage hingewiesen wird.

Folglich gehören zu den leitenden Angestellten im vorgegeben Sinn auch die Leiter der Stabsstellen, die nicht nur eine gewisse Vorgesetztenstellung gegenüber ihren Mitarbeitern haben, sondern auch unternehmerische Entscheidungen in maßgeblicher Weise vorbereiten, ja meist schon vorbestimmen. Sie übernehmen damit eine unternehmerische Teilfunktion und werden deshalb zu Recht von der Betriebssoziologie, der Organisationslehre und der Betriebspraxis den leitenden Angestellten zugerechnet.

Inwieweit das Argument Borgwardts[214] von der Austauschbarkeit zwischen Stabs- und Linienangestellten zutrifft und daraus die Zugehörigkeit von Stabsangestellten zu den leitenden Angestellten hergeleitet werden kann, mag dahingestellt bleiben.

Wegen des Einflusses auf unternehmerische Entscheidungen sind auch die Assistenten von Betriebsdirektoren und Vorstandsmitgliedern den leitenden Angestellten im vorgegebenen Sinn nach übereinstimmender Meinung zuzurechnen.

Am schwierigsten ist es, für die sogenannten Spezialisten, meist wissenschaftlichen Mitarbeitern in Forschungs- und Entwicklungsstellen, welche nicht immer Stabsstellen zu sein brauchen, einheitliche Abgrenzungskriterien zu finden.

Die Betriebssoziologie, die bei der Einstufung auf den Status im Betrieb abstellt, welcher wiederum im wesentlichen vom Qualifikationsgrad und seinen Qualifikationen abhängt, stellt die wissenschaftlichen

---

[214] *Borgwardt,* DB 71/1107.

Mitarbeiter, insbesondere im Zuge der Verwissenschaftlichung der Unternehmen, neben dem oberen Führungskreis an die Spitze der Statuspyramide und rechnet sie damit genauso wie die oberen Linienkräfte zu den leitenden Angestellten, wenn sie auch zu einem eigenständigen Kern der leitenden Angestellten gehören sollen[215].

In der Betriebspraxis wird diese Gleichstellung überwiegend nachvollzogen. Wenn auch reine Spezialisten nicht zum obersten Führungskreis gerechnet werden, so stellt man sie doch mit den Führungskräften auf der zweiten und dritten Ebene gleich und zählt sie damit zu den leitenden Angestellten.

Eine Reihe von Betrieben haben für die Einstufung dieser Spezialisten genaue Abgrenzungskriterien gefunden und sie in einer speziellen Fachlaufbahn als Referenten, Fachreferenten, Berater usw. eingestuft. Diese Spezialkräfte, die aufgrund ihrer Tätigkeit vor allen Dingen die Geschäftsergebnisse der Betriebe entscheidend für die Zukunft bestimmen, identifizieren sich auch weitgehend mit der Unternehmensführung. Die Betriebspraxis verweist vor allen Dingen auf ihre Selbständigkeit in der Ausführung ihrer Aufgaben nach vorgegebenen Richtlinien, was dazu führt, daß leitende Spezialisten kaum noch kontrollierbar sind und deshalb eine Schlüsselposition einnehmen.

Diese Angestellten bereiten Unternehmerentscheidungen in ihren Grundzügen vor, was zur Folge hat, daß sie auch von einem Teil der Organisationslehre zu den oberen Führungskräften gerechnet werden[216].

Das BAG[217] mißt der Unterscheidung zwischen Angestellten in Linienfunktionen und Angestellten in Stabsfunktionen keine wesentliche Bedeutung bei. Es zählt auch Angestellte zu leitenden Angestellten, die kraft ihrer Funktion maßgeblichen Einfluß auf die wirtschaftliche, technische, kaufmännische, organisatorische, personelle oder wissenschaftliche Führung des Unternehmens ausüben und zwar auch dann, wenn sie infolge ihrer Schlüsselpositionen die Voraussetzungen schaffen, an denen die Unternehmensführung nicht vorbeigehen kann. Diese Angestellten treffen nach Meinung des BAG verbindliche Vorentscheidungen, weshalb das Gesetz nicht nur Angestellte in sog. Linienfunktionen, sondern auch solche in sog. Stabsfunktionen erfaßt[218].

Ob ein Stabsangestellter oder Spezialist leitender Angestellter ist, kann demnach erst nach sorgfältigem Studium der Funktions- und Stel-

---

[215] Vgl. oben B IV 1.

[216] *Fassbender*, S. 22.

[217] Entscheidungen v. 5. 3. 1974, EzA § 5 BVG, Ziff. III 2 c; v. 19. 11. 1974, EzA § 5 BVG Nr. 9, 10, Ziff. III 1 a; v. 17. 12. 1974, 1 ABR 131/73, EzA § 5 BVG Nr. 11, Ziff. III 2 und 1 ABR 105/73, EzA § 5 BVG Nr. 15, Ziff. III 2.

[218] BAG ebd. und Entscheidung v. 4. 12. 1974, DB 74/1031 = EzA § 5 BVG Nr. 14.

lenbeschreibung des betreffenden Angestellten und des Funktionsplanes der Firma beantwortet werden, wobei insbesondere auch auf die eingeräumte Weisungsunabhängigkeit, d. h. auf den Ermessensspielraum im Rahmen der unternehmerischen Planung sowie auf den Einfluß auf die Unternehmensführung geachtet werden muß.

c) Abschließend ist zum Themenkreis leitende Angestellte in der Betriebssoziologie, der Betriebswirtschaftslehre sowie der Betriebspraxis zu sagen, daß die Anzahl und der Umfang der leitenden Angestellten nicht für alle Wirtschaftszweige und Betriebsgrößen gleich ist. Man wird schon an dieser Stelle mit dem BAG[219] der Meinung sein können, daß für das gesamte Wirtschaftsleben eine Abgrenzung des Begriffes des leitenden Angestellten nicht zu einheitlichen Ergebnissen führen kann.

V. Vorgegebener Begriff des leitenden Angestellten und Zweck des Betriebsverfassungsgesetzes

Nun ist zu untersuchen, ob der gefundene Begriff des leitenden Angestellten aus dem Zweck des BVG noch besonders zu modifizieren ist.

1. Die Funktion des leitenden Angestellten

Es stellt sich zunächst die Frage, inwieweit der Hinweis auf die Funktionen des leitenden Angestellten am bisherigen Ergebnis etwas zu ändern vermag[220]. Nach den Worten des Abgeordneten Buschfort[221] muß sich bei einer an objektiven Kriterien orientierten Auslegung des geltenden Rechts eine leitende Funktion ergeben. Auch der Abgeordnete Böhme[222] wies auf die unternehmerische Funktion des leitenden Angestellten hin. In der Literatur wird fast allgemein auf funktionelle Gesichtspunkte verwiesen[223].

Das BAG sieht den Sinn und Zweck des § 5 Abs. 3 BVG im Zusammenhang mit § 5 Abs. 2 BVG, wonach bei Personalgesellschaften nicht alle Mitglieder der Personengesamtheit aus dem Kreis der Unternehmer ausgenommen sind, sondern nur die zur Vertretung oder Geschäftsführung berufenen Mitglieder und zwar wegen ihrer Unternehmerfunktion. Das BAG sagt dann weiter, die spezifischen Unternehmeraufga-

---

[219] Entscheidungen v. 19. 11. 1974, EzA § 5 BVG Nr. 9, 10, Ziff. III 2 f.

[220] Vgl. Ausschußprotokoll VI 2729, S. 11.

[221] Vgl. Zur Sache 1/72, S. 68.

[222] Vgl. Zur Sache 1/72, S. 111.

[223] Vgl. *Fitting / Auffarth*, (10. A.) Anm. 19 zu § 5 BVG; *Hromadka*, NJW 72/183; *Dietrich Hoffmann*, NJW 74/1161 ff.; *Grüll*, BB 74/653 ff.; kritisch: *Mayer-Maly*, BB 74/1124 ff.; vgl. auch *Dietz / Richardi*, Anm. 105 zu § 5 BVG.

ben müssen der Tätigkeit des Angestellten das Gepräge geben[224]. Die Vorschrift des § 5 Abs. 3 BVG sei wegen der funktionellen Nähe des leitenden Angestellten zum Unternehmer geschaffen. Leitende Angestellte könnten deshalb nur Personen mit unternehmerischer Teilfunktion sein[225].

a) Teilweise verweist man aber auf funktionale Gesichtspunkte nur, um den Unterschied zu dem in § 4 Abs. 2 c BVG 52 geforderten Vertrauensverhältnis zu dokumentieren. So schreibt die VELA in ihrer Schrift zum BVG 72, daß wegen des Wegfalls des früher geforderten persönlichen Vertrauens allein auf die leitende Funktion abgestellt werde. Auch im Ausschußprotokoll[226] wird darauf hingewiesen, daß das subjektive Abgrenzungsmerkmal des besonderen persönlichen Vertrauens durch funktionsgebundene Merkmale ersetzt sei. Insoweit ergeben sich also keine Abweichungen vom oben definierten Begriff des leitenden Angestellten, der ja gerade unabhängig von irgendwelchen subjektiven Merkmalen entwickelt wurde.

b) Leitende Angestellte in Arbeitgeber- und Unternehmerfunktion.

Überwiegend wird im Zusammenhang mit einer funktionsbestimmten Begriffsdefinition aber auf die Arbeitgeber- oder Unternehmerfunktion des leitenden Angestellten abgestellt. So sagte der Abgeordnete Schmidt in der 150. Sitzung des 6. Deutschen Bundestages[227], leitende Angestellte seien eine Gruppe mit Arbeitgeberfunktionen. In den meisten Fällen wird aber eine Unternehmerfunktion als Voraussetzung für die Stellung als leitender Angestellter verlangt[228]. Es bedarf deshalb zunächst einer Prüfung, inwieweit ein Unterschied zwischen der Arbeitgeber- und Unternehmerfunktion besteht.

Nach einhelliger Ansicht in Literatur und Praxis ist die Arbeitgeberfunktion belegschaftsbezogen[229]. Zu ihr gehören die Aufgaben der Menschenführung sowie die soziale und rechtliche Betreuung im Betrieb. In der Arbeitgeberfunktion hat der betreffende Angestellte konkrete Weisungs- und Dispositionsbefugnisse gegenüber den Arbeitnehmern im Auftrag der Unternehmensleitung[230]. Es geht dabei um Tarifverträge, Lohnrelationen, Unfallschutz, Krankenkasse usw. Der Angestellte,

---

[224] BAG v. 5. 3. 1974, EzA § 5 BVG Nr. 7, Ziff. III 3 c.

[225] BAG v. 17. 12. 1974, 1 ABR 113/73, EzA § 5 BVG Nr. 12, Ziff. III 2 a.

[226] BT VI 2729.

[227] Zur Sache 1/72, S. 116.

[228] Vgl. Ausschußprotokoll des Ausschusses für Arbeit und Sozialordnung VI, Nr. 45/46, S. 28 (Sachverständiger Dr. Eichler); *Erdmann*, BlStSozArbR 71/243; *Borgwardt*, DB 71/1107; BAG, E. v. 5. 3., 19. 11. und 17. 12. 1974, EzA § 5 BVG Nr. 7, 9, 10, 11.

[229] So *Bulla*, S. 20.

[230] *Raatz*, DB 72, Beilage 1, S. 2.

der eine Arbeitgeberfunktion innehat, tritt dem Arbeitnehmer bzw. dem Betriebsrat direkt gegenüber. Wesentlich weiter ist dagegen die Unternehmerfunktion.

Eine Unterneherfunktion ist zunächst die Arbeitgeberfunktion. Dazu kommen aber noch eine Reihe anderer Aufgaben, wie die Bestimmung des Unternehmensgegenstandes, Struktur- und Grundsatzplanung, Koordination der Geschäftszweige und Interessenvertretung des Betriebes nach außen[231]. Die unternehmerische Tätigkeit ist demnach sachbezogen, sie ist ausschließlich gewinnorientiert, für sie sind Arbeit und Kapital Produktionsfaktoren, die möglichst gewinnträchtig eingesetzt werden müssen. Wer in Unternehmerfunktion tätig ist, ist Mitträger der autonomen Leitungs-, Organisations- und Planungskompetenz. Die Unternehmerfunktion ist im Gegensatz zur Arbeitgeberfunktion, die sozialrechtlicher Art ist, ein wirtschaftsrechtlicher Begriff.

Der Angestellte in Arbeitgeberfunktion übt also auf einem Teilbereich Unternehmerfunktionen aus. Darüberhinaus gibt es aber weitere Angestellte, die ohne Vorgesetztenstellung, also ohne Arbeitgeberfunktion sind, aber trotzdem Unternehmerfunktionen ausüben. Der oben entwickelte Begriff eines leitenden Angestellten im vorgegebenen betriebssoziologischen und betriebswirtschaftlichen Sinn ist also nicht mit einer Arbeitgeberfunktion identisch. Diese leitenden Angestellten üben Unternehmensfunktionen im weiteren Sinn aus, nur ein Teil von ihnen hat auch Arbeitgeberfunktionen[232].

Dieser Kreis von Angestellten erfüllt die von Becker-Schaffner[233] geforderte objektiv funktionale Identifizierung mit dem Unternehmer und nimmt die entsprechende Schlüsselposition ein, die aber, wie das Arbeitsgericht Frankfurt[234] richtig erkannt hat, kein Kennzeichen der leitenden Stellung ist. Die Schlüsselposition ist nur deren allgemein übliche Voraussetzung, die allerdings ein Indiz für die Wichtigkeit der Stellung in ihrer Beziehung zum Unternehmer gibt und deshalb Rückschlüsse auf die unternehmerische Funktion zuläßt[235].

Wenn daher Rose[236] behauptet, die Gruppe der leitenden Angestellten sei nicht wegen der betriebssoziologischen Eigenständigkeit aus dem BVG herausgenommen worden, sondern aus der Erkenntnis heraus, daß die Trennungslinie zwischen Arbeit und Kapital nicht danach definiert

---

[231] *Meier*, S. 18.

[232] Vgl. BAG v. 17. 12. 1974, 1 ABR 131/73, EzA § 5 BVG Nr. 11, wo darauf hingewiesen wird, daß zu Unternehmerfunktionen auch die Arbeitgeberfunktion gehört, also nur Teil der Unternehmerfunktion ist.

[233] BlStSozArbR 72/257.

[234] BB 72/962.

[235] Vgl. auch *Kehrmann / Schneider*, BlStSozArbR 72/82.

[236] AuR 72/309 ff.

werden könne, ob die betriebliche Herrschaftsfunktion kraft Kapitaleignerschaft oder im Auftrage der Inhaber ausgeübt wird oder ob sie auf Arbeitsvertrag beruht, so übersieht er, daß auch in der Lehre von der Betriebsorganisation und in der Betriebssoziologie die Angestellten mit Unternehmerfunktionen dem Unternehmer, der Kapitalseite, zugerechnet werden. Die Trennungslinie wird in der Lehre von der Betriebsorganisation danach gezogen, wer unternehmerische Leitungsfunktionen im weiteren Sinne ausübt und wer nicht[237].

Die Meinung, die wie z. B. Rose allein auf die Arbeitgeberfunktion abstellt, übersieht deshalb, daß die Organisationslehre, die Betriebssoziologie und die betriebliche Praxis von einem weiteren Begriff des leitenden Angestellten ausgehen, nämlich von Angestellten mit Unternehmerfunktionen. Die Grenze zwischen Arbeit und Kapital wird hier gerade unterhalb der Angestellten mit Unternehmerfunktionen gezogen. Folglich widerspricht die Ansicht, daß es auf die Arbeitgeberfunktion ankomme, dem Begriff des Angestellten mit Führungsfunktion in betriebssoziologischer und betriebswirtschaftlicher Sicht.

c) In diesem Zusammenhang ist noch zu erwähnen, daß die Wahrnehmung einer beachtlichen unternehmerischen Teilfunktion genügt[238]. Dabei müssen die unternehmerischen Teilaufgaben der Gesamttätigkeit des Angestellten das Gepräge geben[239]. Der betreffende Angestellte muß außerdem einen beachtlichen Teilbereich der unternehmerischen Gesamtaufgabe wahrnehmen und die Leitungsfunktionen dürfen nicht ohne triftigen Grund derartig aufgeteilt werden, daß nur noch ein schmaler Bereich unternehmerischer Teilaufgaben verbleibt[240].

d) Nach Ansicht des BAG[241] müssen die unternehmerischen Aufgaben des leitenden Angestellten funktionsmäßig auf das Unternehmen bezogen sein, auch wenn sie sich räumlich in einem Unternehmen mit mehreren Betrieben nur auf einen Betrieb erstrecken. Die Funktion des Angestellten darf also nicht rein arbeitstechnisch auf den Betrieb bezogen sein. Der arbeitstechnische Zweck des Betriebes dient nur der Unterstützung der Unternehmensziele, wobei der Betrieb das arbeitstechnische Spiegelbild des Unternehmens ist. Leitende Angestellte müssen nämlich an der Leitung des Unternehmens schlechthin beteiligt werden[242]. Das BAG sagt jedoch weiter, daß die personelle Entscheidungs-

---

[237] BAG v. 5. 3., 19. 11., 17. 12. 1974, EzA § 5 BVG Nr. 7, 9, 10, 11.

[238] BAG v. 19. 11. 1974, 1 ABR 50/73, EzA § 5 BVG Nr. 10, Ziff. III 2 f.; v. 17. 12. 1974, 1 ABR 113/73, EzA § 5 BVG Nr. 12, Ziff. III 2 a.

[239] BAG v. 9. 11. 1974, 1 ABR 20/73, EzA § 5 BVG Nr. 9, Ziff. III 2 a.

[240] BAG ebd., Ziff. III 2 e; v. 4. 12. 1974, EzA § 5 BVG Nr. 14.

[241] BAG v. 4. 12. 1974, EzA § 5 BVG Nr. 14; v. 19. 11. 1974, 1 ABR 20/73, EzA § 5 BVG Nr. 9, Ziff. III 2 a.

[242] Vgl. *Müller*, RdA 75/63 ff. (66); insoweit zustimmend *Janert*, DB 74/1234 ff.; *Kraft*, Anm. zu BAG v. 5. 3. 1974, EzA § 5 BVG Nr. 7, Ziff. B II.

befugnis im Betrieb als Teilhabe am unternehmerischen Entscheidungsprozeß anzusehen ist, insoweit also die auf den einzelnen Betrieb beschränkte Entscheidungsbefugnis auf das Unternehmen durchschlägt[243]. Die BAG-Rechtsprechung wird von Mayer-Maly[244] und Grüll[245] mit der Begründung abgelehnt, daß auch die in den Produktionswerkstätten tätigen Angestellten dem Unternehmensziel dienen und daß gerade Angestellte mit Arbeitgeberfunktionen im Betrieb aus dem betriebsverfassungsrechtlichen Arbeitnehmerbegriff herausgenommen werden müßten. Hier wird aber verkannt, daß gerade Angestellte mit personeller Entscheidungsbefugnis im Betrieb eine Stellung haben können, die auf das Unternehmen durchschlägt[246] und daß Arbeitgeberfunktionen, wenn sie sich in erster Linie auf die Weitergabe von Weisungen erstrecken nicht der für einen Leitenden Angestellten erforderlichen Unternehmerfunktion genügen.

Der Angestellte muß also, um leitender Angestellter zu sein, zumindest über den Betrieb noch am unternehmerischen Entscheidungsprozeß teilhaben können.

2. Direkter und indirekter Gegnerbezug

Nur wenn man den direkten Gegnerbezug als notwendige Voraussetzung für leitende Angestellte im Sinne der Betriebsverfassung ansieht, könnte eine Arbeitgeberfunktion erforderlich sein. Es ist nicht zu verkennen, daß beispielsweise Stabskräfte, die im vorgegebenen Sinn als leitende Angestellte angesehen werden, weder Vorgesetzte von Arbeitnehmern sind noch unmittelbar in Konfrontation mit dem Betriebsrat kommen können. Direkt im zweipoligen Spannungsverhältnis des Betriebes stehen nur die Angestellten, die eine selbständige Leitungs- und Vorgesetztenstellung innehaben.

Es fragt sich daher, ob es darüberhinaus für das BVG noch einen indirekten Gegnerbezug geben kann[247]. Die oben genannte Gruppe der leitenden Angestellten ohne direkten Gegnerbezug hat die Aufgabe, Entscheidungsmodelle für das Unternehmen vorzubereiten, arbeitet selbständig an Projekten, die für den Fortbestand der Firma von wesentlicher Bedeutung sind, leitet Stabsabteilungen, hat einen besonderen Informationsgrad usw.

Zwar fehlt in der Regel die notwendige Konfrontation mit dem Betriebsrat. Trotzdem besteht bei diesem, wenn auch kleinen Kreis von

---

243 BAG v. 5. 3. 1974, EzA § 5 BVG Nr. 7, Ziff. III 2 c.

244 BB 74/1124 ff. (1126).

245 BB 74/653 ff. (655).

246 *Fitting / Auffarth / Kaiser*, Anm. 19 c zu § 5 BVG.

247 So *Rüthers / Stindt*, BB 72/977.

Angestellten eine objektiv funktionale Interessenidentität mit dem Unternehmerinteresse, die einer Integrierung in die verfaßte Arbeitnehmersolidarität der Belegschaft insofern widersprechen würde, als diese Angestellten dann in ein rechtliches Gebilde eingegliedert würden, zu dem sie aufgrund des vorgegebenen Begriffs des leitenden Angestellten, nämlich als Vertreter von Unternehmerinteressen, einen indirekten Gegnerbezug haben. Von der Aufgabe her besteht eine starke Interessenidentifikation mit dem Unternehmer. Berührungspunkte mit dem Betriebsrat können sich bei den gesetzlichen Kompetenzen des Betriebsrates in personellen, wirtschaftlichen und sozialen Angelegenheiten ergeben. Als Beispiel sei hier der Fall genannt, in dem eine Stabsabteilung Richtlinien für die Einstellung und Eingruppierung erläßt und der Betriebsrat dagegen Einwendungen erhebt.

Das BAG[248] geht ebenfalls davon aus, daß die leitenden Angestellten wegen der von ihnen ausgeübten Unternehmerfunktion und der damit verbundenen Wahrnehmung unternehmerischer Interessen, in Interessenpolarität oder Gegnerbezug zu den übrigen Arbeitnehmern stehen. In direkter Weise tritt danach der Gegnerbezug bei leitenden Angestellten mit Arbeitgeberfunktionen auf. Dabei liegt nach Ansicht des BAG ein Gegnerbezug nicht schon dann vor, wenn ein Arbeitnehmer eine schlichte Vorgesetztenstellung innehat, da hierdurch nur Anordnungen an andere Arbeitnehmer weitergegeben werden, wie dies z. B. bei Abteilungsleitern mit bloßen Kontrollfunktionen der Fall sei[249]. Das BAG ist aber weiter der Meinung, daß der Gesichtspunkt des Interessengegensatzes unterschiedliches Gewicht habe und auch zurücktreten könne. Insbesondere bei Angestellten in Stabsfunktionen könne der direkte Gegnerbezug in den Hintergrund treten[250]. Der Gegnerbezug kann also in direkter und indirekter Ausprägung vorkommen[251]. Die Interessenpolarität muß demnach nicht einen direkten Gegnerbezug beinhalten, wenn der Angestellte Leitungsfunktionen wahrnimmt und damit jedenfalls mittelbar die Interessen der Arbeitnehmerschaft berührt werden[252]. Maßgebend sei nämlich, daß von seiten des Unternehmers aus gesehen diesem der Kreis der leitenden Angestellten uneingeschränkt zur Verfügung steht und er somit das Unternehmen ohne Gegnerschaft im eigenen Lager führen kann[253].

Das BAG ist insoweit teilweise in der Literatur auf Kritik gestoßen. So bezeichnet Rüthers[254] den Gegnerbezug als ein Hilfskriterium, das

---

[248] Entscheidung v. 5. 3. 1974, EzA § 5 BVG Nr. 7.

[249] BAG v. 17. 11. 1974, 1 ABR 131/73, EzA § 5 BVG Nr. 11, Ziff. III 3.

[250] BAG v. 19. 11. 1974, 1 ABR 50/73, EzA § 5 BVG Nr. 10, Ziff. III 1 c.

[251] BAG v. 17. 12. 1974, 1 ABR 131/73, EzA § 5 BVG Nr. 11.

[252] BAG v. 28. 1. 1975, EzA § 5 BVG Nr. 16.

[253] BAG v. 19. 11. 1974, 1 ABR 50/73, EzA § 5 BVG Nr. 10, Ziff. III 1 a.

nicht zum Hauptmerkmal gemacht werden dürfe. Die Hauptkritik an der Entscheidung des BAG kommt von dem Teil der Literatur, der die leitenden Angestellten als eigenständige Kraft neben Arbeit und Kapital im Unternehmen ansieht. So ist Hoffmann[255] der Meinung, die leitenden Angestellten seien nicht mit solcher Unbedingtheit wie das BAG dies fordere der Unternehmerseite zuzurechnen, schon gar nicht im Sinne eines Gegnerbezugs zum Betriebsrat. Janert[256] lehnt den Gegnerbezug mit der Begründung ab, daß das Betriebsverfassungsgesetz nicht von einer Zweipoligkeit der betrieblichen Interessen ausgehe, sondern mit den leitenden Angestellten ein drittes Element in der Betriebsverfassung vorhanden sei. Dies ergebe sich aus der Unterscheidung zwischen § 5 Abs. 2 BVG, der bestimmte Personen wegen der fehlenden Arbeitnehmereigenschaft unmittelbar dem Arbeitgeber zurechnet und den leitenden Angestellten im Sinne des § 5 Abs. 3 BVG, die auch nach der Betriebsverfassung Arbeitnehmer sind. Hieraus schließt Janert, daß die leitenden Angestellten weder zur Gruppe der Arbeitnehmer noch der Arbeitgeber gehörten.

Dies kann jedoch nicht richtig sei. Das BVG hat die leitenden Angestellten nicht um ihrer selbst willen, sondern wegen ihrer Nähe zum Unternehmer aus der Betriebsverfassung herausgenommen[257]. Von der Zweipoligkeit der Betriebsverfassung wurde also nicht abgerückt. Auch sollte nicht einer gehobenen Schicht von Arbeitnehmern eine Sonderstellung eingeräumt werden[258]. Zweck des Gesetzes ist es, den Unternehmer vor Gegnerschaft im eigenen Lager zu schützen[259].

Auch insoweit ist also der außerhalb des Betriebsverfassungsgesetzes entwickelte Begriff des leitenden Angestellten mit den betriebsverfassungsrechtlichen Gegebenheiten identisch. Für das BVG ergeben sich insoweit keine Besonderheiten.

3. Abgrenzung aus der Interessenlage der beteiligten Gruppen

Schließlich ist noch zu prüfen, ob sich aus der Abgrenzung nach der Interessenlage der beteiligten Gruppen vom Zweck des Betriebsverfassungsgesetzes her noch Abweichungen gegenüber dem oben gefundenen Begriff des leitenden Angestellten ergeben. Diese Interessenwertung hat auch bei den Beratungen zum BVG Bedeutung gehabt.

---

[254] JZ 74/625 ff. (628).

[255] *Dietrich Hoffmann*, NJW 74/1161 ff. (1164).

[256] DB 74/286 ff.

[257] Vgl. *Fitting / Auffarth / Kaiser*, Anm. 21 a zu § 5 BVG.

[258] BAG v. 17. 12. 1974, 1 ABR 131/73, EzA § 5 BVG Nr. 11, Ziff. III 1.

[259] Zur „dritten Kraft“ vgl. unten II. Teil A I; vgl. auch *Gaul*, Der leitende Angestellte, S. 103.

So scheidet nach Ansicht des Abgeordneten Böhme[260] eine Integrierung der leitenden Angestellten in die Arbeitnehmersolidarität aus, weil dadurch für den leitenden Angestellten unüberbrückbare Interessenkollisionen entstehen würden. Dem hielt der Abgeordnete Dr. Farthmann[261] in derselben Sitzung des Deutschen Bundestages entgegen, daß ein Interessengegensatz deshalb nicht durchschlage, weil die Möglichkeit eines partiellen Interessengegensatzes die Wahrnehmung übergreifender gemeinsamer Interessen keineswegs ausschließe. Ein solcher Fall sei beispielsweise gegeben, wenn ein Vorarbeiter seinen ihm zugeordneten Arbeiter im Betrieb am Vormittag Weisungen erteilt und am Nachmittag mit demselben Mann im Betriebsrat zusammensitzt.

Das BAG[262] sieht den Zweck der Sonderstellung der leitenden Angestellten im natürlichen Gegensatz zwischen Unternehmer einerseits und Arbeitnehmerschaft, repräsentiert durch den Betriebsrat andererseits und der daraus folgenden Polarität der Interessen. Aus diesem Interessengegensatz heraus ist es nicht möglich, die leitenden Angestellten einmal direkt für den Arbeitgeber handeln zu lassen und ihnen dann wiederum das aktive und passive Wahlrecht für den Betriebsrat einzuräumen[263].

Wenn man von der unumstrittenen Tatsache ausgeht, daß ein Interessengegensatz zwischen Arbeitgeber und Belegschaft besteht[264], so ist danach zu fragen, wann ein solcher Interessengegensatz zwischen einem Teil der Arbeitnehmerschaft aufgrund ihrer Tätigkeit, die zum Arbeitgeber/Unternehmer hin tendiert, und dem übrigen Teil der Arbeitnehmer besteht, der eine Integrierung ersterer in die Arbeitnehmersolidarität unmöglich macht. Nur diejenigen dürfen an der Repräsentation durch den Betriebsrat teilnehmen, deren Interessen mit der Belegschaft weitgehend parallel laufen.

a) Bei dieser Fragestellung ist von der Bedeutung des § 5 Abs. 3 BVG innerhalb der betriebsverfassungsrechtlichen Ordnung auszugehen. Nach der Wortbedeutung soll das Betriebsverfassungsgesetz eine Verfassung des Betriebes sein. Hier ist aber schon streitig, ob § 5 Abs. 3 BVG (bzw. § 4 Abs. 2 c BVG 52) eine allgemein ordnungspolitische Funktion hat, somit grundlegende Vorschrift des Betriebsverfassungsgesetzes ist, oder ob sie nur den Interessen der Arbeitgeber/Unternehmer dient.

---

260 150. Sitzung des BT, stenographische Berichte VI, S. 8611.

261 Stenographische Berichte des BT VI, S. 8611.

262 BAG v. 5. 3. 1974, EzA § 5 Nr. 7, Ziff. III 3 b.

263 Vgl. *Müller*, RdA 75/63 ff. (64).

264 Vgl. B. Min. f. Arbeit BT-Drucksache I 1546, S. 38.

Höpp[265] meint dazu, daß § 4 Abs. 2 c BVG 52 eine gesetzlich anerkannte Verteidigungslinie der Unternehmerseite gegen die Mitbestimmung als ganzes sei.

Bulla[266] schreibt darüber hinausgehend, daß die Eigenschaft als Nichtarbeitnehmer, bzw. als Angestellter, der nicht unter den personalen Geltungsbereich des Betriebsverfassungsgesetzes fällt, für die betriebsverfassungsrechtliche Position von fundamentaler Bedeutung sei, da derjenige, der nicht unter § 4 Abs. 2 c BVG 52 fällt, nicht bei der Betriebsratswahl wahlberechtigt ist, nicht für die Bestimmung der Zahl der Mitglieder des Betriebsrates zählt[267] und nicht dem Mitbestimmungsrecht des Betriebsrates in personalen Angelegenheiten unterliegt.

Die Meinung Höpps ist demnach abzulehnen. § 5 Abs. 3 BVG ist mehr als eine Verteidigungslinie des Unternehmers. Wäre nur dies gewollt, so hätte man beispielsweise den leitenden Angestellten das aktive Wahlrecht geben und eine Vertretung ihrer sozialpolitischen Belange weitgehend dem Betriebsrat überlassen können. Auch würde es dann nicht schaden, wenn sie bei der Bestimmung der Zahl der Betriebsratsmitglieder mitgezählt würden. Dagegen sollten die leitenden Angestellten schlechthin außerhalb des personalen Geltungsbereiches des Betriebsverfassungsgesetzes bleiben. Weiter soll mit § 5 Abs. 3 BVG auch ein Schutz der Arbeitnehmerschaft erreicht werden, um etwa den Betriebsrat von Angestellten freizuhalten, die in polarem Gegensatz zur Arbeitnehmerschaft stehen[268]. Der Einwand Höpps[269], daß die Arbeitnehmervertretung auch von Arbeitnehmern, die nicht leitende Angestellte sind, bedroht werden könnte, schlägt deshalb mit Einschränkung nicht durch, weil vor allen Dingen auf das Maß der Identifikation mit dem Unternehmer abgestellt werden muß. Schließlich wird man auch die Interessen derjenigen berücksichtigen müssen, die, obwohl Arbeitnehmer im arbeitsrechtlichen Sinn, betriebsverfassungsrechtlich dem Unternehmer zuzurechnen sind. Wären sie in die Belegschaft integriert, würden sie möglicherweise in Interessenkonflikte kommen. Auch die Stellung des § 5 Abs. 3 BVG in den allgemeinen Vorschriften, und nicht in den Vorschriften über die Zusammensetzung und Wahl des Betriebsrates, spricht für die grundlegende, allgemein ordnungspolitische Funktion des § 5 Abs. 3 BVG 72. Durch § 5 Abs. 3 BVG sollen die Interessensphären schlechthin getrennt werden[270]. § 5 Abs. 3 BVG hat

---

[265] *Höpp*, RdA 60/174 ff.

[266] *Bulla*, S. 124.

[267] Vgl. Arbeitsgericht Hamm, DB 72/1394.

[268] *Hueck*, RdA 53/411.

[269] *Höpp*, RdA 60/174 ff.

[270] *Trinkhaus*, AR-Blattein-Angestellte II, leitende Angestellte IV; vgl. auch BAG v. 19. 11. 1974, EzA § 5 BVG Nr. 9, 10, Ziff. III 1 a.

erhebliche Rückwirkungen auf die Bestimmung des Kräfteverhältnisses in der Betriebsverfassung.

b) Bei der weiteren Betrachtung ist deshalb von den Interessen aller Beteiligten im Betrieb auszugehen.

Nach dem Zweck der gesetzlichen Regelung ist zu fragen, ob die Interessen aller Beteiligten (Arbeitgeber, Belegschaft und Betriebsrat und gegebenenfalls betroffene Angestellte) den Ausschluß eines bestimmten Teils von Angestellten aus der Betriebsverfassung verlangen[271]. Dies ist nur dann der Fall, wenn die leitenden Angestellten kraft ihrer funktionalen Stellung eindeutig der Interessenssphäre der Arbeitgeber/Unternehmer zuzurechnen sind und deshalb nicht die Interessen der übrigen Arbeitnehmerschaft vertreten können, wenn gleichsam eine Inkompatibilität der Ämter besteht[272].

Fitting/Auffarth[273] sprechen von einer Leitungsaufgabe, die eine Teilnahme an der betriebsverfassungsmäßigen Zusammenarbeit auf seiten der übrigen Arbeitnehmer als unvereinbar erachten läßt. Der Grundsatz der Inkompatibilität besagt, daß derjenige nicht geichzeitig durch den Betriebsrat vertreten werden kann, der mit dem Betriebsrat verhandelt, Betriebsvereinbarungen abschließt oder sonst aufgrund seiner Tätigkeit so enge Beziehungen mit dem Unternehmer hat, daß er nicht mehr in die Belegschaft einbezogen werden kann[274]. Es kommt also darauf an, durch eine Interessenwertung diejenigen Angestellten zu finden, die sich mit der Belegschaft nicht mehr soweit identifizieren können und müssen, daß sie an den betriebsverfassungsmäßigen Rechten und Pflichten teilhaben, sondern sich objektiv mit der Unternehmensleitung identifizieren.

Eine derartige Interessenwertung findet auch bei anderen Gesetzen statt, die für leitende Angestellte oder einen bestimmten Teil der leitenden Angestellten Sonderregelungen treffen.

So kann ein Prokurist oder zum gesamten Geschäftsbetrieb ermächtigter Handlungsbevollmächtigter nicht Aufsichtsratsmitglied sein (vgl. § 105 Aktiengesetz), um den Interessengegensatz zu vermeiden, der dadurch entstehen würde, daß sich diese Angestellten dann gleichzeitig bei der Firmenleitung einerseits und bei einem Kontrollorgan über die Firmenleitung andererseits befinden würden. Dieses Spannungsverhältnis ist auch die Ursache für Sonderregelungen für bestimmte

---

271 *Trinkhaus*, AR-Blattei Angestellte II, leitende Angestellte IV 3 b.

272 *Apel* (DAG) in Ausschußprotokoll des Ausschusses für Arbeit und Sozialordnung Nr. 45, S. 17.

273 Anm. 19 ff. zu § 5 BVG (10. Aufl.); vgl. *Fitting / Auffarth / Kaiser*, Anm. 19 ff. zu § 5 BVG.

274 Arbeitsgericht Frankfurt, DB 72/962.

höhere Angestellte gegenüber anderen Arbeitnehmern im Arbeitsgerichtsgesetz und im Sozialgerichtsgesetz.

c) Das Betriebsverfassungsgesetz will einen Interessenausgleich zwischen den sozialen Gegenspielern Arbeitgeber und Arbeitnehmer schaffen (vgl. §§ 1, 2, 8 ff., 74 f. BVG 72).

Dagegen wird wenig über die leitenden Angestellten ausgesagt und wenn, dann nur insoweit, als sie eine Gruppe von Personen sind, die nicht unter den personalen Geltungsbereich des Betriebsverfassungsgesetzes fallen soll. Damit könnte für die Interessenbewertung ein Dualismus konstituiert sein, der keinen Raum mehr für die Beachtung der Interessen der leitenden Angestellten läßt. Dann müßte bei einer Überprüfung der Abgrenzung der leitenden Angestellten nach der Interessenlage der beteiligten Gruppen auf diejenigen, die wegen der starken Affinitäten zur Unternehmerseite außerhalb des Betriebsverfassungsgesetzes stehen, nicht Rücksicht genommen werden[275].

Für die Meinung, daß es ausschließlich um die Interessen von Arbeitgeber und Belegschaft und nicht um diejenigen der leitenden Angestellten geht, sind Anhaltspunkte in der Anhörung des Ausschusses für Arbeit und Sozialordnung zum Betriebsverfassungsgesetz gegeben. So betonen selbst die Vertreter der ULA[276] ebenso wie der Vertreter des BDA[277], daß die Übernahme eines Betriebsmandats durch leitende Angestellte mit der Stellung auf der Arbeitgeberseite unvereinbar sei. Auch in der betrieblichen Praxis wird dieser Personenkreis als Vertreter der Arbeitgeber (Unternehmer) angesehen und nimmt nur deswegen eine Sonderstellung gegenüber anderen Arbeitnehmern ein.

Wenn leitende Angestellte aber nur wegen ihres Standorts auf der Arbeitgeberseite aus dem personalen Geltungsbereich des Betriebsverfassungsgesetzes herausgenommen werden, so bleibt der Dualismus zwischen Arbeitnehmer- und Arbeitgeberseite, unterstützt durch die leitenden Angestellten, die Führungsgehilfen der Arbeitgeber, gewahrt. Auf die leitenden Angestellten muß dann möglicherweise keine Rücksicht genommen werden. Dagegen steht aber, daß auch in den Ausschußberatungen auf den möglichen Interessenkonflikt für leitende Kräfte, den es zu vermeiden gelte, hingewiesen wurde[278].

Man wird auch davon ausgehen müssen, daß das Betriebsverfassungsgesetz nicht nur Organisationsgesetz ist, sondern auch eine Schutzfunktion für die Arbeitnehmer besitzt.

---

275 So *Höpp*, RdA 60/174 ff.; *Steinmann*, BABl 53/411 ff.; Arbeitsgericht Frankfurt, BB 72/963.

276 *Borgwardt* und Dr. *Salzer*, Ausschußprotokoll Nr. 45, 46.

277 Ausschußprotokoll Nr. 45, 46, Dr. *Eichler*.

278 Vgl. Sachverständigen *Borgwardt* (ULA), Ausschußprotokoll Nr. 45/46, S. 37.

Für ein reines Organisationsgesetz spricht sich vor allem Höpp aus[279]. Er sieht, wie bereits oben aufgezeigt wurde, in § 4 Abs. 2 c BVG 52 nur eine Schutznorm für den Unternehmer, mit der für diesen leitende Kräfte aus dem direkten Einflußbereich des Betriebsrates entzogen würden.

Dagegen sind jedoch Rose[280] und Rüthers[281] der Meinung, daß das Betriebsverfassungsgesetz auch eine Schutzfunktion für Arbeitnehmer beinhaltet.

Dieser Meinung ist zu folgen. Zwar regelt das Betriebsverfassungsgesetz zunächst die innerbetriebliche Situation. Gleichzeitig gibt es dem Arbeitnehmer aber eine Reihe von unmittelbaren und indirekten Rechten, wie z. B. das Recht auf Einsicht in die Personalakten, Mitwirkungsrechte des Betriebsrates bei Kündigungen durch den Arbeitgeber usw. So kann man nicht umhin, im Betriebsverfassungsgesetz neben einem Organisationsgesetz auch ein Gesetz mit Schutzwirkung für den Arbeitnehmer zu sehen.

Zwar setzt das Betriebsverfassungsgesetz grundsätzlich ein polares Verhältnis zwischen Arbeitgeber und Arbeitnehmer voraus. Dies schließt jedoch nicht aus, bei der Abgrenzung der leitenden Angestellten auch auf deren Interessen und deren Schutzbedürfnis zumindest unterstützend Rücksicht zu nehmen. Die Interessen der betroffenen Angestellten sind deshalb zunächst in Richtung auf die Schutzfunktion des Betriebsverfassungsgesetzes zu prüfen, die Arbeitnehmern nur im zwingenden Falle entzogen werden darf. Vor allen Dingen ist aber zu untersuchen, ob die betreffenden Angestellten beim tatsächlichen Vorliegen einer leitenden Funktion in einen Interessenkonflikt als Vertreter des Arbeitgebers bzw. Unternehmers einerseits und ihrer Stellung als Arbeitnehmer andererseits kommen können mit der Folge, daß sie aus der Arbeitnehmersolidarität herausgenommen werden müssen.

Da das Betriebsverfassungsgesetz grundsätzlich vom Interessengegensatz Arbeitgeber Arbeitnehmer ausgeht, sind jedoch zuerst die Interessen dieser beiden Gruppen zu prüfen.

aa) Die Interessen der Unternehmerseite an einer Herausnahme bestimmter Angestellter aus dem personalen Geltungsbereich des Betriebsverfassungsgesetzes.

Das BAG[282] sagt, der Unternehmer hätte ein Interesse daran, daß ihm der Personenkreis, der unternehmerische Funktionen wahrnimmt, un-

---

[279] *Höpp*, RdA 60/179 ff.

[280] AuR 72/309.

[281] BB 72/1105.

[282] Entscheidung v. 19. 11. 1974, 1 ABR 50/73, EzA § 5 Nr. 10, Ziff. III 1 a.

eingeschränkt zur Verfügung steht, um das Unternehmen nach innen (gegenüber der Arbeitnehmerschaft) und (oder) nach außen ohne Gegnerschaft im eigenen Lager führen zu können.

Höpp[283] billigt nur dort ein berechtigtes Interesse des Unternehmers, den betreffenden Angestellten außerhalb der verfaßten Belegschaft zu belassen, wo eine vitale unternehmerische Funktion durch die Wahl zum Betriebsrat entscheidend berührt wird. Wesentlich weiter geht Hueck[284]. Er gesteht dem Arbeitgeber ein Interesse zu, daß Angestellte, die innerhalb des Betriebes eine besondere Stellung einnehmen, nicht in den personalen Geltungsbereich des Betriebsverfassungsgesetzes und damit in die Einflußsphäre des Betriebsrats kommen, der ja die gegensätzlichen Interessen der Arbeitnehmer gegenüber dem Arbeitgeber vertritt. Der Arbeitgeber möchte individuelle Arbeitsbedingungen mit diesen Angestellten abschließen und nicht durch das Betriebsverfassungsgesetz daran gehindert sein. Gerade Angestellte, die den Standpunkt des Arbeitgebers wirksam gegenüber dem Betriebsrat vertreten sollen, könnten nicht gleichzeitig Mitglieder desselben sein[285]. Die Unternehmerseite will ihre Konfrontationsfähigkeit gewahrt wissen. Weiter ist sie daran interessiert, daß solche Angestellte, die eng mit ihr zusammenarbeiten, z. B. als Berater in Stabsstellen usw., ohne zugleich Ansprechpartner des Betriebsrates zu sein, nicht unter das Mitspracherecht des Betriebsrates in personellen Angelegenheiten fallen[286]. Dadurch soll ein Griff des Betriebsrates auf die unternehmerische Entscheidungsebene verhindert werden[287].

Der Unternehmer hat also ein Interesse daran einen möglichst großen, mit direkten und indirekten Leitungsaufgaben betrauten Personenkreis ohne Mitwirkung des Betriebsrates einstellen und entlassen zu können, er will eine Sonderbindung zu seinem Führungs- und Beraterstab, der aufgrund seiner Stellung im Unternehmen Betriebsablauf und Zusammenspiel der betrieblichen Kräfte überblickt.

bb) Wo eine interessenbezogene Grenze für die Abgrenzung der leitenden Angestellten im Betriebsverfassungsgesetz liegt, kann erst gesagt werden, wenn man auch die Interessen der Belegschaft, respektive des Betriebsrats, berücksichtigt. Auch Höpp[288] will die Interessen der Arbeitnehmerschaft bei der Auslegung zumindest mittelbar heranzie-

---

[283] *Höpp*, RdA 60/174 ff.

[284] *Hueck*, RdA 53/441 ff.

[285] *Hueck*, ebd.

[286] Vgl. LAG Düsseldorf, Beschluß vom 11. 12. 1953, AR-Blattei, Angestellte IV, leitende Angestellte.

[287] *Borgwardt*, Arbeit und Sozialpolitik 1970, Heft 11, S. 12.

[288] RdA 60/174 ff.

hen, selbst wenn er in § 4 Abs. 2 c BVG 52 nur eine Schutznorm für den Unternehmer sieht, da diese Schutzfunktion gerade durch die Interessen der Arbeitnehmer begrenzt sein soll.

Die Belegschaft ist zunächst an fähigen Leuten für den Betriebsrat interessiert (vgl. § 107 Abs. 3 BVG), wobei gerade bei leitenden Angestellten im oben entwickelten Sinn besondere Fähigkeiten und vor allen Dingen ein besserer Überblick über das betriebliche Geschehen aufgrund der weitergehenden Information erwartet wird[289]. Andererseits hat die Arbeitnehmervertretung wenig Interesse, in den Betriebsrat Leute zu bekommen, die eindeutig Interessenvertreter des Arbeitgebers sind und dadurch die erforderliche Solidarität mit der übrigen Belegschaft vermissen lassen. Auch der Betriebsrat muß gegnerfrei bleiben. Auf diese Gefahr für den Betriebsrat wurde auch in den Betriebsuntersuchungen von verschiedenen Betriebsräten hingewiesen.

cc) Gegenüber den Interessen von Belegschaft und Arbeitgebern haben die Interessen der leitenden Angestellten nur minderes Gewicht, da die leitenden Angestellten nicht um ihrer selbst willen, sondern wegen ihrer unternehmerischen und betrieblichen Funktion, wegen ihrer Zugehörigkeit zur Interessenssphäre des Arbeitgebers aus dem Geltungsbereich des Betriebsverfassungsgesetzes gelassen wurden. Zwei Gesichtspunkte sind jedoch zu beachten:

(1) Für die leitenden Angestellten im betriebswirtschaftlichen und betriebssoziologischen Sinn dürfen durch die Einbeziehung in den personalen Geltungsbereich des Betriebsverfassungsgesetzes keine schwerwiegenden Interessenkonflikte entstehen. Das ist nicht schon durch das passive Wahlrecht zum Betriebsrat der Fall, da sich ja der betreffende leitende Angestellte nicht zur Wahl stellen braucht. Es könnte jedoch für die leitenden Angestellten eine doppelte Abhängigkeit entstehen, einerseits vom Arbeitgeber, dessen Interessenssphäre sie zugeordnet sind, andererseits vom Betriebsrat, der Einflußmöglichkeiten im personalen Bereich besitzt (vgl. § 99 f. BVG). Es ist aber zu beachten, daß diese doppelte Abhängigkeit nur in einem engen Rahmen gegeben sein kann.

Bei Einstellungen hat nicht nur der Unternehmer ein Interesse, daß der Betriebsrat bei der Auswahl seiner leitenden Personen nicht mitwirkt, sondern auch der leitende Angestellte, der nicht von Anfang an vom Betriebsrat, dessen Gegenspieler er unter Umständen später sein soll, in gewisser Weise abhängig sein darf. Dasselbe gilt für Umgruppierungen. Schließlich können sich Interessenkonflikte aus Weisungen

---

[289] Vgl. Protokoll des Arbeitskreises IV des 6. Deutschen Bundestages — Betriebsverfassung.

und Disziplinarmaßnahmen von leitenden Angestellten ergeben, die Beschwerden auslösen und vom Betriebsrat behandelt werden müssen.

Im übrigen dürften Angestellte, die im betriebswirtschaftlichen und betriebssoziologischen Sinn als leitende Angestellte angesehen werden, auch wenig Interesse an einer Vertretung durch den Betriebsrat haben, der sich vorwiegend um die Interessen der Tarifangestellten kümmert, was aber für eine Abwägung der gegenteiligen Interessen kaum von Bedeutung sein kann, da hier, wie Höpp[290] richtig bemerkt, die Frage lauten muß: Besteht ein zwingendes Interesse, das die Mitwirkung der leitenden Angestellten durch den Betriebsrat verbietet? Ein solches Interesse muß bejaht werden. Dies ergibt sich aus der Zugehörigkeit der leitenden Angestellten zur Unternehmerseite. Für die Existenz einer „dritten Kraft" kann man daraus jedoch nichts herleiten[291]. So kam auch von den ULA-Vertretern im Anhörungsverfahren des Ausschusses für Arbeit- und Sozialordnung zum Betriebsverfassungsgesetz[292] zum Ausdruck, daß die leitenden Angestellten durch die Einbeziehung in den Betriebsrat ihrer Stellung als Teil der Unternehmensführung nicht mehr gerecht würden.

Es muß eine objektive Interessenfremdheit gegenüber den Interessen der Belegschaft bestehen[293]. Diese Interessenfremdheit ist auch bei den leitenden Angestellten der Stäbe und in Spezialistenstellungen zu bejahen. Wegen ihrer Zugehörigkeit zur Unternehmensleitung im weiteren Sinn haben sie zwar keine unmittelbaren Berührungspunkte mit dem Betriebsrat, gleichwohl ist jedoch ein zumindest indirekter Gegnerbezug zu bejahen. Wer den Unternehmer in Grundsatzentscheidungen berät, identifiziert sich mit dessen Interessen und kann nicht mehr dem Betriebsrat zugeordnet werden[294]. Mit dem Unternehmer besteht eine aufgabengebundene Interessenidentifikation.

Weiter könnte man mit Farthmann[295] sagen, daß eher Meister und Vorarbeiter in einen Interessenkonflikt kommen können als leitende Angestellte in Forschungs- und Stabsabteilungen. In der Tat stehen diese den ihnen unterstellten Arbeitnehmern direkt gegenüber. Hier ist jedoch zu beachten, daß Meister und Vorarbeiter nach betriebssoziologischer und betriebswirtschaftlicher Ansicht sowie in der Betriebspraxis nicht mehr zu der Unternehmensleitung, auch nicht im weitesten Sinn, gerechnet werden. Sie haben lediglich die Anordnungen

---

[290] RdA 60/174 ff.

[291] Vgl. *Hartmann*, Arbeit- und Sozialpolitik 72/91 ff.

[292] Prot. Nr. 45/46, S. 37.

[293] Vgl. Arbeitsgericht Frankfurt, BB 72/902.

[294] Vgl. LAG Düsseldorf, Beschluß vom 14. 11. 1972, DB 73/577.

[295] Der Arbeitgeber 1971, Heft 11, S. 23.

und Entscheidungen von dispositiv tätigen Angestellten zu übermitteln. Dabei bleibt ihnen nur ein geringer eigener Entscheidungsspielraum. Ein Interessengegensatz zu den oberen und mittleren Führungskräften ist bei ihnen nicht zu verkennen. Andererseits haben sie mit den übrigen Arbeitnehmern überwiegend gemeinsame Interessen, da ihnen keine Teilhaberschaft an der Leitungsfunktion des Unternehmens zukommt. Ihre Interessen als Tarifangestellte, d. h. ihre konzentrierten Ziele, Wünsche und Bestrebungen sind weitgehend mit der übrigen Belegschaft konform. Mit ihrer Stellung ist eine Übernahme betriebsverfassungsrechtlicher Funktionen vereinbar[296].

(2) Weiter ist auf die Frage der Schutzbedürftigkeit der leitenden Angestellten abzustellen.

Wie oben festgestellt wurde, hat das Betriebsverfassungsgesetz neben seiner Funktion als Organisationsgesetz auch Schutzcharakter. Bei der Herausnahme der leitenden Angestellten aus dem personalen Geltungsbereich des Betriebsverfassungsgesetzes ist primär nicht davon auszugehen, daß bestimmte Angestellte weniger schutzbedürftig seien, wie Hueck[297] meint, sondern von betriebsorganisatorischen Erfordernissen[298]. Im übrigen dürfte die Schutzbedürftigkeit des Großteils der leitenden Angestellten kaum geringer sein als die der übrigen Arbeitnehmer, besonders wenn man die starke Zunahme wissenschaftlicher Mitarbeiter betrachtet.

Da für die Herausnahme leitender Angestellter aus dem Geltungsbereich des Betriebsverfassungsgesetzes im Gegensatz zu reinen Schutzgesetzen in erster Linie betriebsorganisatorische Erfordernisse maßgebend sind, kann man nicht das arbeitsrechtliche Schutzprinzip anwenden, dessen Folge eine enge Auslegung des Kreises derer wäre, die den Schutz des betreffenden Gesetzes nicht genießen sollen.

Wegen des Schutzcharakters, den das BVG auch beinhaltet, muß aber bei der Interessenwürdigung das objektive Schutzbedürfnis leitender Angestellter mit herangezogen werden. Die wirtschaftliche Stellung der leitenden Angestellten ist sowohl durch die starke Zunahme

[296] Ähnlich wurde auch in der Regierungsvorlage zum österreichischen Arbeitsverfassungsgesetz, öBGBl 74/22 (840 der Beilagen zu den stenographischen Protokollen des Nationalrats, XIII. Gesetzgebungsperiode, S. 70), gesagt, die Herausnahme der leitenden Angestellten aus dem betriebsverfassungsrechtlichen Arbeitnehmerbegriff erfolge, weil „deren Interessenlage erheblich anders gelagert ist".

[297] *Hueck*, RdA 53/411 ff.; BB 54/536 ff.; so auch *Hoppe*, BlStSozArbR 68/174.

[298] Das BAG (Entscheidungen v. 5. 3. 1974, EzA § 5 BVG Nr. 7, Ziff. III 2 d und 19. 11. 1974, EzA § 5 BVG Nr. 9, 10, Ziff. III 2 d) sieht den Zweck des § 5 Abs. 3 BVG nicht im Schutz der leitenden Angestellten, sondern sagt, daß die Schutzfunktion des BVG in erster Linie auf den Schutz kollektiver Interessen der Belegschaft ausgerichtet sei.

dieses Personenkreises, die sich aus einer Reihe von Untersuchungen ergibt[299], gefährdet, als auch durch die zunehmende Spezialisierung sowie durch die Tendenz zur Bildung größerer Unternehmenseinheiten[300]. Es ist deshalb ein objektives Interesse der betreffenden Angestellten, den Kreis der leitenden Angestellten für das Betriebsverfassungsgesetz nur so weit zu ziehen, daß wirkliche Interessenkonflikte vermieden werden, ansonsten aber möglichst viele Arbeitnehmer in den Schutzbereich des Betriebsverfassungsgesetzes einzubeziehen.

Dieses objektive Interesse, in den Schutz des Betriebsverfassungsgesetzes zu kommen, ist aber nur bei Angestellten zu bejahen, die nicht zur Unternehmensführung, auch nicht zu der im weiteren Sinne, gerechnet werden, nicht dagegen bei Angestellten, die in betriebssoziologischer und betriebsorganisatorischer Sicht zu den leitenden Angestellten, also zur Unternehmensführung gehören.

d) Bei einer Interessenwertung zur Abgrenzung der leitenden Angestellten kommt es also nicht auf das subjektive Empfinden des leitenden Angestellten an. Vielmehr ist entscheidend eine über die Intention des Betriebsverfassungsgesetzes hinausgehende objektive Beeinträchtigung der unternehmerischen Entscheidungsfreiheit. Der Unternehmer hat ein objektives Interesse daran, daß sowohl Angestellte in der Linie als auch Stabsangestellte und Spezialisten, die Unternehmerentscheidungen vorbereiten, außerhalb des personalen Geltungsbereiches des BVG bleiben. Dabei wird das diesbezügliche Interesse des Unternehmers umso geringer, je weiter unten auf den Ebenen der betrieblichen Führungshierarchie Angestellte stehen, bzw. je weiter sonstige Angestellte von den betrieblichen Schaltstellen entfernt sind. In gleichem Maße verringern sich auch mögliche Interessenkonflikte von Angestellten.

Die Interessen des Arbeitgebers/Unternehmers dürfen aber nur dort vorrangig beachtet werden, wo ihre wesentlichen Belange berührt werden. Ist das nicht der Fall, sprechen keine dringenden unternehmenspolitischen und betriebsorganisatorischen Notwendigkeiten dagegen, so ist auch auf die Interessen der Belegschaft an qualifizierten, sachkundigen und informierten Leuten für den Betriebsrat und auf das Schutzbedürfnis der Angestellten in Grenzbereichen (in Ausnahmefällen) Rücksicht zu nehmen. Nur so kann ein betriebsverfassungsrechtliches Gleichgewicht gewahrt werden.

Ein zu weit gehender Ausschluß von Angestellten aus dem Betriebsverfassungsgesetz würde dem Betriebsrat gerade diejenigen Kräfte entziehen, die für ihn wegen ihrer Sachkunde besonders wertvoll sind.

---

[299] Vgl. *Rüthers*, BB 72/1105; Capital, Heft 33, S. 24 ff.

[300] Vgl. *Fitting / Kraegloh / Auffarth*, Anm. 13 zu § 4 BVG 72.

Unter Beachtung dieser Interessenabwägung müßte die Grenze wie folgt gezogen werden:

Der Arbeitgeber/Unternehmer hat sowohl ein Interesse, sämtliche Arbeitgeberfunktionäre dem Betriebsrat zu entziehen, weil diese der übrigen Arbeitnehmerschaft als Vorgesetzte gegenübertreten, als auch Angestellte in Stabs- und Spezialistenstellung, die direkt oder indirekt als Berater der Unternehmensleitung auftreten, aus dem personalen Geltungsbereich des Betriebsverfassungsgesetzes auszugliedern.

Es sind aber nur wesentliche Interessen der Unternehmerseite zu berücksichtigen. Solche Interessen bestehen nur bei Angestellten der oberen und mittleren Führungsebene, die aufgrund ihrer dispositiven Tätigkeit zur Unternehmensleitung gehören und bei Angestellten in Stabs- und Spezialistenstellung, die wegen ihrer für die Unternehmerentscheidungen wichtigen vorbereitenden und planenden Tätigkeit ebenfalls dem Führungskreis zuzurechnen sind. Hier muß das Interesse der Belegschaft ebenso wie das ohnehin nicht stark zählende Schutzbedürfnis der betroffenen Angestellten zurücktreten. Insofern deckt sich die Interessenlage mit den oben entwickelten Abgrenzungskriterien der betriebswirtschaftlichen Literatur und der betrieblichen Praxis. Bei den übrigen Angestellten, die der Unternehmensführung nicht mehr zuzurechnen sind, besteht auch für den Unternehmer diese spezielle Interessenlage nicht mehr.

Auch die Interessen der betroffenen Angestellten können nicht weiter gehen als diejenigen des Unternehmers. Nur dann, wenn die oben angeführten Kriterien, also die Kriterien für die Unternehmerfunktion, sei es in Linie, Stab oder in einer Expertenstellung zutreffen, kann auch der Angestellte in einen für das Betriebsverfassungsgesetz relevanten Konflikt geraten.

Die Abgrenzung der leitenden Angestellten stimmt demnach mit dem in der Betriebspraxis, der Organisationslehre und der Betriebssoziologie gefundenen Resultat überein.

Abschließend ist festzustellen, daß es keinen für das Betriebsverfassungsgesetz speziellen Begriff des leitenden Angestellten gibt, sondern vielmehr von einem betriebssoziologischen, betriebsorganisatorischen Begriff des leitenden Angestellten auch bei § 5 Abs. 3 BVG auszugehen ist. Diese Meinung deckt sich sowohl mit den Intentionen des Gesetzgebers als auch mit der Betriebspraxis. Unabhängig von den Nr. 1—3 des § 5 Abs. 3 BVG 72 ist Voraussetzung für eine betriebsverfassungsrechtliche Sonderstellung, daß man leitender Angestellter in diesem vorgegebenen Sinn ist. Erst dann sind nach dem Wortlaut des Gesetzes die besonderen Voraussetzungen der Nr. 1—3 zu prüfen, die zusätzlich vorliegen müssen, um nicht mehr in den Geltungsbereich des Betriebsverfassungsgesetzes zu kommen.

4. Begriff des leitenden Angestellten unter Berücksichtigung der Nummern 1—3 des § 5 Abs. 3 BVG

Das BAG sagt, die Auslegung des Einganghalbsatzes könne nicht isoliert von den in Abs. 3 genannten Fallgruppen vorgenommen werden, da die Angestellten auch die Voraussetzungen der Nr. 1—3 erfüllen müßten[301]. Das Gesetz sehe die Wahrnehmung der verschiedenen Funktionen der Nr. 1—3 zwar nicht als gleichartig, aber doch als gleichwertig an. Sie seien in ihrer Gesamtheit unter Beachtung der Eingangsworte der Vorschrift „Leitlinie" für das Bild des leitenden Angestellten, das dem Gesetzgeber vorschwebt.

Die Nr. 1—3, können jedoch allenfalls unterstützend für die Abgrenzung des leitenden Angestellten herangezogen werden. Zwar kann nicht bestritten werden, daß insbesondere die leitenden Angestellten des § 5 Abs. 3 Nr. 1 und 2 BVG in der Regel typische leitende Angestellte sind. Zweifel bestehen jedoch dann, wenn Angestellte mit Einstellungs- und Entlassungsbefugnis nur eine formelle, aber keine materielle Berechtigung haben oder bei dem sog. Titularprokuristen. Im übrigen muß vermieden werden, daß durch die Heranziehung der Nr. 1—3 zur Abgrenzung der leitenden Angestellten im vorgegebenen Sinn die Diskussion wieder in die Nähe der Legaldefinition des leitenden Angestellten in § 5 Abs. 3 Nr. 1—3 BVG gerückt wird. Einzig entscheidend für die Eigenschaft eines leitenden Angestellten ist die betriebssoziologische und betriebswirtschaftliche Abgrenzung unter Berücksichtigung der beteiligten Gruppen.

Auch die vom BAG[302] herangezogenen Abgrenzungsmerkmale Entscheidungsfreiheit, Entscheidungsvorbereitung, Entscheidungsvorwegnahme, Entscheidungskontrolle, Eigenverantwortung und Unternehmer-/Arbeitgeberfunktion, wobei nach Ansicht des BAG[303] das Zurücktreten einzelner Abgrenzungsmerkmale dadurch ausgeglichen werden kann, daß andere in besonders starkem Maße vorhanden sind, können nur als Indizien für die Abgrenzung der leitenden Angestellten herangezogen werden.

---

[301] BAG v. 5. 3. 1974, EzA § 5 BVG Nr. 7, Ziff. III 3 a.

[302] BAG ebd., Ziff. III 4.

[303] BAG ebd., Ziff. III 3 b.

VI. Das Sonderproblem des Stellvertreters eines leitenden Angestellten

In der Literatur wird zum Teil die Ansicht vertreten, daß auch die selbständigen Vertreter von leitenden Angestellten selbst leitende Angestellte sind, soweit sie volles Vertretungsrecht haben und im Rahmen dieses Vertretungsrechts Selbständigkeit und Freiheit in der Entscheidung besitzen[304]. Von manchen wird zusätzlich noch verlangt, daß die Stellvertreter auch bei Anwesenheit des Vertretenen in die Bildung der Entscheidung mit eingeschlossen sind[305].

In wesentlich engeren Grenzen will das LAG Düsseldorf[306] die Stellvertreter von leitenden Angestellten selbst als leitende Angestellte gelten lassen. Nach dieser Entscheidung soll dies nur dann möglich sein, wenn die Größe der Abteilung und die Eigenart der Arbeit die ständige Anwesenheit eines verantwortlichen Leiters erfordert und der Vertreter als zweiter, etwa gleichverantwortlicher Leiter nicht nur während der Abwesenheit des Leiters, sondern ständig wesentliche Arbeitgeberfunktionen ausübt. Es müßten demnach praktisch zwei verantwortliche Leiter des Arbeitsbereichs vorhanden sein, wie das beispielsweise in einem Schichtbetrieb ist[307].

Man wird auch für einen Stellvertreter eines leitenden Angestellten keine anderen Maßstäbe anlegen können, als bei der Abgrenzung der leitenden Angestellten schlechthin. Insofern ist auf das oben Gesagte zu verweisen. Der Stellvertreter muß also insbesondere überwiegend mit Leitungsaufgaben im weiteren Sinn betraut sein, was bei einem, wenn auch ständigen Vertreter meist nicht der Fall sein wird. In der Zeit, in der der Vertretene anwesend ist, hat eben nur dieser und nicht sein Stellvertreter die Leitungsfunktion. Aber auch in dessen Abwesenheit muß der Stellvertreter sich weitgehend an die Entscheidungen des Vertretenen halten, auch wenn dieser oft auswärts ist[308]. Dies gilt auch für einen Stellvertreter eines leitenden Angestellten, der im Schichtbetrieb tätig ist, da auch er den Weisungen des von ihm Vertretenen weitgehend unterworfen ist.

In der betrieblichen Praxis nimmt dieses Problem eine geringe Bedeutung ein. Nur bei einem Großbetrieb der chemischen Industrie werden die Stellvertreter von Betriebs- und Abteilungsleitern generell als leitende Angestellte angesehen, da sie kontinuierlich Leitungsaufgaben

---

[304] *Boldt*, ULA-Schriftenreihe, S. 20 f.; *Föhr*, DB 74/1767 ff. (1768); *Ebert*, BB 74/609 ff. (611).

[305] *Becker-Schaffner*, BlStSozArbR 72/257 ff.

[306] Beschluß vom 11. 12. 1953, AR-Blattei — Betriebsverfassung.

[307] Vgl. *Trinkhaus*, AR-Blattei — Angestellte II — Leitende Angestellte I 1.

[308] Vgl. Arbeitskreis Dr. *Krähe* — Unternehmensorganisation, S. 31.

wahrnehmen würden. In den übrigen Unternehmen ist meist der in der Hierarchie auf der nächsten Stufe stehende Angestellte Stellvertreter seines übergeordneten Vorgesetzten, so beispielsweise ist der Abteilungsleiter Stellvertreter eines Hauptabteilungsleiters. Er wird nur dann als leitender Angestellter angesehen, wenn er ohnehin aufgrund anderer Voraussetzungen zum Kreis der Leitenden zählt[309].

[309] Vgl. zum Problem des Stellvertreters auch BAG v. 5. 3. 1974, EzA § 5 BVG Nr. 7, Ziff. IV 2, und *Gaul*, Der leitende Angestellte, S. 42 f.

C. Besondere Voraussetzungen der leitenden Angestellten für das Betriebsverfassungsgesetz in § 5 Abs. 3 Nr. 1-3

Vorweg ist zu bemerken, daß in der betrieblichen Praxis die besonderen Voraussetzungen der Nr. 1—3 des § 5 Abs. 3 BVG 72 eine geringe Rolle spielen. In der Regel wird von einem vorgegebenen Begriff des leitenden Angestellten ausgegangen. Die Angestellten, die die Voraussetzungen der Nr. 1 und 2 erfüllen, sind meist schon aus anderen Gründen, z. B. wegen ihrer Linien- oder Stabsfunktion leitende Angestellte. Aber auch Angestellte mit den Voraussetzungen des § 5 Abs. 3 Nr. 3 BVG 72 werden meist schon leitende Angestellte im vorgegebenen Sinn sein.

Die Voraussetzungen der Nr. 1 und 2, die im Gegensatz zu Nr. 3 auf Befugnisse und Vollmachten abstellen, galten in einigen Entwürfen zum Betriebsverfassungsgesetz als einzig weitere Voraussetzung[1]. Erst später wurde die Nr. 3 vor allen Dingen auf Intervention von ULA und FDP angefügt[2].

Die Prüfung der besonderen Voraussetzungen der Nr. 1—3 kann auch dann nicht unterbleiben, wenn man von einem vorgegebenen Begriff des leitenden Angestellten ausgeht. Dies ergeben der Wille des Gesetzgebers und der Wortlaut des Gesetzes.

I. Einstellungs- und Entlassungsbefugnis von im Betrieb oder in einer Betriebsabteilung beschäftigten Arbeitnehmern (§ 5 Abs. 3 Nr. 1 BVG 72)

1. Delegation der Einstellungs- und Entlassungsbefugnis

Die Einstellungs- und Entlassungsbefugnis kann oft auf untergeordnete Personen delegiert sein. So gibt es, wie die Betriebsuntersuchungen zeigten, Personalleiter, die in der Betriebshierarchie auf der ersten Stufe unterhalb der Geschäftsleitung, aber auch solche, die erst auf der dritten oder vierten Stufe stehen. Nach einer Untersuchung[3] unter-

---

[1] Vgl. DGB-Entwurf in DGB-Synopse zum Betriebsverfassungsgesetz und Referentenentwurf BT-Drucksache V/3658, S. 1.

[2] Vgl. Ausschußprotokoll Nr. 45/46 des Ausschusses für Arbeit und Sozialordnung des 6. Deutschen Bundestages.

[3] „Der Personalleiter im Betrieb", Düsseldorf 1963, S. 38.

stehen 83 % der Personalleiter direkt der Geschäftsleitung, 17 % hatten Zwischenvorgesetzte. In den Großbetrieben vergrößert sich jedoch letzterer Prozentsatz auf 25 %.

2. Angestellte mit Einstellungs- und Entlassungsbefugnis

§ 5 Abs. 3 Nr. 1 BVG 72 stimmt wörtlich mit § 4 Abs. 2 c erste Alternative BVG 52 überein, insoweit haben sich also gegenüber BVG 52 keine Veränderungen ergeben.

a) Hier stellt sich die Frage, ob die Einstellungs- und Entlassungsbefugnis im Innen- und Außenverhältnis gegeben sein muß, oder ob schon eines dieser beiden Kriterien genügt.

Im Außenverhältnis erfolgen Einstellung und Entlassung zumindest in größeren Unternehmen durch eine oder mehrere Personen der Personalleitung[4]. Die Entscheidung allerdings, ob ein bestimmter Mitarbeiter eingestellt und welcher Mitarbeiter entlassen werden soll, wird teilweise in der Betriebspraxis nicht von der Personalabteilung getroffen, sondern vom Leiter des beteiligten Ressorts (z. B. Direktionsbereich, Abteilungsbereich oder sogar Meisterbereich). Meist werden Bewerber den Ressortchefs vorgestellt, die dann der Personalabteilung mitteilen, wer eingestellt werden soll. Ähnlich stellt der Ressortchef bei Entlassungen Mitarbeiter zur Verfügung. Dies genügt nach Grüll[5] für das Abgrenzungsmerkmal der Einstellungs- und Entlassungsbefugnis. Nach Dietz/Richardi[6] ist nicht die Vertretungsmacht entscheidend, maßgeblich sei vielmehr, daß der betreffende Angestellte im Innnenverhältnis gegenüber dem Arbeitgeber selbständig und eigenverantwortlich entscheiden kann. Es kommt also darauf an, wer im Innenverhältnis über Freistellung und Einstellung entscheidet und nicht wer das Einstellungsschreiben unterzeichnet. Auch in einer Reihe von Unternehmen wurde die Einstellungs- und Entlassungsbefugnis im Innenverhältnis als für § 5 Abs. 3 Nr. 1 BVG genügend angesehen.

Nach vorherrschender Meinung reicht jedoch für die Erfüllung von Nr. 1 die interne Entscheidungsbefugnis nicht aus, wenn dazu nicht ein entsprechendes Vertretungsrecht nach außen kommt[7].

Bei den Mitarbeitern der Personalabteilung liegt der Sachverhalt dagegen häufig umgekehrt. Sie haben zwar nach außen Vertretungs-

---

[4] So das Resultat der Betriebsuntersuchungen und *Fischer*, DB 72/437 ff.

[5] *Grüll*, RdA 72/174; *Grüll*, Handbuch, S. 377.

[6] Anm. 111 zu § 5 BVG.

[7] So *Fischer*, DB 72/437 ff.; *Boldt*, ULA-Schriftenreihe, S. 25 f.; *Stege / Weinspach*, S. 39; *Dietz*, Anm. 59 zu § 4 BVG 52; wohl auch *Fitting / Auffarth / Kaiser*, Anm. 24 zu § 5 BVG; auch BAG v. 19. 11. 1974, 1 ABR 20/73, EzA § 5 BVG Nr. 9, Ziff. III 3, wonach es für Nr. 1 nicht genüge, daß Entscheidungsvorschläge für die Abteilung abgelehnt werden können.

macht, können aber im Innenverhältnis nicht selbständig über Einstellung und Entlassung entscheiden. Trotzdem werden die Einstellungs- und Entlassungsbefugnis im Sinne des § 5 Abs. 3 Nr. 1 BVG in den meisten Unternehmen den Angestellten zugebilligt, die eine maßgebliche Funktion in der Personalabteilung innehaben, obwohl letztlich der entsprechende Ressortchef über Einstellung und Entlassung entscheidet.

So muß z. B. in einem Großbetrieb der Metallindustrie der Abteilungsleiter, der die Entlassung eines Arbeitnehmers herbeiführen will oder einen neuen Mitarbeiter für seine Abteilung braucht, den Weg über die Personalabteilung gehen.

Ebenso will die VELA Personen, die zwar im Innenverhältnis maßgeblichen Einfluß auf die Einstellung und Entlassung bestimmter Gruppen von Arbeitnehmern haben, nach außen dazu aber nicht befugt sind, nicht zu den Angestellten des § 5 Abs. 3 Nr. 1 BVG zählen.

In einer Reihe von Unternehmen entscheiden Fach- und Personalabteilung gemeinsam über Einstellung und Entlassung.

Witte/Bronner[8] stellten in ihren Untersuchungen fest, daß es lediglich in 24 % der untersuchten Unternehmen Personen mit Einzelkompetenz auf dem Gebiet der Einstellungen und Entlassungen gibt. In drei Viertel der Unternehmen hatte faktisch keine Person eine derartig ausschließliche Berechtigung, woraus geschlossen wird, daß die Personalvollmacht in aller Regel arbeitsteilig wahrgenommen wird.

Bei der Frage, ob man auf das Innenverhältnis gegenüber dem Arbeitgeber oder das Außenverhältnis (die formale Vertretungsbefugnis) oder auf beides abstellen soll, wird man zunächst von der Meinung des Gesetzgebers[9] ausgehen müssen, nach der die Angestellten mit Einstellungs- und Entlassungsbefugnis als Betriebsangehörige angesehen werden, die im natürlichen Gegensatz zu den übrigen Arbeitnehmern stehen.

Wenn man dazu die Praxis betrachtet, kann man erkennen, daß beispielsweise der Abteilungsleiter, der einen Arbeitnehmer zur Verfügung stellt, in diesem natürlichen Gegensatz steht, von dem der Gesetzgeber spricht. Diesen natürlichen Gegensatz erfüllt dagegen nicht der zuständige Referent der Personalabteilung, der dann nur noch die Formalitäten regelt.

Man wird also dem Leiter des beteiligten Ressorts dann die Einstellungs- und Entlassungsbefugnis im Sinne des § 5 Abs. 3 Nr. 1 BVG zugestehen müssen, wenn er zumindest für das Innenverhältnis verbind-

---

[8] Bd. 2, S. 33.

[9] Begründung des Ausschusses für Arbeit und Sozialordnung BT VI 2729, S. 11.

lich die Leute seiner Abteilung zur Verfügung stellen und neue Leute anfordern kann, insbesondere dann, wenn ihm die Möglichkeit zur selbständigen Prüfung der Eignung und Zuverlässigkeit des betreffenden Arbeitnehmers gegeben ist.

Diese Angestellten haben dann die entscheidende Machtbefugnis. Die Personenabteilung vollzieht nur formal deren Entscheidungen. Deshalb hat auch das Arbeitsgericht Aachen[10] einer Personalleiterin die für § 5 Abs. 3 Nr. 1 BVG erforderlichen Voraussetzungen abgesprochen[11]. Die rein formale Ermächtigung, Arbeitsverträge abzuschließen und Kündigungen auszusprechen sowie Anstellungs- und Kündigungsschreiben zu unterzeichnen, reicht für den vom Ausschuß[12] geforderten natürlichen Gegensatz nicht aus.

In diesen Fällen kann man den Personalreferenten nicht eine Funktion im Sinne des § 5 Abs. 3 Nr. 1 BVG zugestehen. Würde man dann nicht den Leitern der Fachabteilungen, die im Innenverhältnis Einstellungs- und Entlassungsbefugnis haben, die Voraussetzungen der Nr. 1 zubilligen, würde diese niemand erfüllen[13].

Einstellungs- und Entlassungsbefugnis im Innenverhältnis genügt für die Nr. 1. In einem Unternehmen, in dem wie in einem Betrieb der bayerischen Metallindustrie der Ressortleiter nur Empfehlungen an die Personalabteilung geben kann, wird man in der Regel nur dem Personalleiter des für den Arbeitnehmer zuständigen Personalbüros die Einstellungs- und Entlassungsbefugnis zubilligen können. Weitere Personalreferenten erfüllen die Voraussetzung der Nr. 1 nur dann, wenn sie genauso wie der betreffende Personalleiter selbständig entscheiden, also eine Auswahl unter den Bewerbern treffen können.

b) Dies führt zum nächsten für § 5 Abs. 3 Nr. 1 erforderlichen Merkmal, nämlich dem Merkmal der Selbständigkeit in der Einstellung und Entlassung von Arbeitnehmern.

Die Selbständigkeit ist dann zu verneinen, wenn die endgültige Entscheidung über Einstellung und Entlassung der Geschäftsleitung (Vorstand usw. oder einem anderen leitenden Angestellten) vorbehalten ist. Die Auswahl der Personen, die einzustellen oder zu entlassen sind, muß ohne Rückfrage beim Arbeitgeber erfolgen können[14].

---

[10] Arbeitsgericht Aachen, Beschluß vom 23. Juni 1972, 2 BV 7/72 (nicht veröffentlicht); vgl. auch *Gaul*, Der leitende Angestellte, S. 38 f.

[11] A. M. Arbeitsgericht Verden, Entscheidung vom 11. 10. 1972 in ARSt 73/50, Nr. 63, welches eine Befugnis — sowohl im Außenverhältnis (gegenüber Arbeitnehmer) als auch im Innenverhältnis (gegenüber Arbeitgeber) verlangt.

[12] Ausschuß für Arbeit und Sozialordnung BT VI 2729, S. 11.

[13] Vgl. auch *Gaul*, Der leitende Angestellte, S. 39.

[14] So *Fitting / Auffarth*, (10. Aufl.), Anm. 21 zu § 5 BVG.

So berät beispielsweise in zwei Elektrokonzernen der Leiter der zuständigen Fachabteilung gemeinsam mit der Personalabteilung über Einstellung und Entlassung von Arbeitnehmern. Das endgültige Entscheidungsrecht verbleibt aber der Personalleitung, also dem zuständigen Personalleiter oder Personalreferenten. Hier erfüllen dann nur diese die für § 5 Abs. 3 Nr. 1 BVG nötigen Voraussetzungen, nicht dagegen die Leiter der Fachabteilungen. Dagegen schadet es für die nötige Selbständigkeit[15] nicht, wenn Einstellungen und Entlassungen nur im Rahmen des Arbeitskräftebedarfs oder nach vorgegebenen allgemeinen Richtlinien des Unternehmens erfolgen dürfen[16]. Die Selbstständigkeit der betreffenden leitenden Angestellten wird hier nur durch die allgemeine Richtlinienkompetenz der Geschäftsleitung eingeschränkt. Erforderlich ist nur, daß die Einstellung und Entlassung nach eigenem Ermessen ohne die Genehmigung vorgesetzter Stellen möglich ist.

Am schwierigsten ist die Frage der Selbständigkeit der leitenden Angestellten dann zu lösen, wenn nach der betrieblichen Organisation mehrere an der Einstellung und Entlassung in der Weise beteiligt sind, daß keiner ohne den anderen eine entsprechende Maßnahme treffen kann, wenn z. B. der Personalleiter und der Fachvorgesetzte gemeinsam berechtigt sind einzustellen und zu entlassen. Dies könnte der selbständigen Berechtigung zur Einstellung und Entlassung widersprechen, wenn man selbständig mit eigenständig gleichsetzt. Eine solche Interpretation würde dazu führen, daß in den meisten Betrieben kein Angestellter die Voraussetzungen des § 5 Abs. 3 Nr. 1 BVG erfüllt, weil hier weder der Personalleiter, noch der Fachvorgesetzte eigenständig handeln können. § 5 Abs. 3 Nr. 1 BVG würde dann aber in den meisten Fällen an der Betriebspraxis vorbeigehen. Es kann jedoch nicht der Sinn dieser Vorschrift sein, daß in den meisten Unternehmen kein Angestellter die Voraussetzungen von Nr. 1 erfüllt. Um den gegenwärtigen betrieblichen Verhältnissen Rechnung zu tragen, wird man hier den Personalleiter und den Fachvorgesetzten, sofern beide gemeinsam eine wirkliche Berechtigung zur Entlassung und Einstellung haben, als Angestellte mit selbständiger Einstellungs- und Entlassungsbefugnis im Sinne des § 5 Abs. 3 Nr. 1 BVG betrachten müssen[17].

c) Weiter genügt eine Ermächtigung im Einzelfall nicht, sie muß generell für eine unbestimmte Anzahl von Fällen gegeben sein.

d) Die Ermächtigung zur Einstellung und Entlassung muß aber nicht auf alle Arbeitnehmer des Betriebes ausgedehnt werden, sondern nur

---

[15] *Boldt*, ULA-Schriftenreihe, S. 26.

[16] *Sahmer*, Anm. 17 zu § 5 BVG.

[17] *Gaul*, Der leitende Angestellte, S. 39 f.

für eine bestimmte Kategorie von Arbeitnehmern vorhanden sein[18]. Allerdings darf es sich nicht um einen nur verhältnismäßig kleinen Kreis handeln[19].

In Mittel- und Großbetrieben ist es allgemein üblich, daß Einstellungs- und Entlassungsbefugnis nur immer für eine bestimmte Gruppe von Arbeitnehmern gegeben ist.

e) Schließlich ist noch zu prüfen, wie groß die Betriebsabteilung sein muß, in der der betreffende Angestellte selbständige Einstellungs- und Entlassungsbefugnis hat.

Rüthers/Stindt[20] sind der Meinung, daß infolge der Änderung des Regierungsentwurfs im Gesetz klargestellt sei, daß die personellen Befugnisse der Nr. 1 auch über eine nicht wesentliche, d. h. kleine Betriebsabteilung genügen.

Dem widerspricht jedoch der Wortlaut des Gesetzes und die herrschende Meinung, die Einstellungs- und Entlassungsbefugnis von im Betrieb oder einer wesentlichen Betriebsabteilung beschäftigten Arbeitnehmern fordern. Bei den in der Personalabteilung zur Einstellung und Entlassung befugten Angestellten ist diese Frage unerheblich, da sie ohnehin diese Befugnis für eine bestimmte Kategorie von Arbeitnehmern haben, die entweder im ganzen Unternehmen beschäftigt sind oder in einem großen Teilbetrieb.

Anders ist es dagegen für diejenigen Angestellten, denen die Einstellungs- und Entlassungsbefugnis aufgrund ihrer Ermächtigung im Innenverhältnis zugebilligt wurde. Hier haben oft schon Gruppenleiter und Abteilungsleiter die entsprechenden Befugnisse für einen Teil ihrer Arbeitnehmer.

Man wird aber auch hier die Einstellungs- und Entlassungsbefugnis für einen wesentlichen Betriebsteil fordern müssen. Von einem wesentlichen Betriebsteil kann man in der Praxis aber meist nur dann sprechen, wenn er mindestens einen Hauptabteilungsleiterbereich umfaßt, dessen Leiter auf der zweiten, allenfalls auf der dritten Ebene unterhalb der Geschäftsleitung steht. Allerdings wird man auch bei bestimmten wichtigen Abteilungen von einer wesentlichen Betriebsabteilung sprechen können, mit der Folge, daß der Abteilungsleiter, der im Innenverhältnis Einstellungs- und Entlassungsbefugnis hat, die Voraussetzungen des § 5 Abs. 3 Nr. 2 BVG 72 erfüllt.

---

[18] *Fitting / Kraegloh / Auffarth,* Anm. 15 zu § 4 BVG 52; *Fitting / Auffarth / Kaiser,* Anm. 24 zu § 5 BVG; *Dietz / Richardi,* Anm. 111 zu § 5 BVG.

[19] *Föhr,* DB 74/1767 ff. (1769).

[20] *Rüthers / Stindt,* BB 72/976.

II. Generalvollmacht und Prokura

Generalvollmacht und Prokura sind schon seit dem Betriebsrätegesetz 1920 Kriterien für den Ausschluß aus dem personalen Geltungsbereich der gesetzlichen Betriebsverfassung.

1. Das Merkmal der Generalvollmacht

Das Merkmal der Generalvollmacht ist in der Betriebspraxis weitgehend unproblematisch[21]. Es ist kein handelsrechtlicher Begriff. Offenbar soll es im Betriebsverfassungsgesetz das Merkmal für eine weitreichende Vollmacht sein, die die Besorgung eines wesentlichen Teils der Geschäfte des Vollmachtgebers umfaßt[22]. Generalbevollmächtigte stehen im allgemeinen unterhalb des Vorstandes oder sind den Vorstandsmitgliedern in der Betriebshierarchie gleichgestellt[23]. Innerhalb eines weitgesteckten Rahmens ermächtigt die Generalvollmacht zu allen Geschäften[24]. Wer diese Vollmacht besitzt, ist ohnehin leitender Angestellter im vorgegebenen Sinn.

2. Die Prokura

a) In manchen Unternehmen ist Prokura eine Funktionsbezeichnung der Betriebshierarchie. Prokuristen in diesem Sinn gehören dann dem oberen Führungskreis auf der ersten oder zweiten Ebene unterhalb der Geschäftsleitung an[25]. Diese Angestellten sind schon wegen ihrer Stellung in der Betriebshierarchie leitende Angestellte. Gerade aufgrund dieser Stellung wurde ihnen dann die weitgehende handelsrechtliche Vollmacht der Prokura erteilt. Die leitende Position ist also Voraussetzung für die Prokuraerteilung. Diese Prokuristen sind leitende Angestellte im vorgegebenen Sinn, erfüllen § 5 Abs. 3 Nr. 2 und fallen deshalb nicht in den personalen Geltungsbereich des Betriebsverfassungsgesetzes.

b) Weiter stellt sich die Frage, ob Angestellte, denen eine im Innenverhältnis stark beschränkte Prokura erteilt wurde, die Voraussetzungen für Nr. 2 erfüllen.

---

[21] Der Begriff kommt z. B. in § 173 ZPO vor.

[22] *Sahmer*, Anm. 17 zu § 5 BVG.

[23] Ihre Rechtsstellung ist nach BAG v. 5. 3. 1974, EzA § 5 BVG Nr. 7, Ziff. III 3 a zwischen der eines Vorstandsmitgliedes und der eines Prokuristen angesiedelt.

[24] So z. B. bei Generalbevollmächtigten eines Unternehmens der eisenschaffenden Industrie; vgl. auch ‚BAG v. 5. 9. 1974, EzA § 5 BVG Nr. 7 Ziff. III 3 a.

[25] So in einer Großbrauerei, in einer Großbank und in einem Unternehmen der eisenschaffenden Industrie.

Die Prokura mit den weitgehenden Vollmachten der §§ 48 ff. HGB wird im Innenverhältnis oft beschränkt. Man kann sagen, daß sie in fast allen Großbetrieben eingeschränkt ist. Der Grad der Einschränkung ist aber verschieden, er kann nur gering sein, kann aber auch, wie bei Ehrenprokuristen, die beispielsweise nach langer Betriebszugehörigkeit die Prokura als Ehrentitel erteilt bekommen, im Innenverhältnis von den weitgehenden Vollmachten des HGB nichts mehr übriglassen. Ebenso ist es bei Prokuristen, denen Prokura zur Hebung ihres Ansehens im Geschäftsverkehr mit Dritten erteilt wird, oder Prokuristen, die nur aus Zweckmäßigkeitsgründen (etwa um stets einen Zeichnungsberechtigten zur Stelle zu haben) bestellt sind.

So ist es bei Banken, in denen die Mehrzahl der Prokuristen nur aus Gründen der Erleichterung des Geschäftsverkehrs, etwa um die Außenstellen an der IHK beteiligen zu können, Prokura erteilt bekommen, und die im Innenverhältnis weitgehend beschränkt sind, allenfalls eine engere Handlungsvollmacht haben. So bekommen oft Oberbuchhalter und Hauptkassierer von Banken Prokura.

Boldt[26] sagt dazu, daß die Beschränkung im Innenverhältnis ohne Bedeutung sei, soweit sie sich im üblichen Rahmen halte. Weiter geht noch Dietz[27], der die Voraussetzungen der Nr. 2 auch bei sogenannten Titularprokuristen als gegeben ansieht[28].

Dieser Meinung ist zu folgen. Der Begriff des leitenden Angestellten darf nicht mit den speziellen Voraussetzungen der Nr. 2 vermengt werden. In Nr. 2 ist schlechthin von Prokura die Rede. Davon, daß die Prokuristen auch im Innenverhältnis den § 48 ff. HGB entsprechende Befugnisse haben müssen, wie Rose[29] behauptet, ist nichts ausgesagt. Im übrigen ist es ja so, daß in fast allen Großbetrieben die Prokura im Innenverhältnis irgendwie beschränkt ist. Würde man Rose folgen, so würde in Großunternehmen fast niemand mehr die Voraussetzungen der Nr. 2 erfüllen, oder aber man müßte eine neue Grenzlinie nach dem Grad der Befugnisse im Innenverhältnis ziehen, was wohl kaum durchführbar ist.

Maßgebend für § 5 Abs. 3 Nr. 2 ist also allein die Prokuraerteilung.

c) Eine andere Frage ist dagegen, ob jeder Prokurist schon wegen seiner weitreichenden Vollmachten im Außenverhältnis als leitender Angestellter anzusehen ist. Dies wird u. a. bejaht von Dietz[30] und Erd-

---

[26] ULA-Schriftenreihe, S. 28.

[27] Anm. 60 zu § 4 BVG 52.

[28] Ebenso *Grüll*, RdA 72/174; die h. M. lehnt die Anwendung der Nr. 2 auf Titularprokuristen ab; vgl. *Dietz / Richardi*, Anm. 114 zu § 5 BVG; *Fitting / Auffarth / Kaiser*, Anm. 25 zu § 5 BVG; *Brecht*, Anm. 25 zu § 5 BVG.

[29] *Rose*, AuR 72/309 ff.

mann/Jürging/Kamman[31] mit dem Argument, daß die genannten Angestellten aufgrund ihrer umfassenden Vollmacht funktionsmäßig unter allen Umständen den Arbeitgeber repräsentieren und daher ihm zuzurechnen sind.

Dem ist aber zunächst zu entgegnen, daß der Arbeitgeber jedem beliebigen Angestellten, der ihm vertrauenswürdig erscheint, eine im Innenverhältnis stark beschränkte Prokura erteilen kann und damit zum leitenden Angestellten machen könnte. So käme wieder das subjektive Element des besonderen persönlichen Vertrauens in die Abgrenzungskriterien, das gerade durch den neuen § 5 Abs. 3 BVG 72 ausgeschaltet werden sollte.

Weiter kann man feststellen, daß diese Art von Prokuristen, die es besonders in Banken in größerer Anzahl gibt, funktionsmäßig gerade nicht den Arbeitgeber repräsentieren. So haben der Hauptkassierer oder der Oberbuchhalter, wie Weyrich[32] richtig betont, keinerlei Einfluß auf die Geschäftsleitung des Unternehmens.

Auch die betriebswirtschaftliche Literatur kommt zum selben Ergebnis, wenn Seydlitz-Kurzbach[33] feststellt, daß es Prokuristen gibt, die nicht die Befugnisse haben, irgendwelche Entscheidungen innerhalb ihrer Abteilungen oder ihres Aufgabenkreises zu treffen.

Der offizielle Ausschußbericht des Ausschusses für Arbeit und Sozialordnung[34] spricht von Prokuristen, die ausschließlich geschäftsleitende Funktionen wahrnehmen. Dazu zählen jedoch nicht die Titular- und Ehrenprokuristen.

Dies stimmt auch mit der Praxis in den Banken überein, in denen nach Auskunft einer Großbank die Hälfte der Prokuristen aus geschäftstechnischen Gründen Prokura erhielten, ohne daß sie gleichzeitig eine Leitungsfunktion wahrnehmen.

Eine andere Großbank hat daraus die Konsequenz gezogen und nur einen Teil ihrer Prokuristen aus dem personalen Geltungsbereich des Betriebsverfassungsgesetzes herausgenommen.

Von der Prokuraerteilung kann deshalb nicht auf die Stellung als leitender Angestellter geschlossen werden. Vielmehr muß auch der Prokurist im handelsrechtlichen Sinn unabhängig von der weitreichenden Handlungsvollmacht der §§ 48 ff. HGB zunächst die Funktion eines leitenden Angestellten im vorgegebenen Sinn wahrnehmen, um be-

---

[30] Anm. 60 zu § 4 BVG 52.

[31] *Erdmann / Jürging / Kamman*, Anm. 13 zu § 5 BVG.

[32] *Weyrich*, BB 53/354.

[33] *Seydlitz-Kurzbach*, S. 32.

[34] BT VI 2729, S. 11 f.

triebsverfassungsrechtlich eine Sonderstellung einzunehmen. Im Ergebnis gehören dann Titularprokuristen nicht zum Kreis der leitenden Angestellten.

In der Praxis spielt § 5 Abs. 3 Nr. 2 BVG 72 als zusätzliches Abgrenzungskriterium eine geringe Rolle. Der Gesetzgeber hat aber wohl zur Klarstellung, daß an der bisherigen Gesetzgebung insoweit festgehalten wird, auch im neuen § 5 Abs. 3 BVG dieses Merkmal aufgenommen.

III. Die besonderen Voraussetzungen des § 5 Abs. 3 Nr. 3 BVG

Eine dem § 5 Abs. 3 Nr. 3 BVG entsprechende Vorschrift war in den Entwürfen von DGB, DAG und SPD (Entwurf vom 16. 12. 1968)[35] sowie im Referentenentwurf des Bundesministeriums für Arbeit nicht enthalten. Mit der nunmehrigen Fassung wurde im wesentlichen der Regierungsentwurf übernommen.

1. § 5 Abs. 3 Nr. 3 BVG im Verhältnis zu § 4 Abs. 2 c BVG 52

In § 5 Abs. 3 Nr. 3 BVG sollten zunächst die Voraussetzungen des § 4 Abs. 2 c BVG 52 stärker objektiviert und an die Funktion gebunden werden[36]. Deshalb wurde einmal die Voraussetzung des besonderen persönlichen Vertrauens fallengelassen. Stege/Weinspach[37] sind dagegen nach wie vor der Meinung, daß eine besondere Vertrauensstellung nötig sei, auch wenn diese nicht mehr ausdrücklich gefordert wird. Das Merkmal „Dienstvertrag“ sei Objektivierung des bisher verlangten besonderen persönlichen Vertrauens, da kein Arbeitgeber einen der Nr. 3 entsprechenden Arbeitskreis kraft Arbeitsvertrages übertragen werde, wenn nicht ein besonderes persönliches Vertrauen gegeben ist. Dies wird jedoch zu Recht von der herrschenden Meinung abgelehnt[38].

Fraglich ist, ob mit dem Wegfall des besonderen persönlichen Vertrauens eine Erweiterung der leitenden Angestellten erfolgt ist, die unter Nr. 3 fallen. Im Skriptum der VELA wird dies mit dem Hinweis bejaht, daß es jetzt nur noch auf die Funktion ankomme[39].

Diese Funktion muß aber im Gegensatz zu § 4 Abs. 2 c BVG 52 eigenverantwortlich wahrgenommen werden. Dies ist ein Merkmal, das den Kreis der unter Nr. 3 fallenden leitenden Angestellten sicher wieder einschränkt. Inwieweit sich Verschiebungen ergeben haben, wird man

---

[35] BT V 3658, S. 1.

[36] Vgl. BT VI 2729, S. 11; *Fitting / Auffarth / Kaiser,* Anm. 26 zu § 5 BVG; *Dietz / Richardi,* Anm. 117 zu § 5 BVG.

[37] *Stege / Weinspach,* BVG 72, S. 40.

[38] Vgl. *Rüthers / Stindt,* BB 72/977.

[39] So auch *Galperin,* Leitfaden, leitender Angestellter II 2.

erst nach Prüfung des Merkmals „Eigenverantwortung" beantworten können.

Das Arbeitsgericht Frankfurt[40] plädiert jedenfalls für eine enge Auslegung der Bestimmung des § 5 Abs. 3 Nr. 3, da dieser Vorschrift nicht die Eigenschaft eines Auffangtatbestandes zukommen könne.

2. Das Merkmal „Eigenverantwortung"

Bei der Prüfung der einzelnen Tatbestandsmerkmale der Nr. 3 soll deshalb vom Merkmal „Eigenverantwortlich" ausgegangen werden.

a) Grüll[41] sieht das Merkmal der Eigenverantwortlichkeit zu Recht als das entscheidende Kriterium an. Auch die Betriebspraxis geht bevorzugt auf diese Voraussetzung ein, soweit die Nr. 3 überhaupt über den vorgegebenen Begriff des leitenden Angestellten hinaus für sie von Bedeutung ist. Bei einem Großbetrieb der Metallindustrie wird deshalb der Schwerpunkt der Stellenbewertung auf die eigenverantwortliche Tätigkeit gelegt. Nach der VELA-Schrift[42] zum Betriebsverfassungsgesetz soll für die Eigenverantwortlichkeit der Handhabung von Aufgaben genügen, daß der betreffende Angestellte Entscheidungsbefugnis in nicht unwesentlichen Fragen seines Sachgebietes hat. Boldt[43] und Fischer[44] verlangen Freiheit von sachlich eng begrenzenden Weisungen. Eine derartige Freiheit ist auch bei Teamarbeit möglich. Der BDA[45] läßt eine relative Selbständigkeit der Entscheidung genügen. Einen nicht unbeträchtlichen Ermessensspielraum im Rahmen unternehmerischer Planung fordern Erdmann/Jürging/Kamman[46], jedoch mit der Einschränkung, daß eine ausschließliche Eigenverantwortlichkeit nicht erforderlich sei. Dagegen verlangen Fitting/Auffarth/Kaiser[47] für den leitenden Angestellten, der unter § 5 Abs. 3 Nr. 3 fallen soll, Weisungsfreiheit und Selbstbestimmung im Rahmen ihres Tätigkeitsbereiches.

In der betrieblichen Praxis wird unter „eigenverantwortlich" eine Wahrnehmung von Aufgaben verstanden, die ohne nähere Konkretisierung ihres Inhalts erfüllt werden. Der leitende Angestellt müsse in der Lage sein, sich Ziele und Methoden innerhalb allgemeiner Richt-

---

[40] Beschluß vom 9. 5. 1972, BB 72/962.

[41] *Grüll*, RdA 72/173; ähnlich auch das BAG v. 19. 11. 1974, 1 ABR 50/73, EzA § 5 BVG Nr. 10, Ziff. III 1 b.

[42] Herausgegeben von der VELA 1971; vgl. *Mayer-Maly*, BB 74/1124 ff. (1127).

[43] *Boldt*, ULA-Schriftenreihe, S. 18.

[44] *Fischer*, DB 72/437 ff.

[45] Das neue Betriebsverfassungsgesetz — Leitende Angestellte.

[46] *Erdmann / Jürging / Kamman*, Anm. 14 zu § 5 BVG.

[47] *Fitting / Auffarth / Kaiser*, Anm. 26 zu § 5 BVG.

linien selbst zu setzen[48]. So hat beispielsweise ein selbständiger Physiker, der Grundlagenforschung treibt, bei einem Elektrokonzern das nötige Maß an Eigenverantwortlichkeit. Dieses kann auch aus Hilfsmerkmalen hergeleitet werden, wie beispielsweise die Verfügung über Patente zur Arbeit, die Verantwortung für ein umfangreiches Budget usw.

Auch aus der geringen fachlichen Kontrollmöglichkeit durch andere schließt man auf die Eigenverantwortlichkeit. Die Unternehmensleitung muß sich dann weitgehend auf die Entscheidungen des betreffenden Angestellten verlassen. In einem Chemiebetrieb wird als Beispiel für die Eigenverantwortlichkeit ein Forscher angegeben, der im Rahmen einer Vorentscheidung selbständig ein Produkt entwickelt. Der Auftraggeber selbst kann dann diese Arbeit zumindest inhaltlich kaum überwachen.

Die Eigenverantwortlichkeit wird nicht dadurch ausgeschlossen, daß Kontrollen durch Vorgesetzte erfolgen. Es genügt, wenn diese in einem wesentlichen Kernbereich gegeben ist[49]. Durch derartige Kontrollen wird der betreffende Angestellte nicht aus seiner Verantwortlichkeit entlassen. Bei Mitverantwortung anderer muß die Eigenverantwortlichkeit überwiegen. So hat die Rechtsprechung bei dem Leiter eines wichtigen Zweiges der Konstruktionsabteilung (Rührwerkabteilung) das nötige Maß an Eigenverantwortung bejaht, da Rührwerke in dem in Frage stehenden Betrieb einen nicht unerheblichen Anteil ausmachten[50].

Man wird deshalb in Anlehnung an Borgwardt[51] sagen können, daß Eigenverantwortlichkeit im Sinne des § 5 Abs. 3 Nr. 3 BVG dann vorliegt, wenn Entscheidungsfreiheit im wesentlichen unabhängig von inhaltlich konkretisierenden Weisungen gegeben ist und daraus eine weit über dem Durchschnitt liegende Verantwortung resultiert. Dies ist der Unterschied zur qualifizierten, hochwertigen ausführenden Tätigkeit.

Bei Teammitarbeitern ist dieses Merkmal nur gegeben, wenn der einzelne Mitarbeiter innerhalb des Teams besonders exponiert tätig ist[52].

Die Mitarbeiter eines Forscherteams gehören also nicht ohne weiteres zu den Angestellten im Sinne des § 5 Abs. 3 Nr. 3 BVG. Ein Indiz

---

[48] So ein Unternehmen der chemischen Industrie.

[49] Vgl. *Mayer-Maly*, BB 74/1124 ff. (1127).

[50] So Arbeitsgericht Aachen, Beschluß vom 23. 2. 1972, 2 BV 1/72 (nicht veröffentlicht).

[51] *Borgwardt*, DB 71/1109.

[52] So bei der überwiegenden Anzahl der Betriebe, besonders in der Automobilindustrie.

für die Eigenverantwortlichkeit der Teammitglieder dürfte auch die Organisation des Teams, nämlich ob hierarchisch oder kooperativ, sein[53].

b) Eigenverantwortlich müssen Aufgaben wahrgenommen werden. Würde man mit Höpp[54] leitende Aufgaben verlangen, dann würde man an dieser Stelle letztlich wiederum prüfen, ob eine leitende Funktion vorliegt. Dies gehört jedoch in die Prüfung beim vorgegebenen Begriff des leitenden Angestellten und nicht in die besonderen zusätzlichen Voraussetzungen der Nr. 3.

Es kann sich also um Aufgaben der Koordination, der Preisgestaltung, der Marktforschung usw. handeln. Bei der Formulierung „Aufgaben, die übertragen sind" ist die Motivation rein subjektiv aus der Sicht des Unternehmers, während ein objektives Tatbestandsmerkmal durch das Wort „regelmäßig" hinzukommt.

c) Weiter müssen im „wesentlichen" eigenverantwortliche Aufgaben wahrgenommen werden.

Die eigenverantwortlichen Aufgaben dürfen also nicht nur einen Teilbereich der Aufgaben des betreffenden leitenden Angestellten umfassen, sondern müssen diesen weitgehend im Betrieb ausfüllen, müssen also generell übertragen sein[55]. Ob Aufgaben im wesentlichen eigenverantwortlich wahrgenommen werden, ist Tat-, nicht Rechtsfrage[56].

3. Regelmäßige Übertragung dieser Aufgaben wegen ihrer Bedeutung für den Bestand und die Entwicklung des Betriebes

Im zweiten Tatbestandskomplex wird verlangt, daß diese Aufgaben dem betreffenden Angestellten regelmäßig wegen ihrer Bedeutung für den Bestand und die Entwicklung des Betriebes übertragen werden.

a) Zunächst ist die Bedeutung für den Bestand und die Entwicklung des Betriebes zu prüfen.

In der Literatur wird die Bedeutung dann bejaht, wenn die Aufgabe für die unternehmerische Zielsetzung und größenordnungsmäßig bedeutsam ist[57].

In der Praxis wird teilweise vom Fehlen des leitenden Angestellten auf dessen Bedeutung geschlossen, auf den Verlust für die Firma, auf die Lücke, die er hinterläßt und inwieweit dadurch das Unternehmen

---

[53] *Dietz / Richardi*, Anm. 120 zu § 5 BVG.
[54] *Höpp*, RdA 60/174 ff.
[55] Vgl. *Fitting / Auffarth / Kaiser*, Anm. 26 zu § 5 BVG.
[56] Vgl. *Grüll*, RdA 72/174 ff.
[57] *Grüll*, RdA 72/174 ff.

spürbar betroffen wird sowie auf die Schwierigkeit bei der Neubesetzung.

Die Bedeutung kann auch am Umsatz der Abteilung, der der leitende Angestellte vorsteht, an der Vorgesetztenstellung über eine große Zahl von Arbeitnehmern, an umfangreichen Betriebsmitteln, der technischen Anlagen, die dem Angestellten zur Verfügung stehen, des benötigten „know-how", der Möglichkeit zur selbständigen Ausarbeitung von Richtlinien für einen Betriebsteil, der Kontakte nach außen und mit anderen Stellen usw. gemessen werden.

Man wird die Bedeutung nur aus der Beachtung all dieser Umstände erkennen können. Insbesondere eine Stellenbeschreibung mit einem Punktbewertungssystem kann dabei eine wertvolle Hilfe sein. Eine betriebliche Schlüsselstelle ist für eine bedeutende Aufgabe ein wesentliches Indiz.

Die Rechtsprechung hat einem Referenten einer Rechtsabteilung[58] und einem Werksarzt, der nicht Leiter der werksärztlichen Abteilung ist[59], diese Bedeutung für den Betrieb abgesprochen, da es hier schon an einer Schlüsselstellung in einer Stabsfunktion fehle. Das Arbeitsgericht Köln[60] hat jedoch diese für § 5 Abs. 3 Nr. 3 BVG nötige Voraussetzung bei einem Betriebsführer der Braunkohlenindustrie, dem aufgrund seiner Bestellung nach § 74 ABG die Wahrnehmung der Aufgaben und Befugnisse des Bergwerksbesitzers obliegt, und der den stationären Bandbetrieb im Tagebau leitet, bejaht, da dieser Angestellte den reibungslosen Ablauf des Betriebsgeschehens im Fahr- und Bandbetrieb innerhalb eines bedeutenden Streckenabschnitts bestimme. Ebenso hat ein Grubenfahrsteiger diese Bedeutung[61].

b) Die Bedeutung muß für den Bestand und die Entwicklung des Betriebes gegeben sein. Der Wortlaut des Gesetzes fordert also sowohl Bedeutung für den Bestand als auch für die Entwicklung[62]. Man muß jedoch beachten, daß beispielsweise ein Hauptabteilungsleiter in einer Fertigungsabteilung zwar für den Bestand des Unternehmens eine verhältnismäßig große Bedeutung einnimmt, nicht jedoch für dessen Entwicklung. Umgekehrt ist es in der betrieblichen Forschung, deren führende Mitarbeiter in erster Linie für die zukünftige Entwicklung des Betriebes tätig sind. Zwar kann man sagen, daß, wenn ein leitender Angestellter sein Arbeitsgebiet nicht zielstrebig weiterbringt, sowohl

[58] Arbeitsgericht Köln, Beschluß vom 13. 4. 1972, 9 BV 19/72 (nicht veröffentlicht).

[59] Arbeitsgericht Köln, Beschluß vom 14. 6. 1972, 7 BV 17/72 (nicht veröffentlicht).

[60] Beschluß vom 30. Mai 1972, 4 BV 14/72 (nicht veröffentlicht).

[61] BAG v. 19. 11. 1974, 1 ABR 50/73, EzA § 5 BVG Nr. 10.

[62] So auch die h. M. in der Literatur; vgl. *Höpp*, RdA 60/174 ff.

der Bestand als auch die Entwicklung des Betriebes beeinträchtigt sind, da dadurch Verluste für die gegenwärtige Produktion entstehen können und damit eine neue Produktion schwerer anlaufen kann.

Die Unterscheidung in Bestand und Entwicklung läßt jedoch erkennen, daß zwischen beiden Begriffen getrennt werden soll, daß Bestand mehr auf die gegenwärtige Arbeit im Betrieb abzielt, Entwicklung mehr auf die zukünftige. Würde man für jeden leitenden Angestellten sowohl Bedeutung für den Bestand als auch für die Entwicklung verlangen, so hätte dies zur Folge, daß der Großteil der Spezialisten, obwohl sie leitende Angestellte sind, in den personalen Geltungsbereich des BVG fallen, da sie vorwiegend für die Entwicklung tätig sind. Umgekehrt wäre es genauso für die leitenden Angestellten in Fertigungsabteilungen, die in erster Linie für den Bestand des Betriebes verantwortlich sind.

Man wird deshalb mit Dietz[63] die Meinung vertreten müssen, daß Bedeutung entweder für den Bestand oder die Entwicklung genügen muß. Zumindest wird man es genügen lassen müssen, daß ein leitender Angestellter vorwiegend für den Bestand des Unternehmens oder vorwiegend für die Entwicklung arbeitet und damit der Schwerpunkt auf einer der beiden Möglichkeiten liegt[64].

Von Bedeutung für den Bestand des Betriebes kann man dann sprechen, wenn der Betrieb durch den Beitrag des leitenden Angestellten im Ablauf wesentlich beeinflußt wird, wie dies z. B. beim Leiter der Buchhaltung der Fall ist[65]. Es rechnen hierzu vor allen Dingen Schlüsselstellungen innerhalb der betrieblichen Organisation[66].

Bedeutende Aufgaben für die Entwicklung des Betriebes nehmen in erster Linie hervorragende Forschungsspezialisten wahr, nicht dagegen alle Mitarbeiter von Forschungsteams.

c) Die Aufgaben müssen „regelmäßig" übertragen werden. Dies bedeutet nach der Stellung des Wortes regelmäßig in Nr. 3, daß es nicht auf den einzelnen leitenden Angestellten ankommt, sondern auf die Position eines Angestellten dieser Art im Betrieb überhaupt, also auf die übliche Handhabung im entsprechenden Geschäftszweig[67]. Dabei muß auf die Verkehrsanschauung, auf die Praxis entsprechender Betriebe und auf die Anschauung des betreffenden Berufskreises abgestellt worden. Es kommt also auf die üblicherweise funktionelle Stel-

---

[63] *Dietz*, Anm. 60 zu § 4 BVG 52.

[64] Vgl. aber BAG v. 5. 3. 1974, EzA § 5 BVG Nr. 7, Ziff. III 1 b, das hierin einen einheitlichen Begriff sieht.

[65] Vgl. Arbeitsgericht Frankfurt/M. in ARSt 72 Heft 10, S. 145.

[66] *Dietz / Richardi*, Anm. 118 zu § 5 BVG.

[67] *Sahmer*, Anm. 18 zu § 5 BVG.

lung eines leitenden Angestellten dieser Art im Betrieb an[68]. Nicht angesprochen ist damit das Problem, ob die Aufgabenübertragung auf den Angestellten als solche ständig oder nur gelegentlich erfolgt ist, da bei nur gelegentlicher Wahrnehmung von Aufgaben eines leitenden Angestellten die Voraussetzungen für die Funktion eines leitenden Angestellten ohnehin nicht vorliegen[69].

4. Besondere Erfahrungen und Kenntnisse

Schließlich ist die Übertragung bedeutsamer Aufgaben im Hinblick auf die „besonderen Erfahrungen und Kenntnisse“ für Nr. 3 nötig. Im Hinblick auf besondere Erfahrungen und Kenntnisse bedeutet, daß diese nicht nur zufällig zu den bedeutsamen Aufgaben hinzukommen dürfen.

a) Besondere Erfahrungen werden in der Regel nur durch eine längere, vorwiegend im Betrieb erworbene Praxis gebildet[70].

Diese Erfahrungen müssen diejenigen eines Durchschnittsangestellten erheblich übersteigen[71]. Auch die Betriebspraxis geht davon aus, daß derartige Erfahrungen nicht schon beim Eintritt eines Hochschulabsolventen vorliegen, sondern daß dafür eine längere Betriebszugehörigkeit erforderlich ist. Allerdings wird man nicht soweit gehen dürfen, wie dies bei einem Metallunternehmen geschieht, jedem Hochschulabsolventen nach zwei bis drei Jahren Betriebszugehörigkeit automatisch die nötigen Erfahrungen zuzusprechen.

Es ist immer auf den Einzelfall abzustellen und zu prüfen, ob sich der betreffende Angestellte auch weit über dem Durchschnitt liegende Erfahrungen angeeignet hat. In Ausnahmefällen wird dies auch durch eine über das Studium hinausgehende Hochschularbeit geschehen können (Dissertation usw.)[72].

b) Außer den Erfahrungen sind auch besondere Kenntnisse erforderlich, die ebenfalls weit über denjenigen eines Durchschnittsangestellten liegen müssen[73]. Diese Kenntnisse werden nach übereinstimmender Ansicht in der Literatur und in der betrieblichen Praxis im Regelfall durch eine Hochschulbildung erworben. So bekommen in

---

[68] *Fitting / Auffarth / Kaiser*, Anm. 26 zu § 5 BVG.

[69] BAG v. 5. 3. 1974, EzA § 5 BVG Nr. 7, Ziff. III 1 d; so aber *Dietz / Richardi*, Anm. 119 zu § 5 BVG.

[70] Vgl. BAG ebd., Ziff. III 1 c.

[71] *Boldt*, ULA-Schriftenreihe, S. 22; *Grüll*, RdA 72/175; *Fitting / Auffarth / Kaiser*, Anm. 26 zu § 5 BVG; einschränkend *Dietz / Richardi*, Anm. 119 zu § 5 BVG.

[72] Vgl. *Fischer*, DB 72/437 ff.

[73] Vgl. BAG AP Nr. 4 zu § 4 Abs. 2 c BVG 52.

einem Unternehmen der Metallindustrie Angestellte mit Universitätsbildung die zweithöchste Punktzahl für das Stellenbewertungskriterium Ausbildung und Angestellte mit Hochschulausbildung und Promotion die höchste Punktzahl an dieser Stelle. Angestellte, die in erster Linie eine betriebliche Spezialausbildung vorweisen können, sind dann den Hochschulabsolventen gleichzustellen, wenn ihre Ausbildung einem Hochschulstudium gleichwertig ist. Dies wird man erst nach genauer Prüfung des Ausbildungsganges, der Fähigkeit zu analytischem Denken, zur Lösung von Koordinationsaufgaben und der Einsatzfähigkeit bejahen können.

5. Betrieb ist gleich Unternehmen

Es bleibt noch zu erwähnen, daß Betrieb im Sinne der Nr. 3 auch für den Begriff des Unternehmens steht[74]. Wer bedeutende Aufgaben für das Unternehmen wahrnimmt, nimmt diese Aufgaben mittelbar auch für den Betrieb wahr, da Unternehmen ein für mehrere Betriebe umfassender Begriff ist. Es wäre auch sachlich nicht gerechtfertigt, beispielsweise einen Vorstandsassistenten, der für das Unternehmen tätig wird, anders zu behandeln als einen Betriebsassistenten.

6. Anwendbarkeit des § 5 Abs. 3 Nr. 3 BVG auf alle leitenden Angestellten

In der Literatur wird zum Teil die Ansicht vertreten, daß Nr. 3 insbesondere auf Angestellte in Stabsfunktionen, bzw. auf Angestellte in herausgehobener Stellung im Beratungs-, Entwicklungs-, Forschungs-, und Konstruktionsbereich Anwendung finde. In Nr. 3 werde damit ein Kreis von Angestellten umschrieben, der die unter dieser Nummer genannten Aufgaben erfüllen kann, ohne notwendigerweise auch Leitungsfunktionen zu haben[75]. Letztlich handele es sich hier um Spezialisten, die infolge ihrer herausragenden Stellung bedeutende Funktionen für das Unternehmen wahrnehmen[76].

Dadurch würden Angestellte, die nicht typische Arbeitgeberfunktionen, wie die des Einstellens und Entlassens haben, im Wege einer unausgesprochenen Fiktion den leitenden Angestellten gleichgestellt, weil sie nach ihren Aufgaben in betriebsverfassungsrechtlicher Hinsicht ebenso zu beurteilen seien wie diese[77]. Wiedemann[78] spricht von

---

[74] Vgl. *Boldt*, ULA-Schriftenreihe, S. 18; *Grüll*, RdA 72/175.

[75] Vgl. *Sahmer*, Anm. 16 zu § 5 BVG.

[76] Vgl. für § 4 Abs. 2 c BVG 52; *Schleßmann*, DB 59/320.

[77] *Brecht*, Anm. 19 zu § 5 BVG; *Fitting / Auffarth* (10. Aufl.), Anm. 19 zu § 5 BVG; *Becker-Schaffner*, AuR 72/257.

[78] RdA 72/218.

einer Typusbeschreibung des leitenden Angestellten in § 5 Abs. 3 Nr. 3 BVG. Von Fischer[79] wird die Nr. 3 als die, die Nr. 1 und 2 umfassende Vorschrift angesehen, da nur Nr. 3 eine Funktionsbeschreibung beinhalte. Im VELA-Skriptum zieht man daraus den richtigen Schluß, daß dann die Nr. 1 und 2 überflüssig sind und allenfalls bei ihrem Vorliegen die komplizierte Prüfung der Nr. 3 umgangen werden kann.

Diese Meinungen in der Literatur widersprechen zumindest teilweise der hier vertretenen Auffassung, daß § 5 Abs. 3 BVG 72 von einem vorgegebenen Oberbegriff des leitenden Angestellten ausgeht und dieser dann noch durch die Nr. 1—3 für das BVG korrigiert wird. Danach hat die Nr. 3 die gleiche systematische Bedeutung wie die Nr. 1 und 2, wenn auch auf andere Kriterien, insbesondere die Tätigkeit, abgestellt wird. Die Nr. 3 findet demgemäß in gleicher Weise auf leitende Angestellte in Linie und Stabsfunktionen sowie auf Experten in der Forschung Anwendung.

Das BAG[80] ist der Ansicht, die Merkmale der Nr. 3 würden auf einen zu großen Teil von Angestellten zutreffen, da es in einem rationell geführten Betrieb kaum eine eigenverantwortliche Tätigkeit gäbe, die keine Bedeutung für den Bestand und die Entwicklung hat[81]. Deshalb kommt auch das BAG zu dem Ergebnis, daß die Voraussetzungen des § 5 Abs. 3 Nr. 3 BVG nicht genügen um einen Angestellten als leitenden Angestellten zu charakterisieren[82], was nur verständlich ist, wenn man weiß, daß das BAG von einer Gleichwertigkeit der Nr. 1—3 ausgeht[83].

Daß Nr. 3 auch auf leitende Angestellte in Linienfunktionen Anwendung finden muß, ergibt sich schon daraus, daß diese Angestellten sonst, wenn sie weder Einstellungs- und Entlassungsbefugnis (was in vielen Unternehmen ja der Personalabteilung vorbehalten ist) noch Prokura haben, selbst bei Vorliegen der Voraussetzungen der Nr. 3 in den personalen Geltungsbereich des Betriebsverfassungsgesetzes kommen würden. Dies wäre eine Ungleichbehandlung gegenüber den anderen leitenden Angestellten. Andererseits muß aber auch bei Angestellten mit Vorgesetztenfunktionen verlangt werden, daß sie die Voraussetzungen der Nr. 3 erfüllen, wenn die Nr. 1 und 2 auf sie nicht zutreffen.

So wird auch in einigen Betrieben die Frage aufgeworfen, ob beispielsweise alle Abteilungsleiter, die zwar als leitende Angestellte

---

[79] DB 72/437 ff.

[80] Entscheidung vom 5. 3. 1974, EzA § 5 BVG Nr. 7 Ziff. III 1 b.

[81] Insoweit ablehnend *Grüll*, BB 74/653.

[82] BAG v. 5. 3. 1974, EzA § 5 BVG Nr. 7 Ziff. III 1.

[83] BAG ebd. Ziff. III 3 b.

gelten, auch die für Nr. 3 nötigen Merkmale erfüllen. Oft sind dafür keine besonderen Kenntnisse im Sinne der Nr. 3 erforderlich. Diese leitenden Angestellten können dann keine betriebsverfassungsrechtliche Sonderstellung einnehmen.

Schließlich werden auch in Nr. 3 keine Experten usw. den leitenden Angestellten mit Arbeitgeberfunktionen im Wege einer unausgesprochenen Fiktion gleichgestellt. Wie oben festgestellt wurde, sind auch Spezialisten sowohl in betriebssoziologischer als auch in betriebsorganisatorischer Sicht leitende Angestellte. Gerade sie haben sich in letzter Zeit zu einem wesentlichen Kern der leitenden Angestellten entwickelt. In den Betrieben werden sie ebenfalls ganz überwiegend als Referenten, Fachreferenten und als leitende Angestellte behandelt. Ein Zurückgreifen auf eine Fiktion ist deshalb überflüssig, ja sogar unrichtig.

Somit ist auch bei Nr. 3 zunächst die Stellung eines leitenden Angestellten erforderlich[84]. Erst beim Vorliegen der Stellung eines leitenden Angestellten sind die Voraussetzungen der Nr. 3 zu prüfen, sofern nicht schon die Nr. 1 oder Nr. 2 vorliegt. Sind die Voraussetzungen von § 5 Abs. 3 Nr. 1 oder Nr. 2, die auf Vollmachten und Befugnisse abstellen und deren Prüfung in der Regel einfacher ist als die der Voraussetzungen der Nr. 3, erfüllt, so braucht nicht mehr auf die Nr. 3 zurückgegriffen werden.

Umgekehrt findet auch bei Vorliegen sämtlicher Voraussetzungen der Nr. 3 das Betriebsverfassungsgesetz auf den betreffenden Angestellten Anwendung, wenn er kein leitender Angestellter im oben entwickelten, vorgegebenen Sinn ist.

7. Der Begriff des leitenden Angestellten und die Nummer 3 des § 5 Abs. 3 BVG

Nun ist noch zu prüfen, ob die Merkmale der Nr. 3 in jedem Fall auch in der hier vorgeschlagenen Abgrenzung des leitenden Angestellten enthalten sind und damit die Nr. 3 an sich überflüssig machen.

Wie aber bereits oben festgestellt wurde, gibt es eine Reihe von leitenden Angestellten des mittleren Führungskreises, die die Voraussetzungen der Nr. 3 nicht erfüllen. Insoweit bedeutet dann die Nr. 3 eine weitere Einschränkung.

Andererseits muß auch, wenn die Merkmale der Nr. 3 vorliegen, gesondert geprüft werden, ob der betreffende Angestellte auch leitender Angestellter ist.

---

[84] Vgl. dazu *Weyrich*, BB 53/354; Arbeitsgericht Frankfurt, BB 72/962.

Die Betriebsuntersuchungen haben gezeigt, daß in einigen Betrieben Angestellte im Hinblick auf Nr. 3 „zu leitenden Angestellten gemacht werden“. Erinnert sei an den Elektrokonzern, bei dem die sogenannten Normalbeteiligten zwar die Voraussetzungen der Nr. 3 erfüllen, aber nicht leitende Angestellte im vorgegebenen Sinn sind und trotzdem nicht an der Betriebsratswahl teilnehmen durften.

Auch in diesen Fällen müssen die Angestellten leitende Angestellte sein.

Der Begriff des leitenden Angestellten bedeutet auch gegenüber den Nr. 1 und 2 des § 5 Abs. 3 eine Eingrenzung.

IV. Die Bedeutung von Dienststellung und Dienstvertrag

1. Die Neueinführung des Merkmals „nach Dienststellung und Dienstvertrag“ in das Betriebsverfassungsrecht

Das Merkmal „nach Dienststellung und Dienstvertrag“ wurde neu in das BVG 72 aufgenommen, und zwar erst am Schluß der Beratungen über das BVG. Noch in den Anträgen der SPD und FDP vom Herbst 1971 war statt diesem Merkmal vom besonderen persönlichen Vertrauen die Rede. Dies bedeutet eine weitere Objektivierung gegenüber dem BVG 52, in dem es nicht auf Dienststellung und Dienstvertrag, sondern auf das besondere persönliche Vertrauen ankam[85]. Daran ändert auch die Tatsache nichts, daß der Arbeitgeber meist nur dann wichtige Aufgaben per Dienstvertrag übertragen wird, wenn er persönliches Vertrauen in den betreffenden Mitarbeiter hat.

2. Unterschied von Dienststellung und Dienstvertrag

Da Dienststellung und Dienstvertrag nebeneinanderstehen, müssen beide Begriffe eine jeweils verschiedene Bedeutung haben. Man kann sagen, daß es sich bei der Dienststellung um die eingenommene Position, den funktionellen Status, also das de-facto-Verhältnis handelt, beim Dienstvertrag dagegen um die formelle Abmachung, die de-jure-Stellung. Die Gegenüberstellung der beiden Merkmale bedeutet, daß eine bloße formale vertragliche Position nicht genügt, sondern daß dazu die Stellung im Betrieb kongruent sein muß[86], d. h. die tatsächliche Wahrnehmung der übertragenen Aufgaben und die rechtsverbindliche Übertragung im Arbeitsvertrag („Dienstvertrag“) müssen sich decken.

---

[85] Vgl. *Stege / Weinspach*, S. 40.

[86] So BDA, Das neue BVG 72; *Falkenberg*, DB 72/774.

3. Dienststellung und Dienstvertrag in bezug auf die Stellung als leitender Angestellter

Fraglich ist jedoch, ob nur die Nr. 1—3 durch Dienststellung und Dienstvertrag gedeckt sein müssen oder auch die Stellung als leitender Angestellter. Nach dem Wortlaut des Gesetzes muß nur für die Nr. 1—3 des § 5 Abs. 3 BVG die Dienststellung mit dem Dientsvertrag kongruent sein. Nach einer sinngemäßen Auslegung wird man aber dazu kommen, daß gerade für das Begriffsmerkmal leitender Angestellter die bloß formale vertragliche Position nicht genügt. Eine bloß formale Vereinbarung über den Status als leitender Angestellter ist also unwirksam. Auch insoweit müssen Stellung und Vertrag übereinstimmen. Demnach muß nach dem Inhalt des Anstellungsvertrages und der Position im Betrieb sowohl Kongruenz hinsichtlich der Stellung als leitender Angestellter im allgemeinen Sinn als auch bezüglich der besonderen Voraussetzungen der Nummern 1—3 gegeben sein.

4. Das Merkmal „nach Dienststellung"

Das Merkmal „nach Dienststellung" hat in erster Linie die Funktion aufzuzeigen, daß es keine verbale Ernennung oder Beförderung zum leitenden Angestellten geben kann[87]. Personen, denen also bloß in Anerkennung ihrer Dienste ein Titel wie z. B. Prokurist verliehen worden ist, gehören zum Kreis der Belegschaft. Auch daraus kann man erkennen, daß die bloße Prokuraerteilung nicht genügt, um zum Kreis der leitenden Angestellten zu zählen.

Entscheidend ist also die Fähigkeit. Vereinbarungen über die Stellung als leitender Angestellter sind rechtlich unverbindlich, wenn sie nicht der Dienststellung entsprechen.

Die Einstellung bedeutet weiter eine selbständige Wahrnehmung der Tätigkeit als leitender Angestellter sowie der in Nummern 1—3 genannten qualifizierten Aufgaben.

Eine gelegentliche, vorläufige, aushilfsweise oder kommissarische Tätigkeit genügt dafür nicht. Angestellte, die beispielsweise nur zur Probe eingestellt sind, können demnach noch nicht die Dienststellung eines leitenden Angestellten haben. Die ständige auf unbestimmte Dauer gerichtete Tätigkeit des leitenden Angestellten fehlt hier noch[88]. Die Stelle muß also den Voraussetzungen des § 5 Abs. 3 BVG 72 entsprechen. Gemeint ist die tatsächliche Stellung im Unternehmen, die für den Standort des betreffenden Angestellten bestimmend ist. Dabei ergibt sich die

---

[87] *Wiedemann*, RdA 72/216.

[88] A. M. Arbeitsgericht Lörrach, AP Nr. 2 zu § 4 BVG 72.

Kennzeichnung als leitender Angestellter aus der Anwendung des Gesetzes auf den konkreten Lebensvorgang.

Dies hat, wenn man von einer Gleichwertigkeit der Nummern 1—3 ausgeht, auf alle drei Nummern des § 5 Abs. 3 BVG gleichmäßig zu erfolgen. Man kann deshalb weder mit Brecht[89] behaupten, das Merkmal nach Dienststellung und Dienstvertrag sei lediglich für die Nummer 3 zutreffend, da Einstellungs- und Entlassungsbefugnis sich notwendigerweise nach der Dienststellung und dem Dienstvertrag richten würden, noch mit Wiedemann[90] sagen, daß das Merkmal nach Dienststellung für Nummer 3 keine Bedeutung besitze.

Brecht ist entgegenzuhalten, daß die Vertretungsmacht des Prokuristen sowie die Befugnisse der Nummer 1 im Interesse des Verkehrsschutzes und der Beziehungen des Unternehmens zum Arbeitnehmer ausgestaltet wurde und nicht aus inneren organisatorischen Gründen. Im übrigen ist es Sache des Unternehmers, ob er eine betriebliche Position mit einer Vollmacht beispielsweise für das Personalwesen koppeln will.

Nach Wortlaut und Sinn des Gesetzes muß deshalb das Merkmal nach Dienststellung für die Nummern 1—3 in gleicher Weise gelten.

5. Das Merkmal „nach Dienstvertrag"

Fraglich ist, ob der Dienstvertrag eine konstitutive Wirkung erzeugt. Ein leitender Angestellter müßte dann ähnlich wie der Beamte eine Urkunde mit einem gesetzlich festgelegten Wortlaut in Händen haben, um als leitender Angestellter zu gelten. Dabei ist sicher nicht, wie Wiedemann[91] sagt, ausschlaggebend, daß viele leitende Angestellte in ihre Position hineingewachsen sind und infolgedessen keinen schriftlichen Vertrag haben. Dies könnte ja durch die Schriftform nachgeholt werden. In der Tat ist es auch in vielen Unternehmen so, daß der schriftliche Arbeitsvertrag eines Angestellten, der in die Funktion eines leitenden Angestellten eingerückt ist, entsprechend abgeändert wird. Gerade um spätere Auseinandersetzungen zu verhindern, wird die Schriftform bevorzugt.

Daß der Dienstvertrag kein konstitutives Merkmal ist, ergibt sich auch aus der Gegenüberstellung zum Merkmal Dienststellung, die dem Dienstvertrag entsprechen muß. Somit ist nicht der Vertrag, sondern die Tätigkeit enscheidend. Der Hinweis im Vertrag, daß jemand leiten-

---

[89] *Brecht*, Anm. 21 zu § 5 BVG.

[90] RdA 72/216.

[91] *Wiedemann*, RdA 72/216.

der Angestellter ist, genügt somit nicht, ist jedoch zweckmäßig[92]. Der Vertrag bedarf auch nicht der Schriftform; eine mündliche Vereinbarung, aus der sich das Vorliegen der leitenden Position ergibt, genügt[93]. Es kann auch eine stillschweigende Änderung des Arbeitsvertrages vorliegen, wenn beispielsweise ein Angestellter aufgrund seiner geänderten Funktion zum leitenden Angestellten geworden ist, da sonst ein „venire contra factum proprium" vorliegen würde[94]. Durch die Einräumung einer Funktion, die gewöhnlich nur leitende Angestellte innehaben, kann angenommen werden, daß der Arbeitgeber und der betreffende Angestellte eine entsprechende Vertragsänderung gewollt haben. Bei funktionalem Status ist also eine Vertragsänderung zu unterstellen. Arbeitgeber und Angestellter haben hier ja gewollt, daß der Angestellte eine leitende Tätigkeit ausübt und schon aufgrund dessen leitender Angestellter ist.

Im Vertrag selbst ist in der Regel der konkrete Aufgabenbereich zu umreißen, so daß der Tatbestand anhand des Gesetzes nachgeprüft werden kann. Eine bloße Wiederholung des Gesetzestextes oder eine allgemeine Klausel des Inhalts, daß der Betreffende leitender Angestellter ist, genügt hierfür nicht. Vielfach ist es jedoch so, daß sich die Funktion des leitenden Angestellten aus einer Stellenbeschreibung ergibt, oder die leitende Position eindeutig aus einer Dienstbezeichnung, wie z. B. der des Justitiars, hervorgeht. Dann wird der Hinweis auf die entsprechende Stellen- oder Dienstbezeichnung im Arbeitsvertrag genügen. Insbesondere in Stellenbeschreibungen ist in der Regel eindeutig die Funktion des entsprechenden Angestellten dargelegt. Gerade diese sind zur Vereinheitlichung der Einstufung von leitenden Angestellten gedacht.

Vom Gesetz abweichende Vereinbarungen sind dagegen nicht möglich, da § 5 Abs. 3 BVG zwingend ist.

6. Vermeidung von Konfliktsfällen durch einen Dienstvertrag

Da das Merkmal Dienstvertrag für die Abgrenzung des leitenden Angestellten an sich wenig hergibt, hat es in erster Linie die Bedeutung, eindeutige Kriterien für den Konfliktsfall zu schaffen. Deshalb gehen die Betriebe in zunehmendem Maße dazu über, denjenigen Angestellten, die sie als leitende Angestellte ansehen, schriftlich eine genaue Funktionsbeschreibung ihres Tätigkeitsbereiches zu geben oder auf Stel-

---

[92] So im Anleitungsmaterial der Arbeitgeberverbände für die Betriebe (1972).

[93] LAG Düsseldorf, Beschluß vom 14. 11. 72, DB 73/577; BAG, v. 5. 3. 1974, EzA § 5 BVG Nr. 7 Ziff. III 2 d; *Dietz / Richardi*, Anm. 108 zu § 5 BVG; *Fitting / Auffarth / Kaiser*, Anm. 23 zu § 5 BVG.

[94] *Rüthers / Stindt*, BB 72/976.

lenbeschreibungen, die der leitenden Stelle entsprechen, zu verweisen[95]. Eine schriftliche Funktionsbeschreibung ist deshalb zweckmäßig, weil dadurch die rechtliche Einordnung des leitenden Angestellten klar ersichtlich ist und Streitigkeiten eher vermieden werden.

Anhand einer Stellenbeschreibung im Dienstvertrag ist es auch dem Betriebsrat möglich, nachzuprüfen, ob der betreffende Angestellte dem personalen Geltungsbereich des Betriebsverfassungsgesetzes unterliegt. In dem Teil des Vertrages, der die Tätigkeit des Angestellten umschreibt, muß dem Betriebsrat bzw. dem Wahlvorstand Einsicht gewährt werden, damit es ihm leichter möglich ist, anhand der Funktionsbeschreibung festzulegen, wer zum Kreis der leitenden Angestellten gehört.

Ein Chemiekonzern hat beispielsweise in einem Antrag auf Feststellung des Status „leitender Angestellter“ folgende Kriterien aufgenommen: Berufsjahre, Ausbildung, Handlungsvollmacht, Wettbewerbsvereinbarung, Berufserfahrung, Aufgaben, Schwerpunkt der persönlichen Verantwortung und Beeinflussung unternehmerischer Entscheidungen in gewissem Maße. Die überwiegende Anzahl der Unternehmen verläßt sich aber nach wie vor auf mündliche Vereinbarungen.

---

[95] So in Betrieben verschiedener Industriezweige.

D. Besondere Probleme bei der Feststellung des Kreises der leitenden Angestellten für die Betriebsratswahl

Vorweg ist festzustellen, daß wie bereits ausgeführt wurde, für die Frage, wer leitender Angestellter ist und wer die Nummern 1—3 erfüllt, objektive Kriterien ausschlaggebend sind: niemand kann also von sich aus jemanden zum leitenden Angestellten ernennen. Die gesetzliche Abgrenzung der leitenden Angestellten ist zwingend und kann weder durch Betriebsvereinbarung noch durch Tarifvertrag abweichend vom Gesetz geregelt werden[1]. Die Eintragung in die Wählerliste ist zwar formelle Voraussetzung für die Ausübung des Wahlrechts zur Betriebsratswahl (§ 2 Abs. 3 WO), hat aber keine konstitutive Bedeutung. Es müssen noch die materiellen Voraussetzungen für die Position eines leitenden Angestellten vorliegen[2]. Trotzdem ist in der betrieblichen Praxis die Frage, wer den Kreis der leitenden Angestellten bestimmt, von erheblicher Bedeutung.

Über Streitigkeiten zwischen Arbeitgeber und Wahlausschuß/Betriebsrat entscheidet das Arbeitsgericht im Beschlußverfahren (§ 2 Abs. 1 Nr. 4 Arbeitsgerichtsgesetz, Angelegenheit der Betriebsverfassung, § 124 Nr. 1 BVG), bei dem den Tatsachengerichten in der Frage der Abgrenzung ein gewisser Beurteilungsspielraum einzuräumen ist[3].

I. Wer „bestimmt" den Kreis der leitenden Angestellten?

Die Frage nach der Bestimmung des Kreises der leitenden Angestellten wurde auch in den Ausschußberatungen zum Betriebsverfassungsgesetz besonders hervorgehoben. Dabei verwarf man zu Recht den in § 18 c des CDU/CSU-Entwurfs gemachten Vorschlag, daß im Streitfall die Einigungsstelle, also letztlich Arbeitgeber und Betriebsrat gemeinsam darüber zu entscheiden haben, wer zum Kreis der leitenden Angestellten gehört. Dies erfolgte unter dem Hinweis, daß es sich dabei um eine Rechtsfrage handle, über die nur die Gerichte entscheiden könnten[4].

---

[1] H. M.: BAG v. 5. 3. 1974, EzA § 5 BVG Nr. 7 Ziff. II 2; *Dietz Richardi*, Anm. 123 zu § 5 BVG; *Fitting / Auffarth / Kaiser*, Anm. 28 zu § 5 BVG.

[2] BAG ebd.; *Dietz / Richardi*, Anm. 1 zu § 2 WO.

[3] Vgl. BAG v. 5. 3. 1974, EzA § 5 BVG Nr. 7 Ziff. IV 2.

[4] Vgl. Vorschläge der ULA zur Änderung des BVG vom 2. 3. 1971.

Die Abgeordneten Schmidt (Kempten) und Nölling[5] waren der Meinung, daß letztlich der Betriebsrat bestimme, wer leitender Angestellter ist. Nach den DAG-Vorschlägen zum Betriebsverfassungsgesetz sollte der Wahlvorstand entscheiden, wer in die Wählerliste aufgenommen wird, wobei eine Einsicht in die Arbeitsverträge erforderlich sei. Dies veranlaßte den Abgeordneten Apel[6] zu der Bemerkung, daß dann letztlich derjenige, der den Arbeitsvertrag gestaltet, bestimmt, wer leitender Angestellter ist. Apel dürfte jedoch entgegenzuhalten sein, daß die Gestaltung im Arbeitsvertrag der objektiven Funktion des leitenden Angestellten entsprechen muß.

Bei der Frage, wie der Kreis der leitenden Angestellten bestimmt werden soll, ist zunächst davon auszugehen, daß es gemäß § 2 Wahlordnung dem Wahlvorstand obliegt, die Wählerliste zu erstellen, in die er die wahlberechtigten Arbeitnehmer, also nicht die leitenden Angestellten, aufzunehmen hat.

Man könnte daraus entnehmen, daß der Wahlvorstand auch zunächst (unabhängig von einem evtl. späteren Beschlußverfahren) implicite die Entscheidung trifft, ob jemand leitender Angestellter ist und zusätzlich eine der in Nummern 1—3 geforderten Voraussetzungen erfüllt und demnach nicht auf die Wählerliste kommt[7].

In der betrieblichen Praxis wurde meistens zunächst der Kreis der leitenden Angestellten von der Unternehmens- oder Betriebsleitung bestimmt und dem Betriebsrat oder dem Wahlvorstand übermittelt. In der Regel nahm dann der Wahlvorstand diesen Kreis von Angestellten nicht in die Wählerliste auf. Es gab aber auch Fälle, in denen entgegen der Mitteilung der Geschäftsleitung ein Teil der Angestellten, die die Firmenleitung als leitende Angestellte bezeichnete, in die Wählerliste aufgenommen wurde[8]. Gegen die Richtigkeit der Wählerliste kann gemäß § 4 Wahlordnung Einspruch eingelegt werden, über den dann wiederum der Wahlvorstand entscheidet. Insoweit hat der Wahlvorstand tatsächlich das Entscheidungsrecht darüber — abgesehen von einem späteren arbeitsgerichtlichen Beschlußverfahren —, wer aktiv und passiv für die Betriebsratswahl wahlberechtigt ist.

In anderen Betrieben wiederum erhielt der Wahlvorstand nur eine Liste derjenigen Arbeitnehmer, die von der Geschäftsleitung als nicht-

---

[5] Zur Sache 1/72, S. 114.

[6] Protokolle Nr. 45/46 des Ausschusses für Arbeit und Sozialordnung, S. 35, 36.

[7] So auch *Kehrmann / Schneider*, BlStSozArbR 72/82; Halberstadt, Mitwirkung und Mitbestimmung des Arbeitnehmers; ebenso Meinung des DGB (Synopse zum BVG).

[8] Vgl. dazu auch *Witte / Bronner*, Bd. 1 S. 51 ff., der in 18 % der untersuchten Unternehmen Einwände des Betriebsrates konstatierte.

leitende Angestellte angesehen wurden. In diesem Verfahren hat der Wahlvorstand nicht die Möglichkeit nachzuprüfen, ob die nicht genannten Angestellten tatsächlich die Funktion eines leitenden Angestellten einnehmen und deshalb nicht auf die Wählerliste gesetzt werden können. Dadurch wird in unzulässiger Weise in den Entscheidungsspielraum des Wahlvorstandes eingegriffen. Deshalb ist dieses Verfahren abzulehnen.

So ist wohl die Handlungsweise eines Elektrounternehmens, in dem die Firmenleitung den Kreis der leitenden Angestellten dem Wahlvorstand vorschlägt und dann gemeinsam mit diesem nochmals jeden der einzelnen Fälle überprüft, die geeignetste Lösung für die Bestimmung des Kreises der die Voraussetzungen der Nummern 1—3 erfüllenden leitenden Angestellten.

Dem Betriebsrat bzw. dem Wahlvorstand wird man zumindest in den, den funktionalen Tätigkeitsbereich des betreffenden Angestellten beschreibenden Teil des Arbeitsvertrages Einsicht gewähren müssen, da dieser ein wesentlicher Hinweis auf den Kreis der leitenden Angestellten ist[9]. Im übrigen trägt der Arbeitgeber gegenüber dem Gericht in diesem Fall die Informationslast und hat darzulegen, warum der entsprechende Angestellte der Unternehmensleitung zuzurechnen ist[10].

Oft ist nur aus dem Arbeitsvertrag ersichtlich, welche Funktion der leitende Angestellte innehat.

Um einen den betrieblichen Erfordernissen gerecht werdenden Kreis von leitenden Angestellten zu finden, wird man aber der Unternehmensleitung zunächst das Vorschlagerecht für den Kreis der leitenden Angestellten zugestehen müssen. Letztlich kann ja auch der Arbeitgeber durch die Gewährung entsprechender Funktionen auf die Stellung als leitender Angestellter wesentlichen Einfluß nehmen. Die Unternehmensführung muß die Möglichkeit zur Abgrenzung der zum Führungskreis gehörenden Angestellten haben. Nur so kann man dem Sinn der Herausnahme der leitenden Angestellten aus dem Betriebsverfassungsgesetz gerecht werden. Es ist auch kein Eingriff in die Kompetenz des Wahlvorstandes, wenn zur Abgrenzung des Personenkreises, der nicht auf die Wählerliste kommen soll, die Rechtsansicht der Unternehmensleitung gegeben wird[11].

Am Rande sei noch erwähnt, daß es nach dem Beschluß des LAG Düsseldorf vom 29. 5. 1972[12] ein Verstoß gegen § 20 Abs. 1 Betriebsverfas-

[9] So ArbG Köln, Beschluß v. 29. 6. 1974, 4 BV 14/72 (nicht veröffentlicht).

[10] LAG Düsseldorf v. 27. 8. 1974, EzA § 83 ArbG Nr. 10 = EzA § 5 BVG Nr. 13.

[11] So Arbeitsgericht Mönchen-Gladbach, Beschluß vom 5. 4. 72 (nicht veröffentlicht). Dem einzelnen Unternehmer kann ja auch nicht, wie das BAG (v. 19. 11. 1974, EzA § 5 BVG Nr. 9 Ziff. III 2 f) richtig sagt, die Gestaltung seiner Organisation vorgeschrieben werden.

sungsgesetz ist, wenn von der Firmenleitung ein Schreiben an diejenigen Angestellten, die nach Meinung der Firmenleitung leitende Angestellte sind, mit der Rechtsansicht derselben gerichtet wird. Dabei genüge es, wenn dies nur in Form von Hinweisen und Empfehlungen geschieht. Man wird dabei aber auch das Interesse der Firmenleitung an einem derartigen Hinweis an den Kreis der Angestellten, der wegen seiner Leitungsfunktion der Unternehmensführung zuzurechnen ist, beachten müssen.

Schließlich ist noch zu bemerken, daß die Eigenschaft, leitender Angestellter zu sein natürlich auch außerhalb der Betriebsratswahl von Bedeutung ist. Leitende Angestellte haben beispielsweise nur wenig von den Rechten, die den übrigen Arbeitnehmern und deren Vertretungen durch das BVG eingeräumt werden.

II. Antragsrecht im arbeitsgerichtlichen Beschlußverfahren

Es bleibt noch die Frage, wer nach Verwerfung eines Einspruchs gegen die Wählerliste für das arbeitsgerichtliche Beschlußverfahren ein Antragsrecht hat. Insbesondere soll geprüft werden, ob beim leitenden Angestellten dadurch ein rechtliches Betroffensein vorliegt.

Höpp[13] gesteht ein Anfechtungsrecht nur dem Betriebsrat, dem Arbeitgeber und dem Arbeitnehmer zu, der nicht in die Wählerliste eingetragen wurde. Nicht antragsberechtigt soll also derjenige sein, der, obwohl er nach seiner eigenen Meinung leitender Angestellter ist, in der Wählerliste Aufnahme gefunden hat. Ihm fehlt nach Kehrmann / Schneider[14] ein Rechtsschutzinteresse für das Beschlußverfahren, da der Angestellte ja nicht von seinem Wahlrecht Gebrauch machen müsse. Boldt[15] ist dagegen der Ansicht, daß auch der, der glaubt, leitender Angestellter zu sein, feststellen lassen kann, ob er leitender Angestellter ist und die für das Betriebsverfassungsgesetz erforderlichen zusätzlichen Voraussetzungen erfüllt, z. B. dann, wenn er mit Zustimmung des Arbeitgebers in die Wählerliste aufgenommen wurde[16].

Problematisch ist hier also der Fall, in dem jemand glaubt, leitender Angestellter zu sein, obwohl er in die Wählerliste eingetragen wurde, und zwar mit Zustimmung des Arbeitgebers. Ist schon der Arbeitgeber gegen die Eintragung, so wird er meist selbst den Antrag auf das Beschlußverfahren stellen, um zu verhindern, daß ein Angestellter, der

[12] 4 BV 8/72 (nicht veröffentlicht).

[13] *Höpp*, RdA 60/174 ff.

[14] *Kehrmann / Schneider*, BlStSozArbR 72/82.

[15] *Boldt*, ULA-Schriftenreihe, S. 44.

[16] So auch Arbeitsgericht Köln, 7 BV 17/72, Beschluß vom 14. 7. 72 (nicht veröffentlicht).

zur Unternehmensführung zumindest im weiteren Sinn gehört, in den personalen Geltungsbereich des Betriebsverfassungsgesetzes fällt.

Man wird aber auch im Falle der Zustimmung des Arbeitgebers zur Aufnahme eines Angestellten in die Wählerliste demjenigen, der glaubt leitender Angestellter zu sein, ein Antragsrecht zubilligen müssen, und dies nicht zuletzt deshalb, weil nach dem neuen Betriebsverfassungsgesetz objektiv funktionale Kriterien für die Abgrenzung des leitenden Angestellten ausschlaggebend sind. Würde man einem solchen Angestellten das Antragsrecht verweigern, so hätte er trotz einer gegenteiligen funktionalen Stellung im Betrieb keine Möglichkeit, nach Verwerfung seines etwaigen Einspruches gegen die Eintragung in die Wählerliste vorzugehen. Nach Beschluß des Arbeitsgerichtes Köln vom 30. 5. 1972[17] ist der Angestellte betroffen, da die Einordnung seines Rechtsverhältnisses innerhalb des Betriebes für betriebsverfassungsrechtliche Beziehungen geklärt werden soll. Dabei genüge es schon, daß Interessen eines Angestellten an der Klärung seiner betriebsverfassungsrechtlichen Stellung erst für die Zukunft vorliegen. Im übrigen kann der Angestellte dadurch, daß er in die Arbeitnehmersolidarität einbezogen wird, in den oben erwähnten Interessenkonflikt kommen. Auch dies ist ein für das Rechtsschutzbedürfnis relevantes Interesse an einer Entscheidung[18]. Dieses Interesse kann auch nicht durch den Einwand von Kehrmann / Schneider ausgeräumt werden, daß der Angestellte ja nicht an der Wahl zum Betriebsrat teilnehmen brauche. Der Interessenkonflikt besteht unabhängig von einer Teilnahme an der Wahl zum Betriebsrat.

Auch das BAG hat in seiner neuesten Rechtsprechung eindeutig die Antragsbefugnis des leitenden Angestellten bejaht[19]. Es begründet dies damit, daß auch für den betreffenden Angestellten der Ausgang des Beschlußverfahrens von besonderer Bedeutung sei, da er unmittelbar in seiner betriebsverfassungsrechtlichen Rechtsstellung berührt werde[20]. Im übrigen sei für das Beschlußverfahren eine gewisse Großzügigkeit geboten, weil es hier anders als im Urteilsverfahren weniger um die Feststellung streitiger Leistungsansprüche, als vielmehr um die Abgrenzung gegenseitiger Kompetenzen im Bereich des Betriebsverfassungsrechts gehe. Bei der Frage des Rechtsschutzinteresses können deshalb nicht die strengen Anforderungen des Zivilprozeßrechts (§ 256 ZPO) zur Anwendung kommen[21].

---

[17] 4 BV 14/72 (nicht veröffentlicht).

[18] So BAG in AP Nr. 1 zu § 82 BVG; *Neumann-Duesberg,* Anm. zu BAG,AP Nr. 3 zu § 63 BVG.

[19] Vgl. BAG v. 17. 12. 1974, EzA § 5 BVG Nr. 11, 12.

[20] BAG ebd. Ziff. II 2.

[21] BAG v. 17. 12. 1974, 1 ABR 131/73, EzA § 5 BVG Nr. 11 Ziff. II 2.

Somit hat der betroffene Angestellte ein Antragsrecht im arbeitsgerichtlichen Beschlußverfahren.

Schließlich ist das Rechtschutzinteresse auch zu bejahen, wenn es nicht mehr um einen akuten Streitfall geht, z. B. wenn die Betriebsratswahl weder nichtig ist, noch angefochten wurde[22]. Das Rechtschutzbedürfnis liegt bei Streitigkeiten über die Frage, ob jemand leitender Angestellter ist, in diesem Fall deshalb vor, weil jederzeit ein konkreter Streitfall auftreten kann (z. B. bei Kündigung oder Umgruppierung des betreffenden Angestellten) und die den Streit klärende Entscheidung eine Befriedungsfunktion auch für künftige Streitfälle hat[23].

Schließlich entfällt das Rechtschutzinteresse bei einem Beschlußverfahren über die Frage, ob ein Angestellter leitender Angestellter ist für beide Anträge auch dann nicht, wenn sich der negative Feststellungsantrag (z. B. des Betriebsrates) mit einem positiven Feststellungsantrag (z. B. des betroffenen Angestellten) begegnet. Dies ergibt sich daraus, daß bei der Rücknahme eines Antrags (was nach § 81 Abs. 2 ArbGG jederzeit möglich ist) auch die betriebsverfassungsrechtliche Stellung des Arbeitnehmers geklärt werden und nicht eine bloße Zurückweisung erfolgen soll[24].

---

[22] BAG, Entscheidungen v. 19. 11. 1974, EzA § 5 BVG Nr. 9, 10 und v. 28. 1. 1975, EzA § 5 BVG Nr. 16; Kraft Anm. zur Entscheidung des BAG v. 5. 3. 1974, EzA § 5 BVG Nr. 7 ist dagegen der Ansicht, es müsse zur Bejahung des Rechtsschutzbedürfnisses immer ein konkreter Streitfall vorliegen.

[23] BAG v. 19. 11. 1974, EzA § 5 BVG Nr. 9, 10 Ziff. II 1 und 28. 1. 1974, EzA § 5 BVG Nr. 16 Ziff. II 2; vgl. auch LAG Düsseldorf v. 27. 8. 1974, EzA § 83 ArbGG Nr. 10 = EzA § 5 BVG Nr. 13.

[24] BAG v. 17. 12. 1974, 1 ABR 131/73, EzA § 5 BVG Nr. 11 Ziff. II 1.

E. Zusammenfassung zu Teil I

I. In § 5 Abs. 3 BVG ist der Begriff des leitenden Angestellten vorgegeben.

Der Begriff des leitenden Angestellten ist mit den besonderen Voraussetzungen der Nummern 1—3 des § 5 Abs. 3 BVG nicht identisch.

II. Für die Abgrenzung der leitenden Angestellten von den übrigen Arbeitnehmern sind neben der Wortbedeutung des Begriffs „leitender Angestellter" und der Verkehrsanschauung in erster Linie Gesichtspunkte der Betriebssoziologie, der Betriebsorganisation und der Betriebspraxis maßgebend. Danach werden zu den leitenden Angestellten Arbeitnehmer gerechnet, die im Betrieb oder Unternehmen eine Leitungsfunktion im weiteren Sinn einnehmen. Dazu zählen einmal Angestellte des oberen Führungskreises und der mittleren Führungsschicht, dem sog. „middle-management" bis etwa zur Hauptabteilungs- und in Ausnahmefällen bis zur Abteilungsleiterebene, soweit die selbständige Weisungsbefugnis im Verhältnis zur reinen ausführenden Tätigkeit und dem Vollzug von Leitungsmaßnahmen überwiegt.

Weiter gehören zu den leitenden Angestellten im vorgegebenen Sinn Stabsangestellte, die unternehmerische Entscheidungen in maßgeblicher Weise beeinflussen, wie Leiter von Stabsstellen und Vorstandsassistenten sowie bestimmte Spezialisten, die durch ihre Tätigkeit die Geschäftsergebnisse eines Betriebes oder Unternehmens entscheidend mitbestimmen und deshalb weitgehend mit der Unternehmensführung zu identifizieren sind.

Der vorgegebene Begriff des leitenden Angestellten deckt sich mit der Interessenlage der beteiligten Gruppen und dem Zweck des Betriebsverfassungsgesetzes.

III. Um nicht in den personalen Geltungsbereich des Betriebsverfassungsgesetzes zu fallen ist außer der Eigenschaft eines leitenden Angestellten die Erfüllung einer der besonderen Voraussetzungen der Nummern 1—3 des § 5 Abs. 3 BVG erforderlich. Beide Voraussetzungen müssen kumulativ vorliegen.

Zweiter Teil

Die Zulässigkeit von Sondervertretungen für leitende Angestellte im Rahmen des Betriebsverfassungsrechts

Im Betriebsverfassungsgesetz 1972 ist, wie auch im Betriebsverfassungsgesetz 1952, keine Interessenvertretung für leitende Angestellte vorgesehen. Das BVG 72 hat damit darauf verzichtet, den betriebsverfassungsrechtlichen Standort der leitenden Angestellten zu bestimmen.

Dagegen sah der Entwurf der CDU/CSU-Fraktion in seinen § 98 ff. für leitende Angestellte die Bildung von Sprecherausschüssen und in Unternehmen mit mehreren Betrieben die Bildung eines Gesamtsprecherausschusses vor. Diese Sprecherausschüsse sollten durch besondere Unterrichtungs- und Erörterungsrechte die spezifischen Belange der leitenden Angestellten wahrnehmen und die Befugnis haben, kollektive Vereinbarungen über Arbeitsverhältnisse der leitenden Angestellten mit dem Arbeitgeber zu treffen. Mit dem Betriebsrat waren gemeinsame, vierteljährliche Sitzungen zur Herstellung einer Verbindung vorgesehen.

Die Ausschußmehrheit des Ausschusses für Arbeits- und Sozialordnung[1] lehnte jedoch diesen Vorschlag mit dem Hinweis ab, daß die betriebssoziologische Stellung der leitenden Angestellten noch nicht abschließend beurteilt werden könne und es der Mehrheit des Ausschusses noch ungewiß erscheine, ob unter Berücksichtigung sowohl der Interessen der leitenden Angestellten als auch der Interessen der übrigen Arbeitnehmer des Betriebes die Errichtung einer Sondervertretung für leitende Angestellte oder vielmehr die Integration in den Betriebsrat — gegebenenfalls unter Gewährung gewisser Sonderrechte — die sachgerechterer Lösung darstelle. Daher schien es der Mehrheit des Ausschusses für nicht geraten, die etwa noch offenen Fragen durch die gesetzliche Errichtung von Sprecherausschüssen für leitende Angestellte im gegenwärtigen Zeitpunkt vorwegzunehmen.

Es ist deshalb zu untersuchen, ob es zulässig ist, ohne ausdrückliche Anordnung aufgrund betrieblicher Initiative Sondervertretungen für

[1] BT VI 2729 S. 12.

leitende Angestellte zu bilden. Weiter stellt sich die Frage, welche Aufgaben sie gegebenenfalls wahrnehmen können und aufgrund welcher Rechtsgrundlage dies geschehen könnte. Insbesondere ist zu prüfen, inwieweit der Gesetzgeber eine bewußte Lücke gelassen hat, die Raum zur eigenen Gestaltung in den Betrieben gibt.

A. Notwendigkeit einer gesonderten Interessenvertretung für leitende Angestellte

Bevor die rechtliche Zulässigkeit von Sprecherausschüssen geprüft wird, ist zu untersuchen, ob für die leitenden Angestellten überhaupt ein Bedürfnis für die Bildung einer eigenen Interessenvertretung im Betrieb besteht.

I. Geschlossene soziale Gruppe — „dritte Kraft"

Zunächst ist dabei zu prüfen, ob leitende Angestellte im betrieblichen Kräftespiel eine „dritte Kraft" zwischen Arbeit und Kapital bilden.

1. Leitende Angestellte als „dritte Kraft" wegen ihrer Stellung als Arbeitnehmer in der Unternehmensführung

Die Meinung, daß leitende Angestellte eine „dritte Kraft" im Unternehmen bilden, wird insbesondere von den Verbänden der leitenden Angestellten vertreten, derzufolge diesen ein gebührender Platz in der Wirtschaftsordnung zugewiesen werden müsse[1]. Diese Ansicht stützt sich auf die These, daß leitende Angestellte ausgleichend und vermittelnd zwischen den polaren Gruppen Arbeitgeber und Arbeitnehmer wirken und damit zur Erhaltung des Betriebsfriedens beitragen würden[2]. Es sei gesicherte Erkenntnis, daß mit der Hinwendung der Gesellschaft von der Klassen- zur Leistungsgesellschaft die Unterscheidung Arbeitgeber/Kapital überholt sei und es daneben einer besonderen gestaltenden Kraft bedürfe, die von Schumpeter unternehmerische Energie genannt wurde, deren Hauptträger wiederum die leitende Angestellten seien[3].

In den letzten zwei Jahrzehnten wird zunehmend die These vertreten, daß zwischen den beiden Gruppen Unternehmer und Arbeitnehmer, also zwischen den Produktionsfaktoren Arbeit und Kapital noch eine weitere Gruppe oder Kraft besteht, die keiner dieser beiden Faktoren zugerechnet werden könne. Galbraith[4] stellt die These von der Vorherr-

---

[1] So *Vester*, DLA 68/63; DLA 69/43 u. a.; vgl. auch *Wiegand*, Der leitende Angestellte als Arbeitnehmer; *Trinkhaus*, Arbeitsrechtsblattei-Angestellte II — leitende Angestellte I 1 c.

[2] *Vester*, DLA 69/43.

[3] *Vester*, DLA 69/94.

schaft der Technostruktur auf, wobei sich diese aus den Führungskräften zusammensetzt, die allerdings nicht unbedingt mit den leitenden Angestellten identisch sind. Schelsky[5] spricht von der bedeutenden Rolle der Experten im Staat. Zwischen Arbeit und Kapital besteht danach eine „dritte Kraft"[6]. Die leitenden Angestellten würden, so wird weiter behauptet, 80 % der betrieblichen Entscheidungen treffen. Sie seien am Vorbereiten, am Treffen und Kontrollieren von Unternehmerentscheidungen beteiligt. Mithin nähmen sie eine eigene Entscheidungsebene ein, die das Betriebsverfassungsgesetz weder der Arbeitnehmerebene noch der Eigentümer — Unternehmerebene zurechne[7].

Demzufolge geht auch der ULA-Gesetzentwurf zum Betriebsverfassungsgesetz[8] von einer Doppelstellung der leitenden Angestellten aus. Er nimmt an, daß die leitenden Angestellten in einer Person Unternehmerfunktionen mit ihrer eigenen Arbeitnehmerstellung vereinigen.

Es wird zwar zugestanden, daß die engere Unternehmensleitung (Vorstand, Geschäftsführung usw.) die endgültigen Entscheidungen nicht delegieren kann. Diese könnten jedoch regelmäßig erst getroffen werden, wenn die wirtschaftliche Vermittlergruppe, die leitenden Angestellten, die wichtigsten Vorarbeiten wertausfüllend und nicht nur nachvollziehend geleistet hat, ohne die verantwortliche unternehmerische Entscheidungen nicht möglich seien. Entscheidend sei somit die Mittlerrolle, die die leitenden Angestellten einnehmen würden. Dem Einwand von Mayer-Maly[9], daß diese Aufgaben von allen Angestellten wahrgenommen würden, begegnet Borgwardt[10] mit dem Hinweis, daß sich das Problem bezüglich einer Doppelstellung erst stelle, wenn die leitenden Aufgaben von wesentlicher Bedeutung sind, besondere Kenntnisse erfordern usw.

Weiter wird die Theorie einer eigenständigen sozialen Gruppe, die als dispositiver Faktor zwischen Arbeit und Kapital stehen soll, mit dem Gruppenbewußtsein[11], das die überwiegende Anzahl der leitenden Angestellten hätte, zu untermauern versucht[12]. Nur ein Viertel der leiten-

---

[4] Die moderne Industriegesellschaft, 1970.

[5] Der Mensch in der wissenschaftlichen Zivilisation, 1961.

[6] Vgl. *Alasco*, Intelectual Capitalism: A Study of Changing Ownership and Control in Modern Industrial Society, 1950; *Gross*, Geist- und Fähigkeitskapital, 1971, wo von hochqualifiziertem Wissen als Produktivkraft die Rede ist.

[7] *Borgwardt* (ULA), DB 71/1106.

[8] Abgedruckt in DLA 68 Heft 11.

[9] *Mayer-Maly*, Arbeiter und Angestellte, Arbeits- und sozialrechtliche Schriftenreihe 1969 S. 48.

[10] *Borgwardt*, RdA 73/72.

[11] Zum Selbstverständnis der leitenden Angestellten vgl. *Hartmann*, Leitende Angestellte (Selbstverständnis).

den Angestellten fühlt sich ausschließlich zur Unternehmerseite hingezogen, zur Arbeitnehmerseite dagegen nur ein verschwindend kleiner Prozentsatz[13]. Die leitenden Angestellten hätten ein ausgeprägtes Gefühl der Zusammengehörigkeit und Selbständigkeit[14].

Nach den Untersuchungen von Hartmann[15] zum Selbstverständnis der leitenden Angestellten, nehmen etwa 50 % dieses Personenkreises für sich in Anspruch eine Sonderstellung im Betrieb zwischen Arbeit und Kapital innezuhaben, während sich 28 % als der Arbeitgeberseite zugehörig ansehen und 6 % sich mit der Arbeitnehmerschaft verbunden fühlen, wobei die von Hartmann befragten Personen, wenn auch nicht gänzlich, so doch zum großen Teil, leitende Angestellte im Sinne der im Teil I entwickelten Abgrenzung sind[16]. Eine Sonderstellung zwischen Unternehmensleitung und Arbeitnehmer wird unter anderem mit der besonderen Tätigkeit der leitenden Angestellten (38 %), mit der mangelnden Vereinbarkeit mit den Interessen anderer Gruppen (20 %), mit der rechtlichen Sonderstellung nach dem BVG, der hierarchischen Stellung im Betrieb (11 %) und der Eigenheit der Interessen der leitenden Angestellten (7 %) begründet. Nur 2 % verwiesen auf eine Mittlerfunktion der leitenden Angestellten[17]. Dabei war in der Produktion und in der Forschung, bei Ingenieuren und Naturwissenschaftlern der Anteil derjenigen, die eine eigenständige Position im Unternehmen vertraten mit 70 % der Befragten besonders hoch. Gerade hier ist aber zweifelhaft, ob man diesen Personenkreis als leitende Angestellte im Sinne eines vorgegebenen Oberbegriffs einstufen kann[18]. Hartmann[19] stellt weiter fest, daß die Sonderposition der leitenden Angestellten, wie sie von einem erheblichen Teil vertreten wird, tendenziell an die These von der „dritten Kraft" anklingt, insoweit sich also eine Ideologie herausbildet[20].

Deshalb könnten die leitenden Angestellten weder ohne weiteres der Arbeitgeberschaft noch der Belegschaft zugeordnet werden. Vielmehr nähmen sie eine eigene Position zwischen Arbeitgeber und Arbeitnehmer ein[21]. Infolge der Tatsache, daß sie einerseits arbeitsrechtlich Ar-

---

[12] So leitende Angestellte in einem Teil der untersuchten Betriebe.

[13] *Müller-Hagen*, Der Arbeitgeber, 1973/203.

[14] *Hartmann*, Handelsblatt v. 20. 3. 1972, S. 2.

[15] Leitende Angestellte (Selbstverständnis), S. 35.

[16] Vgl. *Hartmann*, ebd. S. 27 ff.

[17] Ebd. S. 35 ff.

[18] Ebd., S. 39.

[19] Ebd., S. 46 f.

[20] Vgl. auch *Dietrich Hoffmann*, NJW 74/1161 ff. (1164), der die Eigenständigkeit u. a. aus der Verwissenschaftlichung der Unternehmensführung heraus begründet.

beitnehmer sind und andererseits als Teil der Unternehmensführung fungieren, seien die leitenden Angestellten im Betrieb ein dritter Faktor, gleichsam eine dritte Gruppe. Die Polarität im Betrieb würde durch eine institutionalisierte dritte Kraft durchbrochen[22]. Schläge man die leitenden Angestellten undifferenziert dem Unternehmer zu, würden sie rechtlos, ordnete man sie dagegen der übrigen Belegschaft zu, so erhielte diese den Griff auf die betriebliche Entscheidungsebene[23]. Auch aus dem BVG, das grundsätzlich auf leitende Angestellte keine Anwendung findet, ergebe sich, daß die leitenden Angestellten unzweifelhaft als eine eigenständige Gruppe anzusehen seien, die nicht den beiden großen Lagern zugerechnet werden könne[24].

Von den Parteien vertritt die FDP uneingeschränkt die Theorie der „dritten Kraft" mit einer im wesentlichen gleichen Begründung wie die Verbände der leitenden Angestellten[25].

In diesem Zusammenhang ist noch auf das Riemer- und Maihofer-Modell[26] zur Mitbestimmung hinzuweisen, nach dem die leitenden Angestellten wegen ihrer angeblichen Mittlerrolle zwischen Kapital und Arbeit eine eigene Vertretung im Aufsichtsrat erhalten sollen[27]. Leitende Angestellte seien als Faktor Disposition ein „dritter Faktor" im Unternehmen[28].

2. Ablehnende Meinungen zur Theorie von der „dritten Kraft"

Die Theorien von der „dritten Kraft" der leitenden Angestellten werden sowohl von Gewerkschaftsseite als auch mit Einschränkung von Unternehmerseite abgelehnt.

Die Gewerkschaften bestreiten, daß die leitenden Angestellten zur Unternehmensführung gehören. Ein, wenn auch möglicher partieller Interessengegensatz zwischen leitenden Angestellten und den übrigen Arbeitnehmern schließe die Wahrnehmung übergreifender gemeinsamer Interessen, die beide Gruppen aufgrund ihrer Arbeitnehmerschaft hätten, keineswegs aus[29]. Weiter wird auf das Harzburger Modell hin-

---

[21] *Müller-Hagen*, Der Arbeitgeber 1973/203; *Galperin*, DLA 71 Heft 7 S. 3 ff.

[22] *Grüll*, DLA 1972 Heft 7 S. 14.

[23] *Borgwardt*, DB 71/1106.

[24] So *Janert*, DB 74/286 f.

[25] Vgl. Freiburger Thesen der FDP vom Oktober 1971, Mitbestimmung zu These 4.

[26] Abgedruckt bei *Schwerdtfeger*, Mitbestimmung in privaten Unternehmen (Zusammenstellung) S. 195 ff.

[27] Vgl. auch MitbestGE der Bundesregierung, Bundesratsdrucksache 200/74.

[28] Wirtschaftswoche 1973, Heft 17 S. 24.

[29] *Farthmann* (DGB), Der Arbeitgeber 1971, Heft 11 S. 23.

gewiesen, nach dem nur bestimmte Aufgaben als Aufgaben der Unternehmensführung genannt würden, wie z. B. die Entscheidungen über die Gesamtzielsetzung des Unternehmens, die Unternehmensplanung und die Entscheidung über Richtlinien der Einkaufs-, Finanz-, Sozial- und Personalpolitik[30]. Schließlich wird von Gewerkschaftskreisen unter Hinweis auf die vom DGB veranstaltete SAMPLE-Untersuchung[31] behauptet, daß sich die überwiegende Mehrheit der leitenden Angestellten (74 %) nicht als eigenständige Gruppe innerhalb des Betriebes verstünden, sondern sich im Betrieb vom Betriebsrat vertreten lassen wolle[32].

Eichler (BDA) widersprach in der Anhörung des Ausschusses für Arbeit- und Sozialordnung zum Betriebsverfassungsgesetz der Theorie von der Pufferfunktion der leitenden Angestellten, die Ursache für deren Stellung als „dritte Kraft" im Betrieb sei, und zwar mit genau dem entgegengesetzten Argument, mit dem die Gewerkschaftsvertreter die Theorie der „dritten Kraft" ablehnen, nämlich mit dem Hinweis, daß die leitenden Angestellten unzweifelhaft zur Unternehmensführung gehörten[33].

Dasselbe meinte wohl auch der Vertreter des Einzelhandels in der Ausschußanhörung[34], wenn er sagte, die Verbandspraxis seines Verbandes rechne die leitenden Angestellten nach wie vor zum Management.

Mit dem Argument, daß die leitenden Angestellten mit der Unternehmensspitze eine Einheit bildeten und mit ihr gemeinsam die Unternehmensführung tragen würden, lehnte Hübsch (Vorsitzender der Vereinigung der Arbeitgeberverbände in Bayern[35]) die Bildung von Sprecherausschüssen schlechthin ab. Es zeige sich — so Hübsch —, daß es nicht richtig sei, die leitenden Angestellten als eigene, der Belegschaft gleiche Gruppe zu betrachten. Diese Auf- und Abspaltung innerhalb der Unternehmensführung würde der Funktion der leitenden Angestellten nicht gerecht und wäre gesellschaftspolitisch betrachtet ein Rückschritt, ja gefährlich.

Friedrichs (BDA)[36] geht davon aus, daß es im Unternehmen ein wirtschaftliches Zusammenspiel dreier Kräfte gebe, nämlich des Kapitals, der Arbeit und der gestaltenden Kraft der unternehmerischen Energie.

---

30 *Bieding* (DGB), Die Personalführung 1971 S. 162.

31 SAMPLE-Institut, Untersuchung bei Führungskräften, August 1971.

32 Vgl. *Stephan* (DGB), Ausschußprotokoll des Ausschusses für Arbeit u. Sozialordnung Nr. 45, 46, S. 16; *Bieding*, Prot. Nr. 45/46, S. 140.

33 Prot. Nr. 45/46, S. 18.

34 Prot. Nr. 45/46, S. 140.

35 *Hübsch* im Unternehmerbrief des DJJ Nr. 20 vom 15. 5. 1969, S. 1, 2.

36 *Friedrichs* (BDA) in DLA 1969/67.

Die Theorie von der „dritten Kraft“ sei jedoch das Bestreben, gesetzliche Sonderregelungen zu schaffen, die nicht davon ausgingen, daß die leitenden Angestellten eigentlich auf der gleichen Seite stünden wie die Unternehmensspitze, sondern eine Gegenposition gegen diese aufbauen wollten, die von der Position der übrigen Arbeitnehmer nur noch graduell verschieden sei. Folglich könne es in der Organisationsstruktur eines modernen Unternehmens keine „dritte Kraft“ geben. Es gäbe nur Mitarbeiter von unterschiedlicher Funktion und die Unternehmensleitung. Die Frage sei nur, wo die Unternehmensleitung im weiteren Sinn aufhört. Diese Frage wurde im ersten Teil der Arbeit behandelt.

Auch in den Vorschlägen des BDA für die neue Betriebsverfassung werden die leitenden Angestellten als Teil der Unternehmensführung angesehen, die sich weitgehend mit der Unternehmensführung identifizierten und damit in natürlicher Gegnerschaft zum Betriebsrat stünden.

In der Literatur wird darauf hingewiesen, daß die Mittlerrolle, die die leitenden Angestellten angeblich einnehmen würden, im Konflikt mit der wegen der wachsenden Zahl der leitenden Angestellten sich verstärkenden Tendenz zu einem Gruppenbewußtsein stünde, welches eine einseitige Interessenvertretung der eigenen Interessen der leitenden Angestellten zur Folge hätte[37]. Säcker[38] hält es für verfrüht, gegenwärtig von einer „dritten Kraft“ zu sprechen. Föhr[39] lehnt die Theorie von der „dritten Kraft“ ab und ist der Meinung, die Selbsteinschätzung einer Gruppe sei in keinem Fall ein taugliches Kriterium für eine rechtliche Subsumtion. Ebenso ist Hoffmann[40] der Ansicht, eine irgendwie geartete Gruppe zwischen Unternehmer einerseits und Arbeitnehmer andererseits, eine „dritte Kraft“, sozusagen in der Grauzone zwischen Unternehmer und Arbeitnehmerschaft, sei ohne betriebsverfassungsrechtliche Relevanz.

In der von Marx beeinflußten Literatur zu diesem Themenkreis werden die leitenden Angestellten teilweise in Anlehnung an Marx, der die Regenten oder Manager als industrielle Oberoffiziere bezeichnete, die während des Arbeitsprozesses im Namen des Kapitals kommandierten[41], als Arbeitnehmer angesehen, die subjektiv auf Seite des Unternehmens stehen würden und Helfer der „herrschenden Klasse“ seien[42]. Ein ande-

---

[37] *Pahlen*, DB 73/350.

[38] *Säcker*, DLA 1972 Heft 10 S. 10 unter Hinweis auf Buschfort, Protokoll der 150. Sitzung des 6. Bundestages BT VI. S. 8588.

[39] DB 74/1167.

[40] *Rudolf Hoffmann*, RdA 75/119 f.

[41] *Marx/Engels*-Werke, Bd. 23, Ausgabe 1974, S. 351.

[42] *Priewe / Wienert*, Soziale Stellung und Bewußtsein der Intelligenz 1973, S. 255.

rer Teil der marxistischen Autoren sieht die leitenden Angestellten wegen deren sozialer Abhängigkeit als mit der übrigen Arbeitnehmerschaft verbunden an[43]. Schließlich werden Angestellte auch aufgeteilt in oberste Ränge, die man dem Unternehmer zurechnet und andere Angestellte, wie z. B. Wissenschaftler, die zu den Lohnarbeitern gezählt werden[44], wobei aber die höheren Angestellten nur zum Teil zu den leitenden Angestellten im Sinne des Betriebsverfassungsgesetzes gerechnet werden können, da nicht zwischen der engsten Unternehmensführung (Vorstand usw.) und dem übrigen Führungskreis unterschieden wird.

Von der Rechtssprechung hierzu wird die Theorie von der „dritten Kraft“ abgelehnt. Leitende Angestellte könnten zwar weder ohne weiteres der Belegschaft noch der Arbeitgeberschaft zugeordnet werden, genauso wenig sei es aber möglich, sie als „dritte Kraft“ im Sinne der Betriebsverfassung zu werten, da sie nicht konkurrierend sowohl dem Arbeitgeber als auch der Belegschaft gegenüberstünden, sondern von der Sache her entweder nur der einen oder der anderen Seite zugeordnet werden könnten[45]. Das BAG sieht im BVG ein Gesetz, das von der Zweipoligkeit der Interessen ausgeht und dabei die leitenden Angestellten wegen ihrer Unternehmerfunktion eindeutig der Unternehmerseite zuordnet[46].

3. Leitende Angestellte keine eigenständige „dritte Kraft“

a) Sicherlich kann dem nicht gefolgt werden, wenn wie bei Bieding[47] behauptet wird, leitende Angestellte seien nicht zur Unternehmensführung zu zählen und müßten demnach uneingeschränkt der Belegschaft zugeordnet werden.

Wie die Untersuchungen im ersten Teil dieser Abhandlung ergaben, gehören leitende Angestellte zumindest zum Führungskreis im weiteren Sinne und sind folglich Teil der Unternehmensführung. Gerade aus diesem Grunde nehmen ja die leitenden Angestellten eine betriebsverfassungsrechtliche Sonderstellung ein. Daß die leitenden Angestellten dabei von nicht delegierbaren Aufgaben, die dem Vorstand oder der Geschäftsführung nach dem Harzburger Modell allein verbleiben, ausgeschlossen sind, ergibt sich aus der persönlichen Veranwortung, die

---

[43] *Jung*, Zur Diskussion um den Inhalt des Begriffs „Arbeiterklasse“ und zur Strukturveränderung in der westdeutschen Arbeiterklasse, Das Argument XII (1970) S. 665 ff.

[44] *Gerns*, Arbeiterklasse und wissenschaftlich-technische Intelligenz in Ökonomische Theorie, politische Strategie und Gewerkschaften, Marxistische Blätter 1971, S. 152 ff.

[45] So ArbG München, DLA 1972 Heft 7 S. 14.

[46] Vgl. BAG v. 5. 3. 1974, EzA § 5 BVG Nr. 7 und v. 19. 11. 1974, EzA § 5 BVG Nr. 9, 10.

[47] Vgl. oben II. Teil A I 2.

der Vorstand und die Geschäftsführung zu tragen haben. Aber gerade in jüngster Zeit ist hier eine vermehrte Delegation von Aufgaben der Unternehmensführung, nicht zuletzt infolge der Verwissenschaftlichung der Unternehmensführung und der an Bedeutung gewinnenden funktionalen Betriebsorganisation, zu verzeichnen.

Die Theorie von der „dritten Kraft" innerhalb der Betriebsverfassung kann man deshalb nicht mit dem Argument verneinen, daß die leitenden Angestellten betriebsverfassungsrechtlich zur übrigen Arbeitnehmerschaft gehören.

b) Es bleibt also die Frage, ob die leitenden Angestellten auch gegenüber der Unternehmensspitze (Vorstand, Geschäftsführung) als eigenständige Kraft anzusehen sind.

aa) Als erstes ist zu prüfen, ob das, was FDP und ULA als „dritte Kraft" ansehen, mit dem identisch ist, was unter Technostruktur oder technischem Fortschritt verstanden wird.

Gestützt auf die Tatsache, daß in den Industrieländern das reale Bruttosoziaprodukt weit mehr anstieg, als vermehrt Kapital und Arbeit (gemessen an Stunden) eingesetzt wurden, kam Galbraith zu der Überzeugung, daß all das, was unter „technischem Fortschritt", ist gleich Technostruktur, zu verstehen ist, dieses über das Ansteigen von Kapital und Arbeit vermehrte Bruttosozialprodukt geschaffen habe. Galbraith weist dieser Technostruktur eine paraelitäre Rolle im neuen industriellen Staat zu. Die neuen Leute seien die Praktiker der intelektuellen Technik[48].

So ist nach Schweizer[49] das Bruttosozialprodukt in den USA jährlich um 3,5 % gestiegen, bei einer Mehrarbeit von 0,6 % und einem vermehrten Kapitaleinsatz von 0,8 %. Unter technischem Fortschritt werde ein sich in der Erhöhung des Bruttosozialproduktes auswirkender Einsatz des Fähigkeitskapitals verstanden, d. h. den Bestand an Erkenntnissen, welche die am wirtschaftlichen Produktionsprozeß Beteiligten erworben haben. Dieses Fähigkeitskapital sei durch Wissenschaft und Ausbildung beeinflußt. Ein Bestand an geordneten Kenntnissen werde über die Ausbildung den Wirtschaftsobjekten zugänglich gemacht[50].

An dieser verbesserten Ausbildung sind aber nicht nur die leitenden Angestellten, sondern auch die meisten anderen Arbeitnehmer auf der einen Seite und die Unternehmensspitze auf der anderen Seite beteiligt. Im übrigen kann das, was man unter technischem Fortschritt und Technostruktur versteht, nicht nur für die Betriebe im Sinne des Be-

---

[48] *Hartmann*, Arbeit und Sozialpolitik 1972 Heft 3.

[49] Universität Basel, DLA 1969 S. 169.

[50] *Schweizer*, ebd.

triebsverfassungsgesetzes gelten. Auch fast alle anderen gesellschaftlichen Gruppen, z. B. in Universitäten, sind daran beteiligt. Die durch vermehrte Fähigkeiten bedingte Steigerung des Bruttosozialproduktes darf nicht auf Betriebe und schon gar nicht auf leitende Angestellte beschränkt bleiben. Aus den Steigerungsraten kann demnach nicht der Schluß gezogen werden, daß es im Betrieb eine „dritte Kraft“ zwischen der Unternehmensspitze und den übrigen nichtleitenden Arbeitnehmern gibt.

bb) Als nächstes stellt sich die Frage, ob man von der unternehmerischen Energie her die leitenden Angestellten als eigene Gruppe, als „dritte Kraft“ betrachten kann. Die Behauptung Borgwardts[51], daß 80 % der betrieblichen Entscheidungen die leitenden Angestellten treffen, blieb bisher unbewiesen. In der Betriebs- und Volkswirtschaftsliteratur wurden, soweit ersichtlich, die leitenden Angestellten bisher nicht als eigenständiger Faktor aufgrund ihrer Dispositionsbefugnisse oder unternehmerischen Eigenschaften angesehen.

Dagegen sieht Gutenberg[52] die Geschäfts- und Betriebsleitung als den dispositiven Faktor an. In ihr sei ein Gesamtsystem der betrieblichen Willensbildung mit allen Anordnungs- und Entscheidungsbefugnissen kulminiert.

Der dispositive Faktor sei nun ein vielschichtiges Gebilde, das trotz der Versachlichung des betrieblichen Vollzugs Anordnungen treffe, die rational nicht erfaßbar seien. Gutenberg geht davon aus, daß der dispositive Faktor nicht allein auf die Betriebsleitung (im juristischen Sinn) zu beschränken ist, sondern daß dazu das gesamte Management zählt, dessen Kreis auf jeden Fall weiter als die Geschäftsleitung im engeren, juristischen Sinn zu ziehen sei. Wie weit nun der Kreis des Managements ausgedehnt werden kann, ist in der betriebswirtschaftlichen Literatur umstritten[53]. Fest steht, daß dazu auf jeden Fall die Betriebsleitung im juristischen Sinn zu zählen ist und darüber hinaus noch ein Teil der Angestellten, die im ersten Teil der Arbeit als leitende Angestellte herausgearbeitet wurden, wohl diejenigen, die in der Linie Führungsfunktionen innehaben. Mit den leitenden Angestellten schlechthin kann man den Begriff Management nicht identifizieren.

Sieht man nun den Faktor Disposition als eigenständigen Produktionsfaktor an, so zählen dazu sowohl die Unternehmensleitung im juristischen Sinn als auch in abhängiger Stellung tätige leitende Angestellte, die zur Unternehmensleitung im weiteren Sinn gehören.

---

[51] *Borgwardt*, siehe oben II. Teil A I 1.

[52] *Gutenberg*, Betriebswirtschaftslehre I, S. 130.

[53] Ebd., S. 21; vgl. Teil I der Arbeit.

Ein Teil dieses Faktors Disposition, nämlich die Organe des Unternehmens (Vorstand usw.) gehört nun gerade nicht zu dem oben herausgearbeiteten Begriff des leitenden Angestellten. Originäre Entscheidungsbefugnis kommt auch nach Gutenberg[54] nur den juristischen Vertretern des Unternehmens zu. Die leitenden Angestellten dagegen haben nur abgeleitete dispositive Funktionen, die ihnen von der Geschäftsleitung jederzeit wieder entzogen werden können. Sie sind somit nur Führungsgehilfen der Geschäftsleitung, die zwar funktional auf deren Seite stehen, denen jedoch nicht die letzte Entscheidungsbefugnis zusteht[55].

Wenn man also den dispositiven Faktor im Betrieb besonders berücksichtigen will, so kann sich dies keineswegs allein auf die leitenden Angestellten beziehen, sondern müßte in erster Linie in bezug auf den Vorstand, die Geschäftsführung usw. geschehen, also auf Leute, die nicht zum Kreis der leitenden Angestellten gerechnet werden. Nach § 19 c des CDU/CSU-Entwurfes für ein neues Betriebsverfassungsgesetz sollte auch der oberste Kreis der leitenden Angestellten nicht in eine gesetzliche Vertretung leitender Angestellter einbezogen werden. Gerade also Leute, die innerhalb des Unternehmens die meisten Dispositionsbefugnisse haben, würden damit von der gesetztlichen Vertretung leitender Angestellter ausgeschlossen. Demnach kann auch nicht ein etwaiger dispositiver Faktor im Unternehmen für die Notwendigkeit betrieblicher Sondervertretungen für leitende Angestellte angeführt werden.

Folgerichtig wurde in der Mitbestimmungsdiskussion die Aufnahme von Vorstandsmitgliedern in den Aufsichtsrat vom früheren Bundesfinanzminister Schmidt vorgeschlagen[56]. Die Theorie von den leitenden Angestellten als eigene „dritte Kraft" im Betrieb kann somit nicht mit dispositiven Befugnissen begründet werden. Wenn man von einem weiteren Produktionsfaktor „Disposition" sprechen will, so wird dieser nur gemeinsam von den juristischen Vertretern des Unternehmens mit den Angestellten, die im ersten Teil unter den Begriff leitende Angestellte subsumiert wurden, gebildet. Die leitenden Angestellten sind für sich kein eigener Produktionsfaktor „Disposition".

cc) Auch aus einer Mittlerrolle oder einer Pufferfunktion kann nicht die Existenz einer eigenständigen „dritten Kraft" hergeleitet werden.

Zunächst treffen diese beiden Merkmale nur auf einen Teil der leitenden Angestellten zu, nämlich auf diejenigen leitenden Angestellten, die eine Vorgesetztenstellung im Betrieb innehaben, nicht dagegen auf Angestellte in Stäben und Spezialisten. Letztere bereiten Unternehmerent-

---

[54] Ebd., S. 156.

[55] Vgl. ebd.

[56] Vgl. Handelsblatt vom 16. 9. 1968; *Pahlen*, BB 73/345.

scheidungen vor, sind aber nicht ausgleichend und vermittelnd zwischen den polaren Gruppen Arbeitgeber und Arbeitnehmer tätig und können damit auch nicht besonders zur Erhaltung des Betriebsfriedens beitragen[57].

Zum anderen übernehmen diese Mittlerrolle auch Angestellte und Arbeiter, die nicht zu den leitenden Angestellten zählen, wie Meister und Vorarbeiter. Gerade den Meistern und Vorarbeitern kommt diese Pufferfunktion im besonderen Maße zu, da sie infolge ihrer direkten Kontakte mit den nur ausführend tätigen Arbeitnehmern wesentlich zur Erhaltung des Betriebsfriedens beitragen können, während vor allem leitende Angestellte in den höchsten Stufen der Betriebshierarchie wiederum nur mit leitenden Angestellten zu tun haben und kaum direkt mit den übrigen Arbeitnehmern in Berührung kommen.

Darüberhinaus ist nicht zu verkennen, daß die Mittlerrolle eines Teiles der leitenden Angestellten durch das verstärkte Gruppenbewußtsein der leitenden Angestellten, das vorwiegend die eigenen Interessen im Auge hat, in Frage gestellt wird.

Weder eine Mittlerrolle noch eine Pufferfunktion kann somit ein Kriterium für das Vorhandensein einer eigenständigen dritten Kraft sein.

dd) Auch wegen der Vorbereitungsarbeiten für unternehmerische Entscheidungen, die auch nur ein Teil der leitenden Angestellten trifft, kann man nicht von einer „dritten Kraft“ sprechen. Dadurch würde eine unzulässige Differenzierung zwischen leitenden Angestellten vorgenommen. Auch müßten dann diejenigen, die die Entscheidungen letztlich treffen, aber keine leitenden Angestellten sind, zu dieser „dritten Kraft“ gezählt werden.

ee) Fraglich ist schließlich, ob ein evtl. Gruppenbewußtsein und Zusammengehörigkeitsgefühl der leitenden Angestellten Kriterium für eine eigenständige „dritte Kraft“ sein können.

Hier ist zunächst zu prüfen, inwieweit ein Gruppenbewußtsein und Zusammengehörigkeitsgefühl überhaupt vorhanden ist.

So spricht Hartmann[58] von einer sozialen Heterogenität der leitenden Angestellten, die zur Folge habe, daß das viel zitierte Bild vom leitenden Angestellten als „dritte Kraft“ zwischen Arbeit und Kapital als das Produkt einer begrifflichen Fiktion betrachtet werden müsse[59]. Zwar sei eine Reihe von Gemeinsamkeiten nicht zu übersehen, trotzdem könnten sich die leitenden Angestellten allenfalls zu einer dritten, vierten Kraft usw. verbinden, indem sie sich um bestimmte Kristallisations-

---

[57] Vgl. *Vester*, DLA 1969 S. 43.

[58] Vgl. *Hartmann*, Arbeit u. Sozialpolitik 1972 Sonderheft 3.

[59] *Hartmann*, ebd.; vgl. auch Apel, BB 70/1145.

kerne gruppierten, wie den Kristallisationskern der oberen Führungskräfte, des mittleren Führungskreises, der Stabsangestellten und der technischen Intelligenz.

Dies deckt sich auch mit der Organisation in den Verbänden. So sind beispielsweise beim VAA vorwiegend Naturwissenschaftler organisiert, kaum aber höhere Linienangestellte. Weiter gibt es gerade zwischen den höchsten leitenden Angestellten in der Linie und den Spezialisten nicht zu verkennende Interessenunterschiede.

Nach der neueren Untersuchung von Hartmann / Bock-Rosenthal / Helmer[60] sind etwa die Hälfte der befragten leitenden Angestellten der Meinung, sie würden eine eigene Gruppe im Unternehmen bilden.

Mangels eines hinreichend ausgeprägten Gruppenbewußtseins infolge der Heterogenität der leitenden Angestellten kann auch daraus keine Existenz einer „dritten Kraft" hergeleitet werden.

Wenn aber auch ein derartiges Gruppenbewußtsein, das wohl mehr im Subjektiven wurzelt, vorhanden wäre, würde dies allein, abgesehen von der damit verbundenen Ideologisierung des Problems, noch nicht die Existenz einer „dritten Kraft" rechtfertigen[61]. Vielmehr müßten dazu objektive Kriterien kommen, die aber nicht vorhanden sind[62].

ff) Aus der bloßen Tatsache aber, daß die leitenden Angestellten einerseits Arbeitnehmer sind, andererseits jedoch Unternehmerfunktionen ausüben, kann nicht die Existenz einer „dritten Kraft" abgeleitet werden.

Es ist dem Arbeitsgericht München[63] zu folgen, wenn es sagt, daß die leitenden Angestellten nicht konkurrierend sowohl dem Arbeitgeber als auch der Belegschaft gegenüberstehen.

Die leitenden Angestellten sind aus dem personalen Geltungsbereich des Betriebsverfassungsgesetzes herausgenommen, weil sie zur Unternehmensführung im weiteren Sinn gehören und nicht, weil sie einen eigenständigen dritten Faktor im Betrieb bildeten. Leitende Angestellte können insoweit auch nicht in verschiedene Gruppen getrennt werden. Für die Betriebsverfassung kommt es nicht auf die Arbeitnehmereigenschaften der leitenden Angestellten an, sondern auf die objektive Funktion, die die leitenden Angestellten im Betrieb einnehmen, gleichgültig, ob sie in der Linie, in den Stäben oder als Spezialisten in der Forschung tätig sind. Ihre objektive Funktion ordnet sie im kollektiven Arbeitsrecht, speziell im Betriebsverfassungsrecht, der Unternehmerseite zu[64].

---

60 Leitende Angestellte (Selbstverständnis), S. 35 ff.

61 *Föhr*, DB 74/1767.

62 Vgl. *Hartmann*, Arbeit u. Sozialpolitik 1972 S. 91 ff.

63 1 BV 6/72 in DLA 72 Heft 7 S. 14.

Auch in der betrieblichen Praxis geht man ohne Ausnahme davon aus, daß leitende Angestellte zur Unternehmensführung im weiteren Sinn gehören. Nur deshalb werden sie im Wahlvorstand als nicht wahlberechtigte Arbeitnehmer genannt und nicht, weil sie eine eigenständige, sowohl von der Belegschaft als auch von der Unternehmensleitung unterschiedliche „dritte Kraft“ bildeten. Aus der Tatsache, daß ein Arbeitnehmer funktional zur Unternehmensführung gehört, kann nicht der Schluß gezogen werden, er sei ein eigenständiger Faktor im Betrieb. Wenn man von einer „dritten Kraft“ sprechen will, so kann das nur in einer Zusammenfassung der juristischen Vertreter des Unternehmens mit den leitenden Angestellten geschehen. Die juristischen Vertreter eines Unternehmens (Vorstand usw.) gehören aber als personalisierte Unternehmer unzweifelhaft zur Kapitalseite.

II. Vereinbarkeit von Sondervertretungen für leitende Angestellte mit deren besonderer Stellung im Betrieb

Daraus, daß die leitenden Angestellten keine von der Unternehmensleitung und der übrigen Belegschaft verschiedene „dritte Kraft“ im Betrieb bilden, kann jedoch nicht ohne weiteres gefolgert werden, daß die Errichtung von betrieblichen Sondervertretungen für leitende Angestellte schlechthin ausgeschlossen sei.

Auch als Teil der Unternehmensführung bleiben die leitenden Angestellten Arbeitnehmer im arbeitsrechtlichen Sinn mit speziellen sozialpolitischen Forderungen.

Es stellt sich deshalb die Frage, ob eine Vertretung der leitenden Angestellten mit deren Stellung vereinbar ist.

Auf die Frage, ob zwingende betriebsverfassungsrechtliche Vorschriften dagegenstehen, wird hier noch nicht eingegangen.

1. Haltung der Unternehmerseite

Im Unternehmerbrief des DII[65] sieht Hübsch in der Bildung von eigenständigen Vertretungen für leitende Angestellte eine Aufspaltung der Unternehmensführung und damit einen gesellschaftspolitischen Rückschritt. Nach Kirchner[66] paßt es nicht zu den leitenden Angestellten, sich in einer gewerkschaftsähnlichen Organisation zusammenzuschließen.

---

[64] So BAG-Entscheidungen v. 5. 3. 1974, EzA § 5 BVG Nr. 7 und 19. 11. 1974, EzA § 5 BVG Nr. 9, 10 Ziff. III 1 a, das sogar sagt, daß leitende Angestellte aus der Betriebsverfassung herausgenommen wurden, damit der Unternehmer das Unternehmen nach außen und innen ohne Gegnerschaft im eigenen Lager führen kann.

[65] Vom 25. Mai 1969 Nr. 20, S. 1, 2.

[66] Handelsblatt vom 13. 1. 1972.

Jedoch sei die Tradition im Klein- und Mittelbetrieb anders als im Großbetrieb, da bei ersterem die enge Verbundenheit zwischen leitenden Angestellten und Geschäftsleitung kein Frustrationsproblem entstehen lasse. Deshalb seien Vertretungen für leitende Angestellte hier nicht notwendig. Im übrigen bestehe durch die Bildung einer eigenständigen Vertretung die Gefahr des Streites rivalisierender Verbände im Großbetrieb. Leitende Angestellte müßten deshalb auch im Großbetrieb voll in die Unternehmensleitung integriert werden[67]. Ein kooperativer Führungsstil, Arbeits- und Informationsbesprechungen seien den Vertretungen für leitende Angestellte vorzuziehen[68].

Diese ablehnende Haltung und auch das Bestreiten der Notwendigkeit von Sprecherauschüssen von Unternehmerseite hat sich jedoch zumindest teilweise gewandelt und den Niederschlag in der Vereinbarung zwischen BDA und ULA über die Bildung von Sprecherausschüssen in Betrieben mit mehr als 20 leitenden Angestellten gefunden[69]. So hat der Vertreter des BDA in der Ausschußanhörung des Ausschusses für Arbeit und Sozialordnung Eichler wegen der Unüberschaubarkeit aller leitenden Angestellten durch die Unternehmensspitze im Großbetrieb die Bildung von Sprecherausschüssen als notwendig erachtet[70]. In den BDA-Vorschlägen zum BVG[71] wurde die Bildung eigener Vertretungen leitender Angestellter wegen der zunehmenden Bedeutung dieser Gruppe im Betrieb für nötig befunden.

Eines der Hauptargumente für die Bildung von Sprecherausschüssen ist die durch die Verwissenschaftlichung der Unternehmensführung rasch steigende Zahl von leitenden Angestellten und die damit verbundene wachsende Anonymität dieses Personenkreises[72]. Beispielsweise ist in den Jahren 1964—1969 die Gesamtzahl der Beschäftigten um 10 % gestiegen, die der leitenden Angestellten aber um 39 %[73]. Die Folgen dieser Entwicklung, wie beschränkter Zugang eines Teils der leitenden Angestellten zu den wichtigen Informationen des Unternehmens, sich vergrößernder Abstand zur Unternehmensspitze und die dadurch bedingte kollektive Behandlung durch den Arbeitgeber, würden eine kollektive Lösung dieses Problems erfordern[74]. Mit einem auf

[67] *Kirchner*, Handelsblatt v. 13. 1. 1972.

[68] *Fischer*, Personal 73/66.

[69] DLA 1970 Heft 6 S. 1.

[70] Prot. Nr. 45/46.

[71] Köln 1970 S. 11.

[72] *Rüthers*, BB 72/1105.

[73] *Apel*, Prot. Nr. 45/46 des Ausschusses für Arbeit und Sozialordnung, S. 17.

[74] *Borgwardt*, Prot. Nr. 45/46 des Ausschusses für Arbeit und Sozialordnung, S. 146; *Salzer*, Prot. Nr. 45/46 S. 19; *Fertsch-Röver*, DLA 69, 137; *Böhme* (CDU), BT-Prot. VI S. 8611.

kollektive Interessenvertretung ausgerichteten Arbeitsrecht sei eine Nichtrepräsentanz der leitenden Angestellten unvertretbar. Ungeachtet der Tatsache, daß leitende Angestellte der Unternehmensleitung angehören, bestehe zwischen dem Arbeitgeber und den leitenden Angestellten als einem abhängigen Personenkreis ein kollektives Spannungsverhältnis, bedingt durch gegenläufig geprägte Interessen wie Kündigungsschutz, Anerkennung von Mehrarbeit, Urlaubsgeld, Altersversorgung usw.[75]. Die leitenden Angestellten seien deshalb schutzbedürftige Arbeitnehmer, die ohne eine betriebliche Vertretung schutzlos wären[76].

2. Kollektive Behandlung — Schutzbedürfnis — kollektive Vertretung

Wie bereits oben herausgearbeitet wurde, kommt dem BVG auch Schutzcharkter zu. Durch mitwirkende Kontrollen soll der Schutz der Arbeitnehmer verbessert werden[77]. Fraglich ist dann, ob durch eine Kontrolle der leitenden Angestellten mittels einer Vertretung im Betrieb auch ein vermehrter Schutz für diesen Personenkreis erreicht werden kann und ob dies mit der Stellung der leitenden Angestellten in der Betriebsverfassung vereinbar ist.

Daß die leitenden Angestellten ein Schutzbedürfnis haben und dies auch vom Gesetzgeber berücksichtigt wurde, ergibt sich aus der grundsätzlichen Einbeziehung der leitenden Angestellten in den Kündigungsschutz (§ 14 KSchG).

Andererseits könnte man sagen, daß leitende Angestellte als Teil der Unternehmensführung im weiteren Sinn schon durch ihre Funktion in einer Situation sind, in der sie eines kollektiven Schutzes nicht mehr bedürfen. Dies mag für Klein- und Mittelbetriebe zutreffen. In Großunternehmen mit beispielsweise 2500 leitenden Angestellten (so in einem Chemiekonzern) hat der einzelne leitende Angestellte nicht mehr den nötigen Kontakt zur Unternehmensspitze, um seine Probleme außerhalb eines Kollektivs zu erörtern, und wegen der wachsenden Zahl der leitenden Angestellten, gerade der wissenschaftlichen Spezialisten, ist das Gewicht des Einzelnen nicht so groß wie das einer kollektiven Vertretung.

Bei der Diskussion um betriebliche Vertretungen für leitende Angestellte darf aber nicht übersehen werden, daß der einzelne leitende Angestellte schon durch seine Position als leitender Angestellter eine dem Durchschnitt der übrigen Arbeitnehmer erheblich übersteigende Bedeutung hat. Man kann deshalb nicht einerseits von der besonderen

---

[75] *Rüthers*, BB 72/1109 ff.; *Hartmann*, Arbeit u. Sozialpolitik Sonderheft 3.

[76] *Borgwardt*, Prot. 45/46 des Ausschusses für Arbeit u. Sozialordnung, S. 37; *Säcker*, DLA 1972 Heft 10, S. 10.

[77] *Rose*, AuR 72/309 ff.

Bedeutung der leitenden Angestellten sprechen und dies dann bei der Frage um betriebliche Vertretungen einfach negieren.

Durch betriebliche Vertretungen können sozialpolitische Forderungen leitender Angestellter, die ja außerhalb des Tarifbereiches liegen, eine betriebliche Altersversorgung, Urlaubsgeld usw., einheitlich für die im Großbetrieb doch große Anzahl von leitenden Angestellten geregelt werden. Diese Probleme sind trotz der Heterogenität dieses Personenkreises bei den meisten in gleicher Weise anzutreffen.

Deshalb kann man eigene Vertretungen für leitende Angestellte bejahen, auch wenn die Existenz einer „dritten Kraft" zu verneinen ist und die leitenden Angestellten betriebsverfassungsrechtlich zur Arbeitgeberseite zu rechnen sind. Den einzelnen Gruppen im Betrieb muß so viel Spielraum gewährt werden, daß sie ihre speziellen Interessen vertreten können. Wenn auch die leitenden Angestellten ohne eigene Interessenvertretung aufgrund ihrer besonderen Stellung nicht schutzlos wären[78], so könnte eine Interessenvertretung für leitende Angestellte doch deren Position festigen.

III. Integrierung der leitenden Angestellten in den Betriebsrat oder eigenständige Interessenvertretung

Bejaht man grundsätzlich eine betriebliche Vertretung der leitenden Angestellten, so stellt sich weiter die Frage, ob dies durch eine selbständige Vertretung oder durch eine teilweise oder vollständige Integration in den Betriebsrat geschehen soll.

Der Ausschuß für Arbeit und Sozialordnung des Deutschen Bundestages[79] wollte ja gerade zur Klärung dieser Frage die künftige Entwicklung abwarten, da es ungeklärt sei, welcher Lösung der Vorzug zu geben ist. Nach dem Willen des Gesetzgebers sollte diesbezüglich die künftige Entwicklung für die Klärung dieser ihm noch unlösbar erscheinenden Aufgaben abgewartet werden.

1. Integrationistische Vertretungsmodelle

Ein integrationistisches Modell der Vertretung der leitenden Angestellten wird in erster Linie von den DGB-Gewerkschaften vertreten. Danach müßten Sonderinteressen in den integrierenden Willensbildungsprozeß einbezogen werden. Ein partieller Interessengegensatz hindere nicht an der Wahrnehmung übergreifender Interessen[80]. Nach

[78] *Säcker*, DLA 1972 Heft 10 S. 10.

[79] BT VI 2729 S. 12.

[80] DGB-Experte für leitende Angestellte *Farthmann*, Der Arbeitgeber 1971 Nr. 11 S. 23.

Apel[81] würden selbständige Sprecherausschüsse den Betriebsrat zur Vertretung der kleinen Leute abstempeln. Die Tätigkeit des leitenden Angestellten bedinge nur eine graduell höhere, jedoch keine andere Leistungs- und Treuepflicht als die der anderen Arbeitnehmer[82]. Folglich müßten auch leitende Angestellte in die allgemeine Betriebsvertretung des Betriebsrates einbezogen werden.

Von DAG-Seite und den Sozialausschüssen der CDU[83] wurde eine sogenannte teilintegrationistische Lösung vorgeschlagen, in deren Rahmen den leitenden Angestellten Sonderausschüsse innerhalb des Betriebsrates zugebilligt werden. Da leitende Angestellte ebenfalls Arbeitnehmer sind, seien allenfalls Funktionsgruppen der leitenden Angestellten innerhalb des Betriebsrates für deren Spezialprobleme, nicht aber Sondervertretungen, akzeptabel[84].

2. Vom Betriebsrat unabhängige Interessenvertretungen für leitende Angestellte

Integrationistische und teilintegrationistische Modelle werden von Unternehmerseite und vor allen Dingen den Verbänden der leitenden Angestellten abgelehnt. Durch Einbeziehung in den Betriebsrat könne der leitende Angestellte nicht mehr seiner Aufgabe als Teil der Unternehmensführung gerecht werden. Außerdem würde er im Betriebsrat von den übrigen Arbeitnehmern majorisiert, der Betriebsrat könne als Organ der Arbeitnehmer nicht die speziellen Interessen der leitenden Angestellten vertreten, und die leitenden Angestellten hätten keine Gemeinsamkeiten mit den übrigen Arbeitnehmern[85]. Eine Solidarisierung zwischen Führungs- und Ausführungskräften sei nicht möglich[86].

Schließlich wird ins Feld geführt, daß nur ein ganz geringer Prozentsatz der leitenden Angestellten eine Vertretung durch den Betriebsrat befürworte. Dagegen seien zwei Drittel der leitenden Angestellten für eigene Sprecherausschüsse[87].

---

[81] *Apel*, Spiegel 1971 Nr. 19.

[82] So *Bieding* (DGB), Prot. des Ausschusses für Arbeit und Sozialordnung Nr. 45/46 S. 140.

[83] Capital 1971 Heft 3 S. 2 ff.

[84] *Apel*, BB 1971 S. 1145; vgl. auch SPD-Ausschuß für leitende Angestellte, Managermagazin 1972 S. 9.

[85] *Borgwardt*, Ausschußprotokoll des Ausschusses f. Arbeit u. Sozialordnung Nr. 45/46, S. 37, 140.

[86] *Wunderer*, DB 70/2441 ff.

[87] Vgl. *Müller-Hagen* unter Berufung auf *Hartmann*, in: Der Arbeitgeber 1972 S. 204; *Böhme*, Zur Sache 1/72 S. 112: „90 % der leitenden Angestellten sind für Sprecherausschüsse"; vgl. auch *Hartmann*, Leitende Angestellte (Selbstverständnis) S. 106, wonach sich 68 % der Befragten positiv zu Sprecherausschüssen äußerte.

3. Wertung zur Frage nach integrationistischem oder pluralistischem Modell

Daß in den Betriebsrat integrierte Sondervertretungen für leitende Angestellte die speziellen Probleme dieses Personenkreises nicht vertreten können, erscheint zweifelhaft. Immerhin enthält das neue Betriebsverfassungsgesetz einen ausgeprägten Minderheitenschutz (vgl. z. B. §§ 10, 26 Abs. 1, 27 Abs. 2 BVG). Sicher könnte man auch einem Sonderausschuß für leitende Angestellte innerhalb des Betriebsrates ähnliche Minderheitenschutzrechte einräumen. Durch ein evtl. Vetorecht dieses Sonderausschusses in den die leitenden Angestellten betreffenden Fragen würde eine Majorisierung dieser Gruppe in der betrieblichen Vertretung verhindert. Eine derartige Fragestellung trifft jedoch nicht das entscheidende Problem.

Wie im ersten Teil festgestellt wurde, sind leitende Angestellte nicht in die Belegschaft integriert, weil sie

1. zur Unternehmensleitung zumindest im weiteren Sinn gehören und dadurch betriebsverfassungsrechtlich der übrigen Arbeitnehmerschaft gegenüberstehen und
2. Interessenkonflikte der leitenden Angestellten vermieden werden sollen.

Durch eine Einbeziehung der leitenden Angestellten in den Betriebsrat, sei es vollintegriert, sei es in Form einer teilintegrationistischen Lösung, würde der Zweck, der mit der Herausnahme der leitenden Angestellten aus dem personalen Geltungsbereich des Betriebsrates verfolgt wird, vereitelt. Die Vorschrift des § 5 Abs. 3 verlöre damit weitgehend ihre Bedeutung.

Dieser Überlegung gebührt Vorrang vor allen anderen Erwägungen. Daneben hat sowohl das Argument der Gewerkschaften, daß Sonderinteressen in den integrierenden Willensbildungsprozeß einbezogen werden müßten, als auch die Meinung der ULA, die gemeinsame Interessen zwischen leitenden Angestellten und der übrigen Arbeitnehmerschaft verneint, zurückzutreten.

Die Angestellten, die zur Unternehmensführung gehören, dürfen in keiner Weise in die durch das Betriebsverfassungsgesetz verfaßte Belegschaft eingegliedert werden.

IV. Vertretungen der leitenden Angestellten in der betrieblichen Praxis

1. Unterscheidung zwischen Klein-, Mittel- und Großbetrieben

a) Am weitesten in der Bildung von Sprecherausschüssen ging die Chemieindustrie. Hier sind die leitenden Angestellten in fast allen Groß- und Mittelbetrieben durch Sprecherausschüsse vertreten. So haben bei einem Großunternehmen 3800 leitende Angestellte bei einer Wahlbeteiligung von 90 % einen Sprecherausschuß gewählt. Auch in allen Teilwerken und Tochtergesellschaften, in denen mehr als zehn leitende Angestellte tätig sind, wurde in gleicher Weise verfahren. Sprecherausschüsse gibt es auch in zwei weiteren Großunternehmen der Chemieindustrie. Die forcierte Bildung von Sprecherausschüssen in diesem Industriezweig ist, abgesehen von der rührigen Tätigkeit der Verbände der leitenden Angestellten, vor allen Dingen auf den hohen Prozentsatz von Spezialisten innerhalb des Kreises der leitenden Angestellten zurückzuführen. Gerade akademisch vorgebildete Angestellte gleichen Typs sind besonders an der Durchsetzung verbesserter, für sie einheitlicher Arbeitsbedingungen interessiert. Der Chemiebereich zeigt, daß nicht alle leitenden Angestellten in gleicher Weise an der Bildung von Sprecherausschüssen beteiligt sind, sondern ein bestimmter Kern — so Hartmann — von leitenden Angestellten. Dies bestätigt sich auch in größeren Mittelbetrieben der Chemieindustrie, in denen die leitenden Angestellten ähnlich strukturiert, also vorwiegend aus Spezialisten zusammengesetzt sind. Auch hier gibt es für Gesamtunternehmen sowie für einzelne Tochtergesellschaften Sprecherausschüsse bzw. Sprecher der leitenden Angestellten.

b) Wesentlich zurückhaltender in der Bildung von Sondervertretungen für leitende Angestellte ist man dagegen in der Metallindustrie. Vor allem in kleineren Metallbetrieben wurde bisher die Bildung von Sprecherausschüssen weitgehend abgelehnt[88]. Hier geht man davon aus, daß die wenigen leitenden Angestellten genügend direkten Kontakt zur Geschäftsleitung haben und sich daher nicht durch Sprecherausschüsse vertreten lassen müßten.

Bei den Großbetrieben dieses Industriezweiges wurden dagegen in einigen Fällen Sprecherausschüsse errichtet. Dies trifft beispielsweise auf zwei Werke der Automobilindustrie zu. Dort gibt es in fast allen Werken Sprecherausschüsse mit zwei bis acht Mitgliedern, die allerdings kein Ersatzbetriebsrat sein sollen, sondern in erster Linie der Information der leitenden Angestellten dienen. In den übrigen Unternehmen der süddeutschen Metallindustrie findet man Sprecherausschüsse nur in einigen Großbetrieben.

---

[88] Vgl. *Kirchner* (Gesamtmetall), Handelsblatt vom 13. 1. 72.

So gibt es in einem Münchner Großunternehmen der Metallindustrie, das allerdings wiederum zu einem Chemiekonzern gehört, einen Sprecherausschuß, der aufgrund einer detaillierten Satzung gebildet wurde. In einem anderen Großbetrieb der Metallindustrie wurde schon im Jahre 1971 eine selbständige Vertretung für leitende Angestellte errichtet.

Für beide Betriebe ist zu beachten, daß sie aufgrund ihrer Produktion einen besonders hohen Anteil an Spezialisten haben, die als leitende Angestellte angesehen werden müssen. In fast allen übrigen Unternehmen der süddeutschen Metallindustrie, auch in einer Reihe von Großbetrieben mit über 10 000 Mitarbeitern, sind keine Sprecherausschüsse oder sonstige Vertretungen für leitende Angestellte anzutreffen. Auch in bedeutenden Unternehmen der rheinisch-westfälischen Metallindustrie, so bei Elektrokonzernen und Werken der eisenschaffenden Industrie, sind noch keine Vertretungen für leitende Angestellte vorhanden. Dies trifft insbesondere dann zu, wenn ein verhältnismäßig hoher Anteil an leitenden Angestellten in Linienfunktionen gegenüber leitenden Angestellten in Spezialistenstellungen vorhanden ist.

c) Ebenso ist es in den meisten anderen Branchen, wie der Textilindustrie, dem Bankgewerbe, dem Brauereiwesen und dem Versandhandel. Beispielsweise hatten lediglich vier mittelgroße Banken 1972 einen Sprecherausschuß[89]. Auch hier zeigt sich wieder deutlich, daß dort, wo leitende Angestellte in Spezialistenstellungen in der Minderheit sind, kaum Sprecherausschüsse gebildet werden. In einem untersuchten Versicherungskonzern gibt es zwar einen Sprecherausschuß, dessen Funktionen aber noch völlig im Unklaren liegen.

Dagegen haben im Bergbau (Saarbergwerke AG und Ruhrkohle AG) Sondervertretungen leitender Angestellter ihren festen Platz gefunden.

Insgesamt soll es im Frühjahr 1973 ca. 80 Sprecherausschüsse gegegeben haben[90]. Mithin kann die Ansicht Rüthers[91] nicht geteilt werden, wenn er behauptet, daß sich in fast allen Großunternehmen, auch im Metallbereich, Sprecherausschüsse durchgesetzt hätten. Als Ergebnis dieser Untersuchungen läßt sich feststellen, daß es zunächst Sprecherausschüsse fast nur in Großbetrieben, allenfalls in großen Mittelunternehmen gibt. In den übrigen Betrieben ist wohl der Kontakt zur Geschäftsleitung noch so ausgeprägt, daß ein Bedürfnis zur Bildung von betrieblichen Sondervertretungen für leitende Angestellte nicht besteht.

---

[89] So eine Umfrage für das gesamte Bankgewerbe.

[90] *Borgwardt*, RdA 73/73.

[91] *Rüthers*, BB 72/1109.

Weiter wird deutlich, daß Vertretungen für leitende Angestellte meist dort gebildet werden, wo innerhalb der leitenden Angestellten die Spezialisten eine beherrschende Stellung einnehmen. Überwiegen dagegen leitende Angestellte in Linienfunktionen, so sind Sprecherausschüsse selten. Dieses Verhältnis dürfte auch die unterschiedliche Intensität in der Bildung von Sprecherausschüssen in den verschiedenen Wirtschaftszweigen beeinflußt haben. In den Betriebsrat integrierte oder teilintegrierte Vertretungen leitender Angestellter gibt es soweit ersichtlich nicht[92].

2. Rechte für Sprecherausschüsse in der bisherigen betrieblichen Praxis

Es bleibt noch die Prüfung, welche Rechte den bisher bestehenden Sprecherausschüssen eingeräumt wurden. In der Regel haben die Sprecherausschüsse bzw. einzelne Sprecher der leitenden Angestellten nur Beratungs- und Informationsrechte. Das ergibt sich beispielsweise aus den Grundsätzen über die Vertretung der leitenden Angestellten zweier Großunternehmen der chemischen Industrie und der Automobilindustrie sowie eines Versicherungskonzerns, in denen nur von gemeinsamen Gesprächen zwischen der Werksleitung und den Sprecherausschüssen zur Erörterung von Belangen der leitenden Angestellten und Unterrichtungsrechten über die wirtschaftliche Lage die Rede ist. Den leitenden Angestellten soll dabei soviel Information wie dem Betriebsrat gegeben werden. Meist werden darüber hinaus noch Fragen der generellen Arbeitsbedingungen besprochen, die ihren Niederschlag in Einzelarbeitsverträgen finden[93]. Einige Betriebe gingen aber schon dazu über, den Sprechern der leitenden Angestellten Mitwirkungsrechte bei Kündigungen leitender Angestellter einzuräumen. Dagegen erhielten Sprecherausschüsse in keinem der untersuchten Betriebe eine generelle Vertretungsbefugnis für leitende Angestellte. Ebenso haben Sprecherausschüsse in der Praxis keine Möglichkeit, normativ wirkende Betriebsvereinbarungen mit der Firmenleitung zu treffen[94]. Ein Mitspracherecht in Sachen Unternehmensplanung und Unternehmensorganisation sowie in Managementfragen wurde ebenfalls einigen Sprecherausschüssen zugestanden.

3. Ansprechpartner von Sprecherausschüssen im Betrieb

Schließlich stellte sich in der betrieblichen Praxis die Frage, wer Ansprechpartner der leitenden Angestellten sein soll.

---

[92] Vgl. dazu auch *Hartmann*, Leitende Angestellte (Selbstverständnis) S. 106, 108.

[93] Vgl. dazu auch Umfrage des Bankgewerbes vom 4. 9. 1972.

[94] Ob dies überhaupt möglich ist, dazu siehe unten B IV 2.

Die Geschäftsleitung bestimmte in der Regel, wenn sie nicht ohnehin selbst als Ansprechpartner gegenüber den Sprecherausschüssen auftrat, leitende Angestellte des obersten Führungskreises, die wiederum als Gesprächspartner den Sprecherausschüssen gegenüberstanden[95].

---

[95] Vgl. dazu § 19 c CDU/CSU-Entwurf.

B. Rechtliche Zulässigkeit der Bildung von freiwilligen Sprecherausschüssen

I. Grundgesetzlicher Anspruch auf Bildung von mit betriebsverfassungsrechtlichen Kompetenzen ausgestatteten Interessenvertretungen

1. Kollektive Mitwirkung an der Gestaltung der Betriebs- und Unternehmensverfassung und Art. 9 Abs. 3 GG

Säcker ist der Ansicht, Artikel 9 Abs. 3 GG gebe den Koalitionen nicht nur einen Kernbereich verbandsmäßiger Lohngestaltung, sondern auch einen Kernbereich prinzipiell kollektiver Mitwirkung an der Gestaltung der betriebs- und unternehmensverfassungsrechtlichen Ordnung[1]. Dies betreffe auch die Situation im Betriebsverfassungsrecht. Damit sei eine restriktive Auslegung des Artikel 9 Abs. 3 GG untersagt. Artikel 9 Abs. 3 GG beziehe auch die Arbeits- und Wirtschaftsbedingungen in seinen Schutzbereich ein. Die Art und Weise der Gestaltung der Betriebsverfassung und die Beteiligung der Arbeitnehmer durch ihre Repräsentanten an ihr als Bestandteil der Arbeits- und Wirtschaftsbedingungen müsse im Sinne des Artikel 9 Abs. 3 GG gewertet werden. Der Kernbereich der Teilhabe der Koalitionen an der Gestaltung der betrieblichen Ordnung werde damit geschützt[2].

Somit könne eine Begrenzung der betriebsverfassungsrechtlichen Regelungsbefugnis der Koalitionen durch zwingende Vorschriften des Betriebsverfassungsgesetzes de lege lata nicht für leitende Angestellte gelten, denn das geltende Gesetz räume ihnen gerade keine Rechte ein, die die durch Artikel 9 Abs. 3 GG gewährleistete tarifrechtliche Regelungskompetenz in verfassungsteleologisch zulässiger Weise verdrängen könnte. Der Gesetzgeber habe die betriebsverfassungsrechtliche Regelungsbefugnis durch die gesetzliche Betriebsverfassung nur für die Arbeitnehmer, die in den personalen Geltungsbereich des BVG fallen, abgelöst. Diese Regelungsbefugnis, die durch Artikel 9 Abs. 3 GG gewährleistet sei, gelte für leitende Angestellte uneingeschränkt weiter[3]. Der Gesetzgeber könne demnach die leitenden Angestellten

[1] *Säcker*, Grundprobleme des kollektiven Arbeitsrechts 1969, S. 58 ff.; BB 72, 1197 ff.

[2] *Säcker*, Grundprobleme, S. 75.

[3] *Säcker*, BB 72/1197.

auch nicht durch negativen Gesetzeszwang ausschließen, da es ihm verwehrt sei, die Tariffähigkeit von Koalitionen dadurch auszuhöhlen, daß er die ihnen vom Grundgesetz zugesprochenen Aufgaben andersartigen Zusammenschlüssen zuweist oder der koalitiven Regelungen einfach versperrt. Das bedeute: wenn leitende Angestellte sich zu einer Koalition im Sinne des Artikel 9 Abs. 3 GG zusammenschließen, so würden sie durch tarifliche Vereinbarung mit dem Unternehmer, auch durch sogenannte betriebsverfassungsrechtliche Normen im Tarifvertrag, Sprecherausschüsse oder sonstige Institutionen bilden können, die sie mit Kompetenzen ausstatten und denen sie das Recht einräumen könnten, normativ wirkende Betriebsvereinbarungen abzuschließen[4]. Nach Ansicht Säckers wäre eine Unterbindung der Bildung von Vertretungen für leitende Angestellte mit betriebsverfassungsrechtlichen Funktionen schlicht verfassungswidrig[5].

Für einen Anspruch aus Art. 9 Abs. 3 GG spricht sich auch Rüthers[6] u. a. mit der Begründung aus, daß sonst die leitenden Angestellten im Betrieb ohne Vertretung ihrer Interessen blieben. Nach Becker-Schaffner[7] umfaßt die Verfassungsgarantie des Art. 9 Abs. 3 GG auch die Betätigung von Koalitionen, die Arbeits- und Wirtschaftsbedingungen auf andere Weise, als durch Tarifvertrag verbessern wollen[8].

2. Schutz der arbeitsrechtlichen Berufsverbände durch Art. 9 Abs. 3 GG

Scholz[9] tritt der Meinung Säckers entgegen. Nach Scholz[10] ist die Koalitionsfreiheit ein Grundrecht des Arbeitsrechts, das nur die arbeitsrechtlichen Berufsverbände schütze, hauptsächlich Gewerkschaften und Arbeitgeberverbände. Verbandsrechtliche Schutzsysteme wie die Betriebs- und Personalvertretungen seien nicht unmittelbar aus Artikel 9 Abs. 3 GG gewährleistet. Artikel 9 Abs. 3 GG schütze nur den Arbeitskampf allgemein im inhaltlich offenen Koalitionsverfahren. Die berufsverbandliche Organisation werde nur im Rahmen der freiheitlichen Vertragsautonomie geschützt. Dagegen enthalte Artikel 9 Abs. 3 GG kein verfahrensmäßiges Beteiligungsrecht an der Betriebs- und Personalverfassung. Hier würden grundsätzlich andere Verfassungspositionen gelten als im Koalitionsrecht[11]. Die Formel Säckers von den ver-

[4] *Säcker*, BB 72/1198.
[5] Vgl. auch *Schnorr*, RdA 55/8.
[6] Anm. zum Beschluß des LAG Hamm v. 22. 11. 1973, EzA § 5 BVG Nr. 6.
[7] BlStSozArbR 74/151 ff. (152).
[8] Vgl. auch LAG Düsseldorf v. 27. 9. 73, EzA § 5 BVG Nr. 5 Ziff. 2; *Boldt*, AktG 74/239 ff. (241); *Dietz/Richardi* Anm. 128 zu § 5 BVG.
[9] *Scholz*, Koalitionsfreiheit als Verfassungsproblem 1971.
[10] Ebd.
[11] *Scholz*, Koalitionsfreiheit als Verfassungsproblem, S. 124.

bandsmäßig gestalteten Arbeitsbedingungen bleibe genau gesehen beim Verfassungstext selbst stehen. Es gebe deshalb keine instrumentale Kernbereichsgarantie als solche. Andererseits sei es aber möglich, daß die flexible Garantie der Existenz notwendiger Verbandsrechte in der zukünftigen Entwicklung entsprechende Schutzansprüche gegenüber dem Gesetzgeber auslöse. Heute, d. h. unter einer Ordnung, die auf das System des außer- bzw. überbetrieblichen Koalitionsverfahrens baut, stehe ein solches Beteiligungsrecht aber nicht zur Diskussion[12]. Dietz[13] meint, die Koalitionen hätten zwar ein Betätigungsfeld im gesamten sozialen Bereich, aber nicht alles sei verfassungsrechtlich gewährleistet. Weiter schreibt Scholz[14], die Koalitionen müßten sich danach richten, wo und inwieweit die staatliche Gesetzgebung den Koalitionen Aufgaben zur Regelung überläßt oder zugewiesen hat. Die Verfassung gewährleistet die Tätigkeit der Koalitionen nämlich nicht schrankenlos. Es sei daher Sache des Gesetzgebers und fiele in den Rahmen seiner Gestaltungsfreiheit, die Tragweite der Koalitionsfreiheit dadurch zu bestimmen, daß er die Befugnisse der Koalitionen im einzelnen ausgestaltet und näher regelt. Dabei könne insbesondere den Erfordernissen des jeweils zu regelnden Sachbereichs Rechnung getragen werden. Die Koalitionen würden so mit der staatlichen Ordnung des Arbeitslebens konkurrieren.

Schließlich wird gesagt, Sprecherausschüsse seien keine durch Art. 9 Abs. 3 GG geschützten Koalitionen, da zum einen die Gegnerreinheit wegen der Abgrenzung nach oben in Frage stehe und zum anderen vor allen Dingen die für eine Koalition nötige Unabhängigkeit wegen der nur betrieblichen Organisation, ähnlich wie bei Werkvereinen, die nie als Arbeitnehmerorganisationen i. S. d. Art. 9 Abs. 3 GG angesehen wurden, fehle. Der Mitgliederbestand sei nämlich anders als bei überbetrieblichen Vereinigungen von Einstellungen und Entlassungen des Arbeitgebers abhängig[15].

3. Vereinbarkeit des Ausschlusses leitender Angestellter von betriebsverfassungsrechtlichen Vertretungen mit Art. 9 Abs. 3 GG

Es ist demnach zu untersuchen, ob ein etwaiger gesetzlicher Ausschluß von betriebsverfassungsrechtlichen Vertretungen leitender Angestellter mit Artikel 9 Abs. 3 GG vereinbar ist.

---

[12] *Scholz*, ebd., S. 125; so auch *Nikisch*, Arbeitsrecht, Band 2, 2. Auflage S. 58, nach dem die Frage des Umfangs der betrieblichen Beteiligungsrechte zu unlösbaren Schwierigkeiten führen würde.

[13] *Dietz*, in: Die Grundrechte Bd. 3 S. 462.

[14] Das Grundrecht der Koalitionsfreiheit S. 66 f.

[15] *Föhr*, DB 74/140 ff. (141); vgl. auch *Schaub*, S. 708.

a) Das Grundrecht des Artikel 9 Abs. 3 GG richtet sich auf den sozialen Schutz im Arbeits- und Wirtschaftsleben und überläßt die Verwirklichung weitgehend dem Auseinandersetzungsprozeß der insoweit selbständigen Sozialpartner. Darum kommt nach Maunz/Dürig/Herzog[16] auch ein objektives Sozialprinzip zum Ausdruck: die Garantie eines sozialen Selbstverwaltungssystems, das eine autonome Konfliktslösung, insbesondere ein Tarifvertrags- und Arbeitskampfsystem beinhaltet. Dabei ist der Gesetzgeber allenfalls verpflichtet, Organisationsnormen aufzustellen, die den Koalitionen die eigenverantwortliche Ordnung des Arbeitslebens ermöglichen[17]. Eine derartige Verpflichtung ist mit dem BVG erfüllt.

Säcker bezieht sich u. a. auf Entscheidungen des Bundesverfassungsgerichtes, insbesondere auf die Entscheidung in BVerfGE 19/303 f. In dieser Entscheidung steht: „Im Bereich, der durch Artikel 9 Abs. 3 GG geschützt ist, muß die Tätigkeit der Koalitionen im Personalvertretungswesen aber vor allen Dingen deshalb einbezogen werden, weil sich das Grundgesetz ausdrücklich zum sozialen Rechtsstaat (Artikel 20 Abs. 1 GG) bekennt. Diese Entscheidung des Verfassungsgebers schließt es aus, die Koalitionsbestätigung in diesem Bereich ... von der Gewährleistung des Artikel 9 Abs. 3 GG auszunehmen. Die Koalitionsfreiheit würde ihres historisch gewordenen Sinnes beraubt, wenn nicht die Betätigung der Koalitionen bei der Personalvertretung durch Artikel 9 Abs. 3 GG geschützt wäre".

Diese Entscheidung kann man auch auf betriebsverfassungsrechtliche Probleme beziehen. Hier ging es jedoch nur um die Frage, ob Kandidaten für die Wahl der Personalvertretung, die einer bestimmten Liste angehören, im Betriebsbereich werben können. Das Recht zur Werbung wurde wegen Artikel 9 Abs. 3 GG bejaht, da es eine spezifisch koalitionsmäßige Betätigung sei und die Tätigkeit der Personalräte der Förderung der Arbeits- und Wirtschaftsbedingungen diene.

Das BVerfG verweist jedoch gleichzeitig darauf, daß es sich hier um eine zulässige Wahl handle, da die Betätigung der Personalvertretung vom Gesetz durch Zuweisung von Befugnissen ausdrücklich anerkannt ist. Artikel 9 Abs. 3 GG schütze bei der Personalvertretung nur einen Kernbereich der Koalitionsbetätigung. Dieser Kernbereich werde dann angetastet, wenn Schranken gezogen werden, die nicht von der Sache selbst gefordert werden[18]. Die Entscheidung des BVerfG geht demnach davon aus, daß schon die Personalvertretung besteht und eine gewerkschaftliche Betätigung nur insoweit durch Artikel 9 Abs. 3 GG geschützt

[16] *Maunz / Dürig / Herzog*, Anm. 92 c zu Art. 9 GG.

[17] *Maunz / Dürig / Herzog*, ebd.

[18] So BVerfG 19/303 ff.

ist, als dies für die Wahl zu dieser gesetzlichen Belegschaftsvertretung erforderlich ist. Dagegen wird in BVerfG 19/303 f. nichts darüber ausgesagt, ob die Bildung von betriebsverfassungsrechtlichen Interessenvertretungen schlechthin von Artikel 9 Abs. 3 GG gewährleistet wird. Aus dieser Entscheidung kann man dagegen entnehmen, daß der Kernbereich des Artikel 9 Abs. 3 GG dann nicht tangiert wird, wenn wesentliche sachliche, z. B. betriebsorganisatorische Gründe gegen eine Interessenvertretung für bestimmte Personengruppen im Betrieb sprechen.

Man wird demnach mit Säcker der Meinung sein müssen, daß Artikel 9 Abs. 3 GG, der die Betätigung der Förderung der Arbeits- und Wirtschaftsbedingungen schützt, auch die Betätigung auf dem Gebiet der Betriebsverfassung in seinen Schutzbereich mit aufnimmt. Auch durch Mitsprache über die innerbetriebliche Gestaltung z. B. des Arbeitsplatzes können die Arbeitsbedingungen gefördert werden. Es spricht auch nichts für eine restriktive Auslegung des Artikel 9 Abs. 3 GG, die zur Folge hat, daß nur die außerbetriebliche Betätigung der Koalitionen geschützt wird, zumal gerade eine betriebsverfassungsmäßige Tätigkeit entscheidenden Einfluß auf die Verbesserung der Arbeits- und Wirtschaftsbedingungen nehmen kann. Der Meinung von Scholz, daß Artikel 9 Abs. 3 GG nur den Arbeitskampf im Koalitionsverfahren schütze, kann deshalb nicht gefolgt werden. Durch Artikel 9 Abs. 3 GG wird auch ein Kernbereich betriebsverfassungsmäßiger Koalitionsbetätigung geschützt.

b) Fraglich ist jedoch, wie weit die Grenze dieses geschützten Kernbereiches gezogen werden muß, insbesondere, ob auch mit betriebsverfassungsrechtlichen Kompetenzen ausgestattete Vertretungen leitender Angestellter den Schutz des Artikel 9 Abs. 3 GG genießen.

Geitner[19] ist der Meinung, daß ein kategorisches, nicht differenzierendes Verbot des Gesetzgebers, das eine Koalierung und Formierung der leitenden Angestellten und der damit verbundenen Zulassung einer sich im Rahmen der Gesetze bewegenden Interessenwahrnehmung für diese spezifische Personengruppe verhindere, den verfassungsmäßig geschützten Kernbereich des Artikel 9 Abs. 3 GG tangiere. Er gibt dabei aber zu, daß eine legislatorische Beschränkung der Betätigungsfreiheit der Koalitionen auf betriebsverfassungsrechtlichem Gebiet möglich ist. Fraglich ist dann letztlich nur noch, wie weit der Gesetzgeber bei einer Beschränkung gehen kann, ohne den durch Artikel 9 Abs. 3 GG geschützten Kernbereich zu beeinträchtigen.

Die Garantie der Koalitionsfreiheit auch auf betriebsverfassungsrechtlichem Gebiet geht schon auf die Ablösung des Rätesystems durch

---

[19] DB 73/283.

eine gesetzlich geregelte Betriebsverfassung in den Jahren 1919/20 zurück[20]. Den gesetzlich anerkannten Koalitionen sollte auch innerhalb der Betriebe eine Betätigungsfreiheit gewährt werden. Auch die Betriebsverfassungsgesetze, die nach 1949 geschaffen wurden, gingen von diesem Recht der Koalitionen aus. Durch das Betriebsverfassungsgesetz 1972 wurde den Koalitionspartnern wie im BVG 52[21] gesetzlich ein Raum zu innerbetrieblichen Regelungen gegeben. Nicht darunter fallen die leitenden Angestellten.

Die Tätigkeit auf dem Gebiet der Betriebsverfassung ist jedoch nur ein Teil der möglichen Arten von Betätigungen im Rahmen des Artikel 9 Abs. 3 GG. In das Recht auf die Bildung von Koalitionen und den sich daraus ergebenden Möglichkeiten wie der Abschluß von Tarifverträgen würde durch ein Verbot der Bildung von Sondervertretungen für leitende Angestellte nur in einem Teilbereich eingegriffen. Ein gesetzlicher Ausschluß derartiger betriebsverfassungsrechtlicher Vertretungen hat für leitende Angestellte nicht dieselbe Bedeutung wie für die übrigen Arbeitnehmer. Wenn auch nicht zu verkennen ist, daß ein Teil der leitenden Angestellten durch rasche zahlenmäßige Zunahme, insbesondere der Spezialisten in Großbetrieben, in den Bereich der Anonymität gerät, so haben sie als Teil der Unternehmensführung im weiteren Sinn doch eine andere betriebliche Stellung als die übrigen Arbeitnehmer. Gerade deshalb nehmen sie eine betriebsverfassungsrechtliche Sonderstellung ein. So hat der Gesetzgeber auch in früheren Gesetzen den leitenden Angestellten bzw. den höchsten Angestellten im Betrieb keine betriebsverfassungsrechtlichen Vertretungen zugestanden (vgl. BRG 1920, bay. BRG 1950, BVG 1952). Auch in keinem der Vorschläge für die Bildung von Sprecherausschüssen (vgl. §§ 98 ff. CDU/CSU-Entwurf) wurden diesen ähnlich weitgehende Rechte eingeräumt wie dem Betriebsrat.

Wegen der Kernbereichsgarantie kann nur die betriebsverfassungsrechtliche Betätigung nicht schlechthin ausgeschlossen werden. Durch die Gewährung von betriebsverfassungsrechtlichen Vertretungen für nichtleitende Angestellte ist dieser Forderung genüge getan. Das schließt nicht aus, daß bestimmte Gruppen im Betrieb aus wichtigen Sachgründen keine betriebsverfassungsrechtlichen Vertretungen erhalten. Die leitenden Angestellten nehmen wegen ihrer Zugehörigkeit zur Unternehmensführung eine Sonderstellung im Betrieb ein. Für sie gilt das BVG grundsätzlich nicht, weil eine Spaltung der Unternehmensführung verhindert werden soll. Auch aus der historischen Entwicklung ergibt sich, daß betriebsverfassungsrechtliche Vertretungen immer nur den Arbeitnehmern zugestanden wurden, die nicht zur Unternehmens-

---

[20] BVerfG 19/308.

[21] Vgl. *Hueck / Nipperdey*, 6. Auflage S. 112.

führung zählten. Damit soll ein betriebsverfassungsrechtlicher Gegensatz zwischen den Unternehmern und den übrigen Angehörigen der Unternehmensführung ausgeschlossen werden, der dem polaren Verhältnis zwischen Betriebsrat und Arbeitgeber ähnlich wäre. Durch das Betriebsverfassungsgesetz 1972 hat der Gesetzgeber die Koalitionsbetätigungsfreiheit im Sinne des Artikel 9 Abs. 3 GG hinreichend ausgestaltet. Selbst wenn Sondervertretungen für eine Gruppe von Angestellten, die zur Unternehmensführung gehört, durch das BVG zwingend ausgeschlossen wären — was noch zu prüfen ist —, würde dies den Kernbereich des Artikel 9 Abs. 3 GG nicht berühren, da dafür wesentliche, insbesondere betriebsorganisatorische Gründe sprechen.

Es kann dem Gesetzgeber nicht verwehrt sein für leitende Angestellte, die ja grundsätzlich nicht dem personalen Geltungsbereich des BVG unterliegen, auch bei der betriebsverfassungsrechtlichen Vertretung eine Sonderregelung zu treffen, selbst wenn dies zur Folge hat, daß betriebsverfassungsrechtliche Vertretungen leitender Angestellter ganz ausgeschlossen sind. Aus denselben Gründen, die für die grundsätzliche Herausnahme der leitenden Angestellten aus dem BVG sprechen (vgl. oben), könnten auch Vertretungen leitender Angestellter ausgeschlossen werden. Wer zur Unternehmensführung zählt, hat keinen Anspruch auf eine betriebsverfassungsrechtliche Interessenvertretung.

II. Schutz privatrechtlicher Vertretungen leitender Angestellter im Betrieb

Ein solcher ergibt sich aus Artikel 9 Abs. 1 GG (Vereinigungsfreiheit) und Artikel 2 Abs. 1 GG (Vertragsfreiheit).

Artikel 9 Abs. 1 GG gewährt generell die Bildung privatrechtlicher Vereinigungen. Diesen Vereinigungen steht es aber nicht zu, spezielle betriebsverfassungsrechtliche Fragen zu ordnen[22]. Diese Vereinigungsfreiheit kann auch innerhalb von Betrieben wahrgenommen werden. Leitende Angestellte können sich deshalb im Betrieb zusammenschließen und in Ausübung der allgemeinen Vertragsfreiheit Regelabsprachen mit dem Arbeitgeber treffen und gegebenenfalls aufgrund dieser Sprecherausschüsse bilden. Diese Absprachen haben nur schuldrechtliche Verpflichtungswirkung, sie sind nicht unabdingbar[23].

Weiter ist zu prüfen, ob und inwieweit der Gesetzgeber dieses Grundrecht, gegebenenfalls mit Hilfe des Betriebsverfassungsgesetzes, einschränken kann.

---

[22] *Leibholz / Rink*, Anm. 8 zu Art. 9 GG, BVerfGE 28/304.

[23] Vgl. Arbeitsgericht Frankfurt, Beschluß vom 16. 11. 1972, 5 BV 2/72 (nicht veröffentlicht).

Die Voraussetzungen des Art. 9 Abs. 2 GG liegen nicht vor.

Selbst wenn man der Meinung folgt, daß ein grundgesetzlich geschütztes Recht dann zurücktreten muß, wenn ein anderweitiges Schutzgut erheblich überwiegt, gleichsam also eine Güterabwägung stattzufinden hat, könnte das Recht der leitenden Angestellten, privatrechtliche Vereinigungen innerhalb des Betriebes zu bilden, nicht durch das Betriebsverfassungsgesetz ausgeschlossen werden[24].

Überwiegende anderweitige Interessen stehen nicht entgegen. Durch die Bildung von Sprecherausschüssen auf privatrechtlicher Grundlage wird kein zweites betriebsverfassungsrechtliches Vertretungsorgan neben dem Betriebsrat gebildet. Eine derartige Vertretung könnte nur dort Rechte einnehmen, wo der Betriebsrat kraft Gesetzes keine Eingriffsmöglichkeiten hat. Die Gefahren eines Nebenbetriebsrates liegen damit nicht vor. Auch überwiegende Erfordernisse der Betriebsorganisation, nämlich der Aufrechterhaltung der Einheit der Unternehmensführung, werden dadurch nicht berührt. Das für das Betriebsverfassungsrecht eigentümliche polare Spannungsverhältnis zwischen Arbeitgeber einerseits und Belegschaft und Betriebsrat andererseits entsteht hier nicht, da eine derartige Vertretung leitender Angestellter nicht mit betriebsverfassungsrechtlichen Funktionen ausgestattet ist.

Dem Grundrecht der Vereinigungsfreiheit (Art. 9 Abs. 1 GG) und der Vertragsfreiheit (Art. 2 Abs. 1 GG) stehen keine schwerwiegenden Interessen anderer Gruppen entgegen[25].

Das BAG[26] vertritt die Ansicht, daß bei einer Ablehnung einer privatrechtlichen Interessenvertretung für leitende Angestellte ein Teil der Arbeitnehmerschaft entgegen dem dualistischen System einer kollektiven Arbeitsrechtsordnung von der gemeinsamen Wahrnehmung seiner Interessen schlechthin ausgeschlossen wäre, was mit dem Sozialstaatsgebot nicht in Einklang stehen würde[27]. Man wird jedoch mit Föhr[28] der Meinung sein müssen, daß sich die leitenden Angestellten ja überbetrieblich organisieren können und das Sozialstaatsgebot nicht unbedingt daneben eine Institutionalisierung eines betrieblichen Vertretungsorgans erfordert. Das Sozialstaatsgebot verlangt wohl nur eine kollektive Interessenvertretung schlechthin.

---

[24] Vgl. zur Güterabwägung BVerfGE 7/198 (210 f.), 14/263 (282), 21/239 (243 f.). Ablehnend gegenüber dieser Lehre zu Recht z. B. *Hesse*, S. 126 f., da dadurch eine unzulässige Veränderung der verfassungsmäßig normierten Verhältnisbestimmung von Grundrechten und anderen Rechtsgütern erfolgt, vgl. auch *Maunz / Dürig / Herzog*, Anm. 60 ff. zu Art. 9 GG.

[25] So im Ergebnis LAG Düsseldorf v. 27. 9. 1973 Ziff. 2 a; *Becker-Schaffner*, BlStSozArbR 74/151 ff.

[26] Entscheidungen v. 19. 2. 1975, EzA § 5 BVG Nr. 17, 18 Ziff. III 2.

[27] So auch *Becker-Schaffner*, BtStSozArbR 74/151 ff.

[28] BB 75/140 ff.

III. Die Bildung eigenständiger Vertretungen für leitende Angestellte nach dem Betriebsverfassungsgesetz 1972

1. Vertretungsmonopol des Betriebsrates

Zunächst ist zu prüfen, inwieweit dem Betriebsrat ein Vertretungsmonopol für den gesamten Betriebsbereich zusteht.

a) Ein Vertretungsmonopol des Betriebsrates für nichtleitende Angestellte ist anzunehmen. Dies ergibt sich zum einen aus zwingenden Charakter der Betriebsverfassung[29]. Wenn der Gesetzgeber für nichtleitende Angestellte einen Betriebsrat geschaffen hat, so hat er damit gleichzeitig zum Ausdruck gebracht, daß er andere Vertretungen zumindest für nichtleitende Angestellte ausschließt. Zum anderen ergibt sich das Vertretungsmonopol des Betriebsrates für nichtleitende Angestellte aus § 3 Abs. 1 BVG, einer Vorschrift, nach der tarifliche Abweichungen vom Betriebsverfassungsgesetz ministerieller oder behördlicher Genehmigung bedürfen. Die aufgrund § 3 Abs. 1 Nr. 1 BVG gebildeten Vertretungen für bestimmte Arbeitnehmergruppen vertreten aber diese wiederum nur gegenüber dem Betriebsrat, so daß dessen Vertretungsmonopol gegenüber dem Arbeitgeber gewahrt bleibt. Auch die Ausnahmevorschrift des § 3 Abs. 1 Nr. 2 BVG 72 bestätigt dieses Vertretungsmonopol.

b) Eine weitere Frage ist es aber, inwieweit sich dieses Vertretungsmonopol auch auf leitende Angestellte erstreckt.

Ein solches wird bejaht von Mayer-Maly und Gnade / Kehrmann / Schneider[30] mit dem Hinweis, daß eine schlagkräftige Vertretung im Betrieb nur durch ein einheitliches Organ, den Betriebsrat, möglich sei, der das Recht habe, die Belegschaft als ganzes, also einschließlich der leitenden Angestellten, zu repräsentieren. Rose[31] ist der Ansicht, daß sich das betriebsverfassungsrechtliche Vertretungsrecht des Betriebsrates zumindest in Teilbereichen auf leitende Angestellte erstrecke. Weiter wird für ein absolutes Vertretungsmonopol des Betriebsrates angeführt, leitende Angestellte seien im Gegensatz zum BVG 1952 Arbeitnehmer im Sinne des Betriebsverfassungsrechts und unterlägen damit automatisch dem Vertretungsmonopol des Betriebsrates. Durch eine Konkurrenzvertretung würde zumindest mittelbar in die Rechte

[29] Vgl. *Nikisch*, Band 3, S. 352; *Galperin*, DB 66/620; vgl. weiter BAG v. 19. 2. 1975, 1 ABR 55/73, EzA § 5 BVG Nr. 18 Ziff. III 3 a; 1 ABR 94/73, EzA § 5 BVG Nr. 17 Ziff. III 1 b.

[30] *Mayer-Maly*, DB 71/338 für Redaktionsräte; *Gnade / Kehrmann / Schneider*, Anm. 5 zu § 5 BVG.

[31] *Rose*, Wirtschaft und Wissen, November 1971.

des Betriebsrates eingegriffen, da die Belegschaftsvertretung durch den Betriebsrat absolut zwingenden Charakter habe[32].

Diese Argumente kann man sicher nicht mit dem Hinweis Geitners[33] ausräumen, auch bei zwingenden Organisationsgesetzen könnte sich das Gruppenbewußtsein der leitenden Angestellten entfalten. Dies sagt nämlich noch gar nichts darüber aus, ob eine weitere Vertretung neben dem Betriebsrat gebildet werden kann.

Gegen ein Vertretungsmonopol des Betriebsrates, das sich auch auf leitende Angestellte erstreckt, haben sich die herrschende Rechtsprechung und ein Teil der Literatur ausgesprochen. Schon das LAG Düsseldorf[34] sagte, daß leitende Angestellte in jedem Fall von der Regelungsbefugnis des Betriebsrates ausgenommen seien. Das BAG hat dann in seinen Entscheidungen vom 19. 2. 1975[35] zwar das Vertretungsmonopol des Betriebsrates bezüglich der nichtleitenden Arbeitnehmer bejaht, da dies eben nur für die vom Betriebsverfassungsgesetz erfaßte Arbeitnehmerschaft gelte, nicht jedoch für die leitenden Angestellten, die wegen ihrer Unternehmernähe aus der betriebsverfassungsrechtlichen Ordnung herausgenommen wurden[36].

c) Das Mitspracherecht des Betriebsrates bezieht sich in einigen Punkten auch auf leitende Angestellte (vgl. §§ 105, 107 BVG, sowie § 3 KSchG).

aa) Nach § 105 BVG hat der Betriebsrat ein Informationsrecht bei der Einstellung sowie bei personellen Veränderungen von leitenden Angestellten. Die Beteiligung des Betriebsrates bei personellen Maßnahmen, die leitende Angestellte betreffen, beschränkt sich demnach auf das Recht, von einer beabsichtigten Einstellung oder personellen Veränderung unterrichtet zu werden. Dagegen hat der Betriebsrat danach kein Mitspracherecht bei Einstellungen und Entlassungen von leitenden Angestellten. Dem Betriebsrat muß nur Kenntnis gegeben werden, wenn über die betreffenden Maßnahmen schon eine hinreichende Gewißheit besteht. Dazu zählen auch Veränderungen der Funktion eines einzelnen leitenden Angestellten innerhalb der Betriebsleitung, z. B. die Änderung des Zuständigkeitsbereiches eines leitenden Angestellten. Auch das Aufrücken eines Arbeitnehmers in die Gruppe der leitenden Angestellten fällt unter diese Informationspflicht[37].

---

[32] *Mayer-Maly* bzgl. Redaktionsräten, AfP 72/198.

[33] *Geitner,* DB 73/280 ff.

[34] Entscheidung v. 27. 9. 1973, EzA § 5 BVG Nr. 5 Ziff. 2 a.

[35] 1 ABR 94/73, EzA § 5 BVG Nr. 17 Ziff. III 1 b; 1 ABR 55/73, EzA § 5 BVG Nr. 18 = BB 75/925 ff.

[36] Vgl. auch *Becker-Schaffner,* BlStSozArbR 74/151 ff. (153).

[37] *Meisel,* S. 32 f.

Es zeigt sich, daß hier die Rechte des Betriebsrates weniger weittragend sind als bei personellen Veränderungen anderer Arbeitnehmer. Der Schwerpunkt der Rechte des Betriebsrates liegt bei der Information. Durch sein Informationsrecht nach § 105 BVG soll der Betriebsrat vor allem Kenntnis über die Funktionsbereiche der einzelnen leitenden Angestellten erhalten. Der Betriebsrat wird nur über Funktionen derjenigen Angestellten informiert, die zur Unternehmensführung gehören. Ein Vertretungsrecht für diese Angestellten wird ihm damit nicht eingeräumt[38].

bb) Nach § 107 BVG 72 kann der Betriebsrat ebenso wie der Arbeitgeber über § 108 Abs. 2 BVG leitende Angestellte als besonders sachkundige Personen für den Wirtschaftsausschuß hinzuziehen. Der Betriebsrat hat dadurch zwar gewisse Rechte gegenüber leitenden Angestellten, wobei aber umstritten ist, ob diese dem Betriebsrat Folge leisten müssen[39]. Dieses Recht ist dem Betriebsrat aber nur eingeräumt, damit auch er genauso wie der Arbeitgeber den hohen Informationsgrad der leitenden Angestellten, insbesondere der Stabsangestellten, verwerten kann. Die leitenden Angestellten werden also hier sowohl von Arbeitgeberseite als auch von Seiten des Betriebsrates für den Wirtschaftsausschuß hinzugezogen. Ein Vertretungsrecht ist daraus nicht ersichtlich. Der Betriebsrat kann wegen § 107 BVG nicht die leitenden Angestellten wie die übrigen Arbeitnehmer gegenüber dem Arbeitgeber vertreten[40].

cc) Weiter könnte die nach § 75 BVG dem Arbeitgeber und dem Betriebsrat gemeinsam zustehenden Pflicht zur Überwachung aller Betriebsangehörigen in bestimmten, abschließend aufgezählten Punkten für ein Vertretungsmonopol des Betriebsrates, das sich auf leitende Angestellte erstreckt, sprechen.

Mit diesem Gebot sollen allgemeine, für den Betriebsfrieden unerläßliche Ansprüche auf Nichtdiskriminierung usw. aufrecht erhalten werden. Von einer Vertretung irgendwelcher Personengruppen kann man dabei nicht sprechen. Hier handelt es sich um ein allgemeines Überwachungsrecht, das nicht nur dem Betriebsrat, sondern auch dem Arbeitgeber zusteht, und um kein Vertretungsrecht[41]. Folglich gibt § 75 BVG dem Betriebsrat auch kein Vertretungsrecht für leitende Angestellte.

---

[38] Vgl. auch BAG v. 19. 2. 1975, EzA § 5 BVG Nr. 17, 18 Ziff. III 1 b.

[39] Die h. M. setzt die Bereitwilligkeit des leitenden Angestellten im Wirtschaftsausschuß mitzuwirken voraus (BAG v. 19. 2. 1975, EzA § 5 BVG Nr. 17, 18 Ziff. III 1 b; *Fitting / Auffarth / Kaiser,* Anm. 3. zu § 107 BVG; *Erdmann / Jürging / Kammann,* Anm. 7 zu § 107 BVG.

[40] Vgl. ArbG Frankfurt, Beschluß v. 16. 11. 1972, 5 BV 2/72 (nicht veröffentlicht).

[41] Vgl. *Gleitner,* DB 73/280 ff.; Peter *Nipperdey,* DB 74/678 ff.

dd) § 3 KSchG gibt auch einem Teil der leitenden Angestellten bei Kündigungen ein Einspruchsrecht beim Betriebsrat. Der Kreis von leitenden Angestellten, auf den nach § 14 Abs. 2 KSchG § 3 KSchG keine Anwendung findet, ist nämlich nicht mit den leitenden Angestellten im Sinne des Betriebsverfassungsgesetzes identisch. Bei § 14 Abs. 2 KSchG handelt es sich, wie sich aus den Worten Geschäftsführer und Betriebsleiter ergibt, nur um den obersten Kreis der leitenden Angestellten. Auf die übrigen leitenden Angestellten im vorgegebenen Sinn findet § 3 KSchG Anwendung. Damit kann der Betriebsrat in einem bestimmten Rahmen für einen Teil der leitenden Angestellten handeln.

§ 3 KSchG findet auch neben dem BVG Anwendung. Die Meinung von Borgwardt/Steffens[42], daß dem jüngeren BVG auslegungssystematisch der Vorrang vor dem älteren Kündigungsschutzgesetz gebühre, ist abzulehnen, da zwischen dem Kündigungsschutzgesetz und dem Betriebsverfassungsgesetz keine formale Diskrepanz besteht. § 3 KSchG ist ohne weiteres mit dem Betriebsverfassungsgesetz vereinbar. Da Sprecherausschüsse im Betriebsverfassungsgesetz nicht normiert wurden, wird durch § 3 KSchG die ordnungspolitische Funktion des Betriebsverfassungsgesetzes nicht beeinträchtigt.

Das Recht des Betriebsrates, die Belange eines Teils der leitenden Angestellten in Kündigungssachen gegenüber dem Arbeitgeber zu vertreten, kann auch nicht mit dem Argument verneint werden, § 3 KSchG sei nur eine Kannvorschrift, was zur Folge habe, daß eine Nichtanrufung des Betriebsrates keine negativen Folgen zeitige und mangels ausschließlicher Zuweisung ein leitender Angestellter sich auch an andere Instanzen, so z. B. an den Sprecherausschuß, wenden könne[43]. Der Betriebsrat kann jedenfalls dann, wenn sich ein leitender Angestellter, der nicht unter § 14 Abs. 2 KSchG fällt, an ihn wendet, diesen gegenüber dem Arbeitgeber vertreten. Selbst wenn sich der leitende Angestellte auch an den Sprecherausschuß wenden könnte, so schließt das noch nicht ein diesbezügliches Vertretungsrecht des Betriebsrates aus[44].

Wollte man nun aus § 3 KSchG ein Vertretungsmonopol des Betriebsrates, das sich auch auf leitende Angestellte bezieht, herleiten, so müßte man wiederum zwischen den leitenden Angestellten differenzieren, da ja § 3 KSchG nur auf einen Teil der leitenden Angestellten Anwendung findet. Dies steht aber im Widerspruch zur generellen Herausnahme der leitenden Angestellten aus dem personalen Geltungsbereich des Betriebsverfassungsgesetzes. § 3 KSchG könnte allenfalls ein Vertretungsmonopol des Betriebsrates für einen Teil der leitenden Angestell-

---

42 *Borgwardt / Steffens*, RdA 73/76.

43 So aber *Borgwardt / Steffens*, RdA 73/76.

44 Zu § 3 KSchG vgl. auch *Boldt*, ZAS 73/4.

ten begründen. Für die restlichen leitenden Angestellten, insbesondere für diejenigen, die zum obersten Führungskreis gehören, müßten wiederum Sonderregelungen geschaffen werden.

Über § 3 KSchG kann der Betriebsrat die Belange eines Teils der leitenden Angestellten, wenn diese dies wünschen, nur in einem Teilbereich gegenüber dem Arbeitgeber vertreten. Ansonsten können sich die leitenden Angestellten nicht an den Betriebsrat wenden. Von einem Vertretungsmonopol des Betriebsrates, das auch leitende Angestellte umschließt, kann nicht gesprochen werden[45].

ee) Die leitenden Angestellten sind prinzipiell aus dem BVG herausgenommen, obwohl sie Arbeitnehmer im arbeitsrechtlichen Sinn sind. Der Betriebsrat sollte von einigen Ausnahmen abgesehen die leitenden Angestellten nicht in seinen Einflußbereich aufnehmen. Der Grund liegt, wie im ersten Teil festgestellt wurde, in der Zugehörigkeit der leitenden Angestellten zur Unternehmensleitung und den daraus möglichen Konfliktsfällen mit dem Betriebsrat. In der polaren Betriebsverfassung sollten die leitenden Angestellten nicht der Belegschaft zugeordnet werden. Deshalb kann es auch kein absolutes Vertretungsmonopol des Betriebsrates, das sich auch auf leitende Angestellte bezieht, geben. Dieser Grundsatz wird letztlich durch die wenigen Ausnahmen bestätigt[46]. Gäbe es ein Vertretungsmonopol des Betriebsrates, in das auch leitende Angestellte einbezogen sind, so würde dadurch der durch das Gesetz verfolgte Zweck beeinträchtigt. Deshalb kann es ein Vertretungsmonopol des Betriebsrates nur für diejenigen Arbeitnehmer geben, die nicht zur Unternehmensleitung im umfassenden Sinn gehören.

2. Die zwingende Wirkung des Betriebsverfassungsgesetzes und die Bildung von Sprecherausschüssen

Fraglich bleibt aber, ob wegen der zwingenden Wirkung des Betriebsverfassungsgesetzes die Bildung von Sprecherausschüssen auch dann ausgeschlossen ist, wenn sich das Vertretungsrecht des Betriebsrates nicht auf leitende Angestellte erstreckt.

a) Das Betriebsverfassungsgesetz erwähnt Sprecherausschüsse für leitende Angestellte nicht. Daraus könnte die Unzulänglichkeit der Bildung von Sprecherausschüssen schlechthin gefolgert werden[47].

---

[45] Vgl. auch BAG v. 19. 2. 1975, EzA § 5 BVG Nr. 17, 18, wo darauf hingewiesen wird, daß kein Mitbestimmungsrecht des Betriebsrates in Frage steht.

[46] Vgl. Arbeitsgericht München, Beschluß vom 20. 4. 1972 1 BV 6/72, DLA 72, Heft 14 S. 7.

[47] So *Gnade / Kehrmann / Schneider*, Anm. 8 zu § 5 BVG.

Die wohl herrschende Meinung in der Literatur sagt jedoch, der Umstand, daß leitende Angestellte nicht in den personalen Geltungsbereich des BVG fallen, schließe die Möglichkeit der Errichtung von Sprecherausschüssen nicht aus, und dies auch dann, wenn man dem Betriebsverfassungsgesetz eine zwingende Wirkung beimißt[48]. Auch die Rechtsprechung ist, soweit aus den bisherigen Entscheidungen ersichtlich, der Meinung, daß leitende Angestellte vor allem deshalb, weil sie grundsätzlich nicht in den personalen Geltungsbereich des Betriebsverfassungsgesetzes einbezogen sind, Sprecherausschüsse bilden könnten[49]. Geitner[50] meint, daß nur fundamentale Organisationsprinzipien der Betriebsverfassung unantastbar seien, so daß die spezielle Ausgestaltung von Mitbestimmungsrechten in personalen und sozialen Angelegenheiten zur Disposition der Vertragsparteien stünde. Insoweit enthalte das Betriebsverfassungsgesetz gelockertes jus cogens. Borgwardt/Steffens[51] folgern aus all dem einen Freiheitsraum für leitende Angestellte, in dessen Grenzen sich diese betriebsverfassungsrechtlich betätigen können. Sonst würden leitende Angestellte völlig von einer betrieblichen Vertretung ausgeschlossen, was nicht zu rechtfertigen sei.

b) Durch die zwingende Wirkung von Organisationsgesetzen wie das Betriebsverfassungsgesetz könnte aber jede andere Vertretung ausgeschlossen sein, selbst dann, wenn dabei bestimmte Gruppen überhaupt nicht vertreten werden.

So ist Falkenberg[52] der Meinung, das Betriebsverfassungsgesetz verbiete es, Sprecherausschüsse für leitende Angestellte als betriebliche Institutionen ins Leben zu rufen. Er führt dabei zunächst als Begründung an, daß die gesetzlichen Vorschriften über die Organisation der Betriebsvertretung absolut zwingend, d. h. weder einer Abänderung durch Tarifvertrag noch durch Betriebsvereinbarung zugänglich seien. Die Möglichkeiten, vom Gesetz abweichende Regelungen über die betriebliche Vertretung einzuführen, sei auf eng begrenzte, in § 3 Abs. 1 BVG abschließend aufgezählte Ausnahmefälle sowie darauf beschränkt, daß es sich um tarifliche Abweichungen handle, die zudem behördlicher

---

[48] Vgl. *Dietz / Richardi*, Anm. 127 zu § 5 BVG; *Rüthers*, BB 72/1109 ff.; *Peter Nipperdey*, DB 74/678 ff.; *Becker-Schaffner*, BlStSozArbR 74/151 ff.; *Boldt*, AktG 74/239 ff.

[49] Vgl. Arbeitsgericht Frankfurt, Beschluß vom 16. 11. 1972, 5 BV 2/72 (nicht veröffentlicht); Arbeitsgericht München, Beschluß vom 20. 4. 1972 (1 BV 6/72) DLA 72, Heft 7 S. 14; so auch *Boldt*, DLA-Sonderheft S. 40; LAG Bayern v. 29. 3. 1973, BB 75/1125; LAG Düsseldorf v. 27. 9. 1973, EzA § 5 BVG Nr. 5; BAG v. 19. 2. 1975, EzA § 5 BVG Nr. 17, 18; a. M. wohl LAG Hamm v. 22. 11. 1973, EzA § 5 BVG Nr. 6, wobei aber gesagt wird, daß es sich hier um einen besonders gelagerten Fall handelt.

[50] *Geitner*, DB 73/280 ff.

[51] *Borgwardt / Steffens*, RdA 73/74.

[52] *Falkenberg*, DB 72/74.

oder ministerieller Zustimmung bedürften. Daran, daß für leitende Angestellte keine betriebsverfassungsrechtlichen Vertretungsorgane geschaffen werden können, ändere auch nichts, daß auf sie das BVG grundsätzlich nicht anwendbar ist. Es könne nämlich nicht gefolgert werden, daß es nicht vom Gesetz erfaßten Arbeitnehmern freistünde, selbst zu bestimmen, durch welches Vertretungsorgan sie ihre Interessen gegenüber dem Arbeitgeber verfolgen wollen[53].

c) Bei neueren Gesetzen, wie dem Betriebsverfassungsgesetz, kann stärkeres Gewicht auf die historische Auslegung gelegt werden, die aus den Materialien des Gesetzgebers heraus erfolgt und dessen Vorstellungen zu verwirklichen sucht. Es ist also zu prüfen, inwieweit aus den Gesetzesmaterialien die Zulässigkeit von Sprecherausschüssen zu entnehmen ist.

Im Gegensatz zum Entwurf der Bundesregierung sah der CDU/CSU-Entwurf zum Betriebsverfassungsgesetz in seinen §§ 98 ff die Bildung von Sprecherausschüssen vor. Der Referenten-Entwurf des Bundesministerium für Arbeit wollte dagegen die leitenden Angestellten in die kollektive Vertretung durch den Betriebsrat integrieren. In den Beratungen zum Betriebsverfassungsgesetz wurden dann über die Zulässigkeit von freiwilligen Sprecherausschüssen unterschiedliche Meinungen vertreten. So sprach der Abgeordnete Schmidt (Kempten)[54] davon, daß durch das neue Betriebsverfassungsgesetz der Raum geschaffen wurde, in welchem die leitenden Angestellten die Vertretung ihrer Interessen durch Bildung von Sprecherausschüssen, die aber nicht vom Gesetz vorgeschrieben seien, ohne weiteres wahrnehmen könnten. In voller Kenntnis der Absicht der leitenden Angestellten, Sprecherausschüsse zu bilden, habe der Gesetzgeber sie dazu ermuntert[55].

Demgegenüber ist der Abgeordnete Buschfort[56] wohl der Meinung, Sprecherausschüsse könnten zumindest vorläufig noch nicht gebildet werden, wenn er auf die Absicht des Ausschusses für Arbeit und Sozialordnung, die weitere Entwicklung abzuwarten, hinweist. In der 150. Sitzung des Bundestages vom 10. 11. 1971[57] war Buschfort dann eindeutig der Ansicht, daß die Ausschußmehrheit Sprecherausschüsse abgelehnt habe, weil sie eine so weitreichende Entscheidung über die Einführung einer „dritten Kraft" neben Arbeitgeber und Arbeitnehmer für verfrüht gehalten habe.

---

[53] Vgl. dazu auch *Mayer-Maly*, DB 71/339; *Sahmer*, Anm. 16 zu § 5 BVG.

[54] Zur Sache 1/72, S. 62.

[55] So *Borgwardt / Steffens*, RdA 73/72 unter Hinweis auf den Abgeordneten *Schmidt*, BT-Protokoll VI, 101. Sitzung vom 11. 2. 1971 S. 5831.

[56] Zur Sache 1/72 S. 68.

[57] BT-Drucksache VI S. 8588.

Im Ausschußbericht[58] heißt es: „Insbesondere erscheint es ungewiß, ob unter Berücksichtigung sowohl der Interessen der leitenden Angestellten als auch der übrigen Arbeitnehmer des Betriebes die Einrichtung einer Sondervertretung für leitende Angestellte oder vielmehr die Integration in den Betriebsrat ... die sachgerechtere Lösung darstellt. Daher hielt es die Mehrheit des Ausschusses für verfrüht, die etwa noch offenen Fragen durch die Institutionalisierung von Sprecherausschüssen der leitenden Angestellten ... zu präjudizieren." Aus dem Ausschußbericht kann somit entnommen werden, daß der Gesetzgeber den leitenden Angestellten ein Experimentierfeld überlassen wollte, auf dem sie entweder freiwillige Sprecherausschüsse bilden oder aber sich durch den Betriebsrat vertreten lassen können[59]. Der Abgeordnete Schmidt hat dies eindeutig zum Ausdruck gebracht, während die Bemerkungen des Abgeordneten Buschfort zu Zweifeln Anlaß geben, letztlich aber dem entscheidenden Ausschußbericht keine andere Bedeutung beimessen können.

Dem kann auch nicht entgegengehalten werden, durch die Bildung von Sprecherausschüssen würde Druck auf den Gesetzgeber ausgeübt, Repräsentanzen der leitenden Angestellten nach dem Muster von selbständigen Sprecherausschüssen zu bilden[60], da ja gerade der Gesetzgeber den Raum zur Bildung von irgendwie gearteten Vertretungskörperschaften der leitenden Angestellten geben wollte, um später Anhaltspunkte für eine gesetzliche Regelung zu haben. Der Gesetzgeber kann nur dann auf Erfahrungen in der Bildung von Vertretungsorganen für leitende Angestellte zurückgreifen, wenn sich diese insoweit betätigt haben.

Eine Auslegung nach historischen Interpretationsgrundsätzen ergibt demnach insoweit einen nicht geregelten Raum als die Bildung von Vertretungen für leitende Angestellte grundsätzlich möglich ist. Der Gesetzgeber hat sich entgegen der Ansicht Roses[61] nicht für eine einheitliche Interessenvertretung für alle Arbeitnehmer, also auch für leitende Angestellte, in Annahme eines übergreifenden Gesamtinteresses ausgesprochen. Zwar kann man nicht ohne weiteres wie Borgwardt / Steffens[62] behaupten, durch die Herausnahme der leitenden Angestellten aus dem Betriebsverfassungsgesetz habe der Gesetzgeber eine gewollte Lücke geschaffen mit der Rechtsfolge, daß die leitenden Angestellten im gesetzesfreien Raum verblieben. Der Gesetzgeber könnte ja die leitenden Angestellten vorbehaltlos dem Unternehmer zugeordnet haben,

---

[58] BT-VI 2729 S. 12.

[59] A. M. *Föhr*, BB 74/140 ff. (141).

[60] Vgl. Pressedienst der IGM vom 10. 3. 72 XX/27.

[61] *Rose*, AuR 72/309.

[62] *Borgwardt / Steffens*, RdA 72/72.

so daß kein Raum mehr für eigene Vertretungen der leitenden Angestellten bliebe. Im übrigen können Beschränkungen der Mitbestimmungsmöglichkeiten des Betriebsrates nicht dazu dienen, ohne weiteres Raum für Sondervertretungen zu gewähren[63].

Hier wollte aber der Gesetzgeber tatsächlich einen Freiraum schaffen. Er hat auf die Entscheidung eines bedeutsamen Problems verzichtet, da er nach eigener Meinung nicht in der Lage war, dieses zu lösen[64]. Canaris meint[65], ein rechtsfreier Raum könne nur bei rechtlicher Irrelevanz des Problems angenommen werden, eine planwidrige Unvollständigkeit spreche dagegen für eine Lücke, mit der Folge, daß rechtsfreier Raum und Lückenbereich scharf zu trennen seien und beim Vorliegen einer Lücke eine Regelung erforderlich wird, während beim rechtsfreien Raum eine Rechtsfolge gerade nicht eintreffen soll.

Bei der Vertretung leitender Angestellter im Betrieb handelt es sich um kein rechtlich irrelevantes Problem. Vielmehr hat der Gesetzgeber zum Ausdruck gebracht, daß eine Regelung erforderlich ist. Nur weil es dem Gesetzgeber bei Schaffung des Betriebsverfassungsgesetzes unmöglich erschien, schon eine Regelung für leitende Angestellte zu treffen, sollte diesen ein Experimentierfeld zur Bildung von Sprecherausschüssen überlassen bleiben[66]. Es besteht ein gesetzlich nicht geregelter normfreier Raum[67].

Die Gesetzesmaterialen geben jedoch keinen Aufschluß darüber, ob nach Meinung des Gesetzgebers leitende Angestellte Vertretungen mit betriebsverfassungsrechtlichen Funktionen, also mit der Möglichkeit zum Abschluß betriebsverfassungsrechtlicher Normen, bilden können oder ob ihnen nur das Recht zustehen soll, innerhalb des Betriebes privatrechtliche Vereinigungen zu errichten. Da eine ausdrückliche Regelung im Gesetz fehlt, dürfte der Wille des Gesetzgebers für letzteres sprechen.

3. Unterscheidung zwischen Sprecherausschüssen mit betriebsverfassungsrechtlichen Funktionen und auf schuldrechtlicher Grundlage gebildeten Sprecherausschüssen

Bei der weiteren Prüfung der Frage nach der Zulässigkeit von Sprecherausschüssen für leitende Angestellte wird man unterscheiden müssen zwischen Vertretungen, die Funktionen nach dem Betriebsverfas-

---

[63] So *Mayer-Maly*, DB 71/339.

[64] Vgl. dazu *Canaris*, Die Feststellung von Lücken im Gesetz, S. 124.

[65] Ebd. S. 34.

[66] Vgl. *Rüthers*, BB 72/1106.

[67] BAG v. 19. 2. 1975, 1 ABR 94/73, EzA § 5 BVG Nr. 17 Ziff. III 2; vgl. auch LAG Düsseldorf v. 27. 9. 1973, EzA § 5 BVG Nr. 5 Ziff. 2 a.

sungsrecht wahrnehmen können, d. h. die verbindliche Vereinbarungen für alle leitenden Angestellten treffen können, und solchen Vertretungen, die nur zur Vereinbarung von unverbindlichen Richtlinien mit dem Arbeitgeber fähig sind und für einen Betroffenen nur dann Gültigkeit erlangen können, wenn er in jedem Einzelfalle zustimmt.

a) Zunächst ist die Möglichkeit der Bildung von Sprecherausschüssen mit betriebsverfassungsrechtlichen Kompetenzen zu prüfen, also die Möglichkeit der Bildung einer betriebsratsähnlichen Vertretung für leitende Angestellte.

Säcker[68] ist der Meinung, daß leitende Angestellte durch betriebsverfassungsrechtliche Normen in Tarifverträgen — die Koalitionsfähigkeit der Verbände der leitenden Angestellten setzt er voraus, da sie wohl bereit sind, Tarifverträge abzuschließen — Sprecherausschüsse und sonstige Institutionen bilden, sie mit Kompetenzen ausstatten und ihnen das Recht einräumen können, normativ wirkende Betriebsvereinbarungen zu treffen. Die Inanspruchnahme der betriebsverfassungsrechtlichen Normsetzungsbefugnis gemäß § 1 TVG umfasse aufgrund der historischen Entwicklung, die in § 77 Abs. 4 BVG ihren Abschluß gefunden habe, auch das Recht, einen Betriebsrat zu bilden, der normativ wirkende, unabdingbare Betriebsvereinbarungen schließen kann. Folglich habe auch eine Abmachung zwischen der ULA und den Arbeitgebern wegen der §§ 77 Abs. 3 und 87 Abs. 1 BVG Vorrang[69]. Tarifrechtliche Kompetenzen rangieren somit nach Säcker vor dem Betriebsverfassungsgesetz, was aus den §§ 2 Abs. 3, 77 Abs. 3 und 87 Abs. 1 BVG zu entnehmen sei[70]. Weil das BVG nichts über eine Vertretung leitender Angestellter aussagt, ist Säcker der Meinung[71], die tarifrechtliche Regelungsbefugnis bestehe unbeschränkt weiter.

Bei der Prüfung der anstehenden Frage ist von der Belegschaft und deren Organ, dem Betriebsrat, auszugehen. Die Existenz der Belegschaft als Einheit beruht ausschließlich auf dem Gesetz. Die im Betrieb Tätigen — mit Ausnahme der leitenden Angestellten — sind darin ohne Rücksicht auf ihren Willen zusammengeschlossen. Die Belegschaft steht daher im grundsätzlichen Gegensatz zu allen auf freiwilliger Basis zusammengeschlossenen Verbänden, die auf Rechtsgeschäft unter den Beteiligten beruhen[72]. Die Belegschaft wird in ihrer Organisation und in ihren Aufgaben ausschließlich durch das Gesetz bestimmt. Sie ist ein Verband des öffentlichen Rechts[73], somit Teil der Wirtschaftsverfassung, und

---

68 *Säcker*, BB 72/1197 ff.

69 DLA 1972 Heft 10 S. 10.

70 Vgl. auch ZfA 72/Sonderheft S. 41 ff.

71 *Säcker*, BB 72/1198.

72 Vgl. *Dietz*, DB 52/969.

kann in ihrer begrenzten Rechtsfähigkeit weder durch Tarifvertrag noch durch Betriebsvereinbarung ausgedehnt werden. Die Zuständigkeit des einen wie des anderen Partners unterliegt weder der Regelungsbefugnis durch Tarifvertrag oder Betriebsvereinbarung, noch kann sie durch den Einzelarbeitsvertrag gestaltet werden, es sei denn, das Gesetz ließe dies ausdrücklich zu[74]. Daraus folgt, daß das Betriebsverfassungsgesetz die Belegschaft und ihre Vertretung grundsätzlich zwingend organisiert. Wo das BVG keinen Betriebsrat vorsieht, kann ein solcher auch nicht geschaffen werden. Soweit also keine Betriebsratspflicht besteht und ein Betrieb überhaupt nicht in den Geltungsbereich des Gesetzes fällt, kann weder durch Tarifvertrag noch durch Betriebsvereinbarung ein Betriebsrat gebildet werden[75].

Fraglich ist jedoch, inwieweit diese Grundsätze auf die Bildung von Sprecherausschüssen angewandt werden können.

Leitende Angestellte gehören nicht zur Belegschaft im Sinne des Betriebsverfassungsgesetzes[76], da die leitenden Angestellten prinzipiell nicht in den personalen Geltungsbereich des BVG fallen. Sie bilden aber keinen in ihren Aufgaben und in ihrer Organisation vom Gesetz bestimmten Verband. Auch wurde ihre Vertretung nicht im Gesetz festgelegt.

Leitende Angestellte gehören nicht zur Belegschaft im Sinne des betrieblichen Ordnung. Durch die bloße Tatsache, daß sie nicht vom Betriebsrat vertreten werden, können sie keine Rechte auf Errichtung einer eigenen Vertretung herleiten. Die Beschränkung der Mitbestimmungsmöglichkeiten des Betriebsrates auf nichtleitende Arbeitnehmer dient nicht dazu, einen eigenen Raum für die Mitbestimmung durch Sondervertretungen zu schaffen. Wenn das Gesetz eine Einschränkung der Dispositionsfreiheit der Unternehmer hinsichtlich derjenigen Angestellten, die zur Unternehmensführung gehören, unterbindet, so kann daraus nicht der Schluß gezogen werden, daß dadurch Mitbestimmungsorgane der vom personalen Geltungsbereich des BVG ausgeschlossenen leitenden Angestellten errichtet werden können[77]. Aus dem Faktum, daß die leitenden Angestellten nicht an die Interessenvertretungen der übrigen Arbeitnehmer gebunden sind, ergibt sich nicht, daß dadurch eine eigene mit normativen Befugnissen ausgestattete Interessenvertretung der leitenden Angestellten gebildet werden kann.

---

[73] *Dietz*, DB 52/969 (str.).

[74] *Dietz*, Kommentar zum BVG 52, Anm. 14 a zu § 1.

[75] *Dietz*, Anm. 35 zu § 20 BVG 52.

[76] Arbb Hamm, DB 72/1994.

[77] So für Redaktionsräte *Mayer-Maly*, DB 71/339; vgl. auch *Buchner*, Die Aktiengesellschaft 1971/139 (141 f.).

Leitende Angestellte sind somit kein selbständiger Teil der Betriebsverfassung, sondern vielmehr dem Unternehmer zugeordnet. Eine etwaige Vertretung der leitenden Angestellten könnte dann mangels ausdrücklicher gesetzlicher Vorschriften auch keinerlei betriebsverfassungsrechtliche Funktionen haben. Zumindest insoweit ist das Betriebsverfassungsgesetz zwingender Natur.

Eine Vertretung leitender Angestellter mit betriebsverfassungsrechtlichen Kompetenzen (d. h. mit dem Recht zum Abschluß normativ wirkender Betriebsvereinigungen) kann auch nicht über eine tarifvertragliche Regelung gebildet werden.

Säcker[78] ist demnach nicht zu folgen, wenn er behauptet, daß tarifliche Vereinbarungen Vorrang vor betriebsverfassungsrechtlichen Regelungen hätten. Das kann nicht aus den allgemein gehaltenen Vorschriften der §§ 2 Abs. 3, 77 Abs. 3 und 87 Abs. 1 BVG gefolgert werden. Diese Vorschriften sagen nichts über die Bildung weiterer Interessenvertretungen im Betrieb aus. In diesen Vorschriften wird nur der Vorrang des Tarifvertrages in Fragen des Arbeitsentgeltes und der Arbeitsbedingungen gegenüber Betriebsvereinbarungen und sonstigen Abmachungen vorgeschrieben.

Nach § 1 TVG können zwar betriebsverfassungsrechtliche Fragen durch Tarifvertrag geregelt werden. Diese Vorschrift verweist auf das Betriebsverfassungsrecht und allein aus dem BVG ist die Frage zu beantworten, ob betriebsverfassungsrechtliche Beteiligungsrechte zwingend geregelt sind[79]. Das BVG geht insoweit vor. Nur dort, wo das BVG nachgiebiges Recht erhält, ist eine Regelung durch Tarifvertrag möglich[80]. Eine mit betriebsverfassungsrechtlichen Kompetenzen wie der Befugnis zum Abschluß normativ wirkender Betriebsvereinbarungen ausgestattete Sondervertretung für leitende Angestellte würde dem Grundsatz, daß die Grundprinzipien der Betriebsvertretung nicht zur Disposition stehen, widersprechen[81]. Die Zuständigkeit von betrieblichen Partnern kann nicht in einer vom Gesetz abweichenden Weise gestaltet werden[82]. Gleichzeitig würde eine derartige Interessenvertretung für leitende Angestellte die Rechtsstellung des Betriebsrates beeinträchtigen[83], der ja auch bestimmte Befugnisse bezüglich der leitenden Ange-

---

[78] *Säcker*, BB 72/1197 (1198).

[79] *Brecht*, Anm. 25 zu § 1 BVG.

[80] Nach *Fitting / Auffarth / Kraegloh*, Anm. 52 zu § 20 BVG 52 sind aufgrund von § 1 TVG getroffene tarifvertragliche Regelungen betriebsverfassungsrechtlicher Art zwar zulässig, gewähren aber nicht die Befugnisse die dem Betriebsrat zustehen.

[81] Vgl. *Nikisch*, Arbeitsrecht III, S. 352.

[82] *Brecht*, Anm. 25 zu § 1 BVG; *Erdmann*, Anm. 13 zu § 3 BVG.

[83] Unzulässig ist jeder Übergriff eines Sprecherausschusses auf die gesetzlichen Kompetenzen des Betriebsrates (*Rüthers*, Anm. zur Entscheidung des LAG Hamm v. 22. 11. 1973, § 5 BVG Nr. 6).

stellten hat. Der Betriebsrat kann ja über §§ 105, 107 BVG, 3 KSchG direkt und mittelbar über §§ 75, 87 BVG auf leitende Angestellte einwirken. Eine mit betriebsverfassungsrechtlichen Kompetenzen ausgestattete Vertretung leitender Angestellter müßte ja notwendigerweise die leitenden Angestellten umfassend im Betrieb und im Unternehmen vertreten. Für Rechte des Betriebsrates bezüglich der leitenden Angestellten bliebe daneben kein Raum.

Auch wenn das Betriebsverfassungsgesetz prinzipiell nicht auf leitende Angestellte angewendet wird, so kann es doch neben dem Betriebsrat keine weitere betriebsverfassungsrechtliche Vertretung mehr geben. Das ergibt sich letztlich aus der Überlegung, daß die leitenden Angestellten wegen ihrer Zugehörigkeit zum weiteren Führungskreis aus der Betriebsverfassung herausgenommen und der Unternehmerseite zugeordnet wurden. Ein betriebsratsähnliches Vertretungsorgan der leitenden Angestellten würde die durch die Einbeziehung der leitenden Angestellten in die Betriebsverfassung möglichen Interessenkonflikte nur auf eine andere Ebene verschieben. Damit entstünde ein ähnliches Spannungsverhältnis wie zwischen Arbeitgeber und Betriebsrat. Das Vertretungsorgan der leitenden Angestellten würde als Vertreter einer bestimmten Gruppe der Unternehmensführung im engeren Sinn gegenübertreten. Die für das Betriebsverfassungsrecht wichtige Einheit der Unternehmensführung wäre damit gefährdet. Nicht mehr die Funktion der leitenden Angestellten als Teil dieser Unternehmensführung stünde im Vordergrund, sondern ihre arbeitsrechtliche Stellung als Arbeitnehmer.

Eine mit betriebsratsähnlichen Kompetenzen ausgestattete Interessenvertretung der leitenden Angestellten scheidet damit aus. Sollte man Sprecherausschüsse auf schuldrechtlicher Grundlage zwischen Arbeitgeber und Arbeitnehmer für möglich halten, so haben sie keine Funktion nach dem Betriebsverfassungsgesetz und dürfen nicht in die Befugnisse des Betriebsrates eingreifen[84].

Vertretungen leitender Angestellter mit betriebsverfassungsrechtlichen Kompetenzen können auch nicht mit ministerieller oder behördlicher Genehmigung über § 3 BVG gebildet werden. Diese Vorschrift gilt nur für Arbeitnehmer, die dem personalen Geltungsbereich des BVG unterliegen, also nicht für leitende Angestellte[85].

---

[84] Vgl. BAG v. 19. 2. 1975, 1 ABR 94/73, EzA § 5 BVG Nr. 17; *Fitting / Auffarth / Kaiser*, Anm. 22 zu § 5 BVG; *Becker-Schaffner*, BlStSozArbR 74/151 ff. (153).

[85] BAG v. 19. 2. 1975, EzA § 5 BVG Nr. 17 Ziff. III 1 c; *Dietz / Richardi*, Anm. 127 zu § 5 BVG; *Becker-Schaffner*, BlStSozArbR 74/151 ff., wobei auch darauf hingewiesen wird, daß durch § 3 Abs. 1 Nr. 1 BVG die Bildung von Sprecherausschüssen auch nicht verhindert werde.

b) Es ist deshalb zu prüfen, ob durch schuldrechtliche Vereinbarungen ein Sprecherausschuß für leitende Angestellte gebildet werden kann, der aber nur für diejenigen leitenden Angestellten zu handeln vermag, die dem ausdrücklich zustimmen.

Diese Interessenvertretung könnte mit dem Instrumentarium des BGB gebildet werden.

Wie bereits erörtert, sind Vereinigungen leitender Angestellter auch auf innerbetrieblicher Ebene grundrechtlich durch Artikel 9 Abs. 1 GG geschützt. Sie könnten durch Gesetz allenfalls beim Vorliegen schwerwiegender gegenteiliger Interessen ausgeschlossen werden[86]. Außerdem haben sie grundsätzlich das Recht, im Rahmen der allgemeinen, durch Art. 2 Abs. 1 GG gewährleisteten Vertragsfreiheit schuldrechtliche Vereinbarungen mit der Arbeitgeberseite zu treffen. Derartige Vereinbarungen haben nur Verpflichtungswirkung, sie sind nicht unabdingbar.

aa) Fraglich ist also, inwieweit zwingende Vorschriften des Betriebsverfassungsgesetzes — die dann unter Umständen grundgesetzwidrig wären — auch der Bildung von Sprecherausschüssen ohne betriebsverfassungsrechtliche Kompetenzen entgegenstehen.

Gnade / Kehrmann / Schneider[87] sind der Meinung, daß Sprecherausschüsse schlechthin quasi-betriebsverfassungsrechtliche Organe seien, mit deren Errichtung eine Schwächung der Funktion und der Stellung des Betriebsrates verbunden sei, was eine Störung der Betriebsratstätigkeit im Sinne des § 78 BVG zur Folge habe. Eine ähnliche Ansicht vertritt auch Farthmann[88], wenn er behauptet, daß durch Sprecherausschüsse der Betriebsrat in seiner Effektivität beschränkt werde, was Desintegration mit sich bringen würde. Eine schlagkräftige Belegschaftsvertretung sei nur durch ein einheitliches Organ möglich.

Dagegen ist einmal zu sagen, daß sich die Vertretungskompetenz des Betriebsrates prinzipiell nur auf nichtleitende Angestellte beschränkt. Das Betätigungsfeld des Betriebsrates reicht nicht in den Raum hinein, in dem ein freiwilliger Sprecherausschuß tätig werden kann[89]. Allerdings darf nicht verkannt werden, daß der Betriebsrat auch in einigen, die leitenden Angestellten betreffenden Fragen, Rechte hat.

(1) In § 105 BVG besteht eine Mitteilungspflicht gegenüber dem Betriebsrat bei Einstellung und personellen Veränderungen der in § 5 Abs. 3 BVG genannten leitenden Angestellten.

---

[86] Es ist umstritten, ob eine derartige Güterabwägung getroffen werden darf; dazu vgl. oben II. Teil B III 1 a.

[87] *Gnade / Kehrmann / Schneider*, Anm. 3 zu § 78 BVG.

[88] Der Arbeitgeber 71/145.

[89] *Geitner*, DB 73/282.

Diese Mitteilungspflicht ist unabhängig von der Existenz eines Sprecherausschusses. Auch bei Bestehen eines Sprecherausschusses würde sie nicht beeinträchtigt. Allerdings müßte dem Betriebsrat weiterhin Mitteilung gemacht werden. Ob daneben auch dem Sprecherausschuß vertraglich ein Mitteilungsrecht eingeräumt werden kann, ist zweifelhaft. Wenn man aber bedenkt, daß die Mitteilungspflicht nach § 105 BVG in erster Linie besteht, um den Betriebsrat und die Belegschaft von der Besetzung von Positionen in der Unternehmensführung in Kenntnis zu setzen[90], so wird man sagen können, daß die Stellung des Betriebsrates auch dann faktisch nicht geschwächt wird, wenn gleichzeitig der Sprecherausschuß ein Recht auf Mitteilung erhält.

(2) Weiter ist die Vorschrift des § 107 BVG beachtenswert. Hier können leitende Angestellte für den Wirtschaftsausschuß vom Betriebsrat herangezogen werden. Die Tätigkeit im Wirtschaftsausschuß liegt aber in einem Bereich, in dem der Sprecherausschuß keine Behinderung sein kann. Dies wäre allenfalls dann der Fall, wenn vom Sprecherausschuß selbst Vertreter in den Wirtschaftsausschuß entsandt würden. Eine diesbezügliche vertragliche Abmachung zwischen Arbeitgeber und leitenden Angestellten wäre unzulässig. Dadurch kämen die leitenden Angestellten als eigenständige Kraft in den Wirtschaftsausschuß, was im Gesetz nicht vorgesehen ist. Die Position des Betriebsrates würde damit zumindest im Tatsächlichen beschränkt. Sprecherausschüsse, die keine betriebsratsähnlichen Funktionen haben, können auch keine Vertreter in den Wirtschaftsausschuß schicken.

(3) In § 3 KSchG hat der Arbeitnehmer ein Einspruchsrecht beim Betriebsrat, wenn er seine Kündigung für sozial ungerechtfertigt hält. Dieses Einspruchsrecht steht auch einem Teil der leitenden Angestellten zu[91]. Hier handelt es sich jedoch nicht um ein Mitbestimmungsrecht des Betriebsrates, sondern lediglich um eine Vermittlerrolle, die von der Initiative des Arbeitnehmers abhängt[92].

Wenn sich der betreffende leitende Angestellte auch nicht an den Betriebsrat wenden muß, so kann er dies doch. Würde dem Sprecherausschuß ein dem § 3 KSchG gleiches Recht eingeräumt, so müßte der Betriebsrat zumindest faktisch eine Einbuße seiner Kompetenzen hinnehmen. Leitende Angestellte würden sich dann in der Regel nicht mehr an den Betriebsrat, sondern an den Sprecherausschuß wenden. Deshalb ist es unzulässig, einem Sprecherausschuß ein dem § 3 KSchG gleiches Recht durch Vertrag einzuräumen.

---

[90] Vgl. BAG v. 19. 2. 1975, 1 ABR 94/73, EzA § 5 BVG Nr. 17 Ziff. III 1 b.

[91] Vgl. oben I. Teil A III 1 a bb und § 14 Abs. 2 KSchG.

[92] Vgl. BAG v. 19. 2. 1975, 1 ABR 94/73, EzA § 5 BVG Nr. 17 Ziff. III 1 d.

Dagegen wird durch § 3 KSchG nicht die Bildung von Sprecherausschüssen schlechthin negativ präjudiziert. Zwar dürfen dem Betriebsrat gesetzlich eingeräumte Rechte nicht durch einen Sprecherausschuß, der im Gesetz keine Grundlage hat, entzogen werden. Die Kompetenzen des Betriebsrates können jedoch durch eine entsprechende Beschränkung der Rechte eines freiwilligen Sprecherausschusses, die ja ohnehin vom Gesetz zwingend gefordert wird, unbeschränkt erhalten bleiben. Es besteht dann kein Grund mehr, eine Vertretung der leitenden Angestellten wegen § 3 KSchG auszuschließen.

(4) Schließlich könnten die in § 75 BVG normierten Rechte des Betriebsrates durch Sprecherausschüsse beeinträchtigt sein.

In § 75 BVG werden Grundsätze über die Behandlung der Betriebsangehörigen aufgestellt. Fraglich ist, ob sich dieses Kontrollrecht auch auf leitende Angestellte bezieht. Borgwardt / Steffens[93] verneinen dies mit dem Hinweis, daß aus der Stellung des Wortes „ausdrücklich" in § 5 Abs. 3 BVG nur entnommen werden kann, das Gesetz schließe eine Anwendung anderer Vorschriften als solcher aus, in denen leitende Angestellte ausdrücklich erwähnt sind, wie die §§ 105 und 107 BVG. Jede andere Begriffsverwendung, beispielsweise „im Betrieb tätige Personen" wie in § 75 BVG, würde nicht die Bedingung des § 5 Abs. 3 BVG erfüllen, d. h. expressis verbis die leitenden Angestellten einzubeziehen[94].

Dagegen spricht jedoch eindeutig der Wortlaut des § 75 BVG, wo im Gegensatz zu anderen Vorschriften nicht von Arbeitnehmern, sondern von allen im Betrieb tätigen Personen die Rede ist. § 75 bestimmt also ausdrücklich, daß sich das Überwachungsrecht und die Überwachungspflicht auf alle im Betrieb Beschäftigten, auch auf die leitenden Angestellten, erstrecken soll. Insofern ist also im Sinne des § 5 Abs. 3 BVG im Gesetz „ausdrücklich etwas anderes bestimmt"[95]. Im übrigen sprechen auch Gründe des Betriebsfriedens und der Wirksamkeit der Tätigkeit des Betriebsrates für ein Überwachungsrecht des Betriebsrats auch gegenüber leitenden Angestellten. Nur wenn sich das Überwachungsrecht auf alle im Betrieb Tätigen bezieht, kann es wirksam und ohne Verletzung des Gleichbehandlungsgrundsatzes ausgeübt werden.

Die Überwachungspflicht und das Überwachungsrecht des Betriebsrats bezieht sich auf Grundsätze, die nicht nur im Betriebsverfassungsrecht, sondern im ganzen Rechtsleben Gültigkeit haben. Wenn es sich dabei

---

[93] *Borgwardt / Steffens*, RdA 72/73.

[94] So BAG v. 19. 2. 1975, 1 ABR 94/73, EzA § 5 BVG Nr. 17 Ziff. III 1 c; vgl. hierzu auch *Peter Nipperdey*, DB 74/678 ff.

[95] Vgl. *Geitner*, DB 73/280 ff.; dies ist wohl auch aus dem Beschluß des Arbeitsgerichts München vom 20. 4. 72 1 BV 6/72 zu entnehmen (DLA 1972 Heft 7, S. 14); ähnlich LAG Hamm, EzA § 5 BVG Nr. 6.

auch nur um generelle Prinzipien und kein spezifisch ausgestaltetes Überwachungsrecht handelt[96], so ist doch nicht zu verkennen, daß mit § 75 BVG dem Betriebsrat auch gegenüber leitenden Angestellten Kompetenzen zustehen. Stünde einem Sprecherausschuß dasselbe Recht zu, wenn auch nur gegenüber leitenden Angestellten, so wäre der Betriebsrat in seiner Rechtsmacht beeinträchtigt. Jedoch kann man deshalb nicht die Errichtung von Sprecherausschüssen ablehnen, da diese ja die Vertretung der leitenden Angestellten wahrnehmen wollen, was dem Betriebsrat gerade verwehrt ist. Vielmehr sind die Rechte der Sprecherausschüsse insoweit eingeschränkt. Die Sprecherausschüsse müssen ein Überwachungsrecht des Betriebsrates im Sinne des § 75 BVG anerkennen, das sich trotz der Existenz von Sprecherausschüssen auf diese selbst und auf die leitenden Angestellten bezieht. Die Rechte des Sprecherausschusses werden damit gleichsam vom allgemeinen Überwachungsrecht des Betriebsrats überlagert.

Sprecherausschüsse beeinträchtigten somit keine Rechte des Betriebsrates, soweit sie auf schuldrechtlicher Grundlage nur in dem Rahmen tätig sind, in den der Betriebsrat nicht einwirken kann[97]. Die Vertretung durch Sprecherausschüsse erstreckt sich ausschließlich auf die leitenden Angestellten, die aber vom Betriebsrat grundsätzlich nicht vertreten werden können.

(5) Weitere Vorschriften durch die der Betriebsrat zumindest faktisch in die Rechtsstellung der leitenden Angestellten eingreift, sind § 80 BVG (z. B. dessen Abs. 1 Nr. 1 und 2, wo von Belegschaft schlechthin die Rede ist) und vor allen Dingen § 87 BVG, eine Vorschrift, die dem Betriebsrat echte Mitbestimmungsrechte gibt.

So kann z. B. eine Betriebsordnung im Sinne des § 87 Abs. 1 Nr. 1 BVG kaum ohne Einbeziehung der leitenden Angestellten sinnvoll sein, genauso wie sich Arbeitszeitfragen nach § 87 Abs. 1 Nr. 2 BVG und eine vorübergehende Änderung der täglichen Arbeitszeit auf leitende Angestellte auswirkt (vgl. § 87 Abs. 1 Nr. 3 BVG). Ebenso berührt die Aufstellung der Urlaubsgrundsätze (§ 87 Abs. 1 Nr. 5 BVG), insbesondere bei Einführung eines Betriebsurlaubs die leitenden Angestellten. Unfallverhütungsvorschriften (§ 87 Abs. 1 Nr. 7 BVG) müssen auch von leitenden Angestellten beachtet werden. Auch Sozialeinrichtungen können von ihnen in Anspruch genommen werden[98]. Bei der Vergabe von Werkswohnungen hat der Betriebsrat ein Mitbestimmungsrecht, zumin-

[96] So *Geitner*, DB 73/280 ff.

[97] Vgl. Arbeitsgericht München, Beschluß vom 20. 4. 72, DLA 72 Heft 7, S. 14; ArbG Verden, Beschluß vom 17. 1. 1972 (BV 1/73) ARSt 73/50 Nr. 63; Arbeitsgericht Köln, DB 73/720.

[98] Vgl. hierzu LAG Hamm, v. 22. 11. 1973 EzA § 5 BVG Nr. 6.

dest dann, wenn es sich um einen einheitlichen Wohnungsbestand handelt[99].

Zwar hat in diesen Fällen, wie das BAG[100] richtig bemerkt, der Betriebsrat keine direkten Befugnisse gegenüber leitenden Angestellten. Jedoch wirken sich insoweit Maßnahmen des Betriebsrates mittelbar auch auf leitende Angestellte aus. Faktisch würden sich also, wenn einem Sprecherausschuß ähnliche Befugnisse aufgrund eines privatrechtlichen Vertrages zustünden, die Kompetenzen des Betriebsrates mit den Kompetenzen des Sprecherausschusses überschneiden[101], was besonders deutlich wird, wenn z. B. aus einem einheitlichen Wohnungsbestand Werkswohnungen an nichtleitende und leitende Angestellte vergeben werden sollen.

Jedoch wird man im Gegensatz zur Meinung des LAG Hamm[102] dann nicht von sich überschneidenden Kompetenzen sprechen können, wenn die Rechtsmacht des Sprecherausschusses insoweit beschränkt wird, d. h. wenn derartige Mitbestimmungsrechte vertraglich dem Sprecherausschuß nicht eingeräumt werden dürfen. Wird der Sprecherausschuß so eingeschränkt, spricht auch § 87 Abs. 1 BVG nicht gegen seine Zulässigkeit.

(6) Das egalitäre Prinzip der Betriebsverfassung könnte die Artikulierung von Sonderinteressen außerhalb der im Gesetz vorgesehenen Möglichkeiten verbieten[103].

Das egalitäre Prinzip des § 75 BVG enthält nur ein Verbot der Diskriminierung, dem alle im Betrieb Tätigen, also auch die leitenden Angestellten in gleicher Weise unterworfen sind. Dieses Prinzip wird durch die Existenz von Sprecherausschüssen nicht berührt, besonders dann nicht, wenn man dem Betriebsrat auch bei Bestehen von auf schuldrechtlicher Grundlage errichteten Sprecherausschüssen ein übergeordnetes Überwachungsrecht zubilligt[104]. Im übrigen sind die leitenden Angestellten ohnehin aus der egalitären Belegschaftsvertretung herausgenommen.

(7) Auch die in § 2 BVG normierte Pflicht zur vertrauensvollen Zusammenarbeit von Arbeitgeber und Betriebsrat wird vom Arbeitgeber nicht verletzt, wenn er mit den leitenden Angestellten Vereinbarungen über die Errichtung von Sprecherausschüssen trifft, die keine betriebsverfassungsrechtlichen Funktionen haben und deshalb nicht als Neben-

[99] BAG v. 30. 4. 1974, EzA § 87 BVG Werkswohnung Nr. 3.

[100] Entscheidung v. 19. 2. 1975, 1 ABR 94/73, EzA § 5 BVG Nr. 17 Ziff. III 1 c.

[101] LAG Hamm v. 22. 11. 1973, EzA § 5 BVG Nr. 6.

[102] Entscheidung v. 22. 11. 1973, EzA § 5 BVG Nr. 6.

[103] Vgl. *Mayer-Maly*, DB 71/339.

[104] A. M. LAG Hamm, v. 22. 11. 1973, EzA § 5 BVG Nr. 6, das das egalitäre Prinzip der Betriebsverfassung durch ein elitäres ersetzt sieht.

betriebsrat, der die Tätigkeit des Betriebsrates stören könnte, angesehen werden können. Andererseits gebietet aber die Fürsorgepflicht des Arbeitgebers nicht die Zulassung von Sprecherausschüssen, da die Fürsorgepflicht nicht weiter als das Gesetz gehen kann.

(8) Ein so beschränkter Sprecherausschuß, der sich jeder Tätigkeit enthält, die auch nur faktisch in die Kompetenzen des Betriebsrates eingreift und der durch Abschluß eines privatrechtlichen Vertrages (§ 305 BGB) gebildet wird, ist zulässig. Ein solcher Sprecherausschuß könnte sich beispielsweise ohne weiteres für die sozialen Belange der leitenden Angestellten und deren besserer Informierung einsetzen. Eine Beschneidung der Kompetenzen des Betriebsrates liegt dann nicht vor[105]. Auch zwingende Vorschriften des BVG werden dadurch nicht beeinträchtigt. Insbesondere wird auch nicht § 78 BVG, der eine Störung oder Behinderung der Betriebsratstätigkeit verbietet, verletzt[106].

bb) Aktives und passives Wahlrecht bei der Wahl von Sprecherausschüssen.

Voraussetzung für die Wirksamkeit eines Sprecherausschusses ist schließlich — eigentlich eine Selbstverständlichkeit — daß er von leitenden Angestellten im Sinne des Gesetzes gewählt wird und daß seine Mitglieder kein Gremium gehobener Angestellter eines Betriebes (z. B. alle Akademiker) sind. Er muß von dem Kreis gebildet werden, der aus dem Betriebsverfassungsgesetz herausgenommen ist.

Deshalb ist es folgerichtig, wenn das BAG[107] sagt, daß es schon dann zur Unwirksamkeit eines Sprecherausschusses führt, wenn auch nur ein einziges gewähltes Mitglied nichtleitender Angestellter ist. Dadurch würde das Verhältnis eines zum Betriebsrat wahlberechtigten Arbeitnehmers zu seinem gesetzlichen Repräsentationsorgan, dem Betriebsrat, besonders nachhaltig gestört, was einen eindeutigen Eingriff in das Vertretungsmonopol des Betriebsrates gegenüber nichtleitenden Angestellten bedeuten würde[108].

Auch wenn nichtleitende Arbeitnehmer Mitglieder des Sprecherausschusses wären, hat dies in der Regel wegen des darin liegenden Eingriffs in die Rechte des Betriebsrates, besonders in dessen Vertretungsmonopol gegenüber nichtleitenden Arbeitnehmern, die Unwirksamkeit des Sprecherausschusses zur Folge[109]. Man wird dem BAG wegen der

---

[105] A. M. LAG Hamm v. 22. 11. 1973, EzA § 5 BVG Nr. 6.

[106] So BAG v. 19. 2. 1975, EzA § 5 BVG Nr. 17, 18 Ziff. III 1 c; LAG Düsseldorf v. 27. 9. 1973, EzA § 5 BVG Nr. 5 Ziff. 2 a; *Rüthers*, Anm. zur Entscheidung des LAG Hamm v. 22. 11. 1973, EzA § 5 BVG Nr. 6 Ziff. VI; vgl. auch *Fitting / Auffarth / Kaiser*, Anm. 22 zu § 5 BVG.

[107] Entscheidung v. 19. 2. 1975, 1 ABR 55/73, EzA § 5 BVG Nr. 18.

[108] BAG ebd.

Schwierigkeiten bei der Abgrenzung des Kreises der leitenden Angestellten aber Recht geben müssen, wenn es ausnahmsweise bei der Teilnahme einiger weniger nichtleitender Angestellter an der Wahl die Wirksamkeit des Sprecherausschusses bejaht[110]. Es darf sich hier aber nur um wirkliche Zweifelsfälle handeln, da auch das aktive Wahlrecht zum Sprecherausschuß, abgesehen von diesen Ausnahmen, nur von den leitenden Angestellten wahrgenommen werden darf.

Andererseits wird man das aktive und passive Wahlrecht aber auch denjenigen leitenden Angestellten absprechen müssen, die die Geschäftsleitung repräsentieren und deshalb ihrerseits wieder Ansprechpartner des Sprecherausschusses sind[111].

IV. Zusammenfassung zur Zulässigkeit der Sprecherausschüsse und deren Rechtsmacht

1. Zulässigkeit von Sprecherausschüssen

Sprecherausschüsse können auf schuldrechtlicher Grundlage gebildet werden. Der Kernbereich eines derartigen Zusammenschlusses ist durch Art. 9 Abs. 1 GG, nicht also durch das Recht der Koalitionsfreiheit geschützt.

Die leitenden Angestellten haben als schutzbedürftige Arbeitnehmer ein Interesse an einem innerbetrieblichen Zusammenschluß[112].

Überwiegende gegenteilige Interessen sind nicht ersichtlich. Insbesondere wird nicht in Rechte des Betriebsrats eingegriffen, da diese Sprecherausschüsse nur dort tätig werden können, wo das Betriebsverfassungsgesetz nicht entgegensteht und kein Repräsentationsmonopol des Betriebsrates besteht.

Der Gesetzgeber hat zum Ausdruck gebracht, daß eine Regelung erforderlich ist. Da eine Regelung aber im gegenwärtigen Zeitpunkt dem Gesetzgeber unmöglich schien, können die leitenden Angestellten und nur diese einstweilen auf schuldrechtlicher Grundlage Sprecherausschüsse bilden.

2. Die Rechtsmacht der Sprecherausschüsse

Die Sprecherausschüsse können schuldrechtliche Vereinbarungen treffen. Derartige Vereinbarungen schaffen kein normatives Recht. Die Schaffung normativen Rechts, insbesondere der Abschluß von Betriebs-

---

[109] BAG ebd.

[110] BAG ebd.

[111] *Fitting / Auffarth / Kaiser*, Anm. 22 zu § 5 BVG.

[112] *Rüthers*, BB 72/1109.

vereinbarungen, ist den Sprecherausschüssen durch die fehlende gesetzliche Institutionalisierung verwehrt[113].

Absprachen des Sprecherausschusses mit dem Arbeitgeber geben den leitenden Angestellten Rechte aus § 328 BGB, soweit es sich um Regelungen zu Gunsten der leitenden Angestellten handelt.

Regelungen zu Lasten der leitenden Angestellten können nur mit Hilfe vertretungsrechtlicher Konstruktionen getroffen werden. Der Sprecherausschuß kann also einen leitenden Angestellten nur verpflichten, wenn er eine Vollmacht dafür besitzt. Ansonsten handelt er als Vertreter ohne Vertretungsmacht mit den Folgen der §§ 177, 179 BGB[114]. Dem Sprecherausschuß können insbesondere Unterrichtungs- und Erörterungsrechte gewährt werden. Dagegen ist es dem Sprecherausschuß nicht ohne weiteres möglich, Richtlinien für leitende Angestellte zu treffen. Derartige Richtlinien haben auch belastende Wirkung. Sie können für den einzelnen leitenden Angestellten nur verbindlich sein, wenn er dem zustimmt, d. h. wenn der Einzelarbeitsvertrag diesbezüglich abgeändert wird. Dagegen ist es nicht nötig, daß der Betriebsrat Vereinbarungen zwischen dem Sprecherausschuß und dem Arbeitgeber bestätigt.

Der Betriebsrat hat in dem Raum, in dem sich die Sprecherausschüsse bewegen, keine Eingriffrechte. Insoweit können die Sprecherausschüsse selbständig Vereinbarungen treffen.

Ein Verstoß gegen § 2 BVG und § 78 BVG liegt nicht vor.

Die Sprecherausschüsse werden jedoch vom Überwachungsrecht des Betriebsrates überlagert.

---

[113] *Boldt*, ULA-Schriftenreihe, S. 41.
[114] *Säcker*, BB 72/1199.

Anhang

Leitende Angestellte und Mitbestimmung-Übersicht

Nach dem gegenwärtigen Stand der Diskussion (Januar 1976) scheint es so gut wie sicher, daß leitende Angestellte im Aufsichtsrat der Kapitalgesellschaften eine besondere Vertretung eingeräumt bekommen. Schon im sogenannten Riemermodell[1] sowie im sogenannten Maihofermodell[2] sollten leitende Angestellte neben den Anteilseignern und Unternehmern im Aufsichtsrat eigenständig vertreten sein.

Auch nach dem Gesetzentwurf der Bundesregierung vom 20. 2. 1974[3] bekommen die leitenden Angestellten im Aufsichtsrat und zwar auf der Arbeitnehmerseite eine eigenständige Vertretung. Dies wurde in den erneuten Koalitionsvereinbarungen vom Dezember 1975 bestätigt, wobei derselbe Kreis von leitenden Angestellten wie im Betriebsverfassungsrecht auch im Aufsichtsrat eine eigenständige Kraft sein soll. Die Befürworter einer selbständigen Vertretung der leitenden Angestellten in der Unternehmensverfassung begründen dies damit, daß leitenden Angestellten eine Vermittlerrolle und Integrationsfunktion zukomme[4]. Weiter spreche der hohe Grad von kompetenzbezogener Information[5] und die sonst unvollständige Besetzung des Aufsichtsrates wegen des Fehlens des Faktors Disposition für eine selbständige Beteiligung der leitenden Angestellten[6].

Dem wird unter Hinweis auf die BAG-Entscheidungen zur Abgrenzung der leitenden Angestellten entgegengehalten, es ginge nicht an, Angestellten, die an Stelle des Unternehmers handeln, der Arbeitnehmerbank im Aufsichtsrat zuzuordnen[7]. Ein Mitbestimmungsmodell, das leitende Angestellte der Arbeitnehmerseite zuordnet, könne nicht als paritätisches Modell bezeichnet werden[8]. Auch würde durch die Herein-

---

[1] Abgedruckt bei *Schwerdtfeger*, Mitbestimmung in privaten Unternehmen, S. 195 ff.

[2] Ebd., S. 198.

[3] BT-Drucksache Nr. 7/2152.

[4] Vgl. *Herrmann*, BB 74/634 ff.

[5] *Herrmann*, ebd.

[6] *Dietrich Hoffmann*, NJW 74/1161 ff (1165).

[7] *Rudolf Hoffmann*, RdA 75/119 ff. (120).

[8] *Rudolf Hoffmann*, ebd.

nahme der Generalbevollmächtigten und Prokuristen in den Aufsichtsrat willkürlich das dualistische System des Aktienrechts gesprengt (vgl. § 105 AktG)[9]. Auch gehöre der leitende Angestellte nicht zur typischen Schicht der Arbeiter und Angestellten, was gegen seine Zurechnung zur Arbeitnehmerseite in der Unternehmensverfassung spreche[10].

Den Ansichten, die eine eigenständige Vertretung im Aufsichtsrat mit dem Hinweis auf eine Vermittlerrolle oder Integrationsfunktion der leitenden Angestellten begründen muß entgegengehalten werden, daß es zumindest in der Betriebsverfassung keine eigenständige „dritte Kraft" neben Arbeit und Kapital gibt[11]. Auch der Hinweis auf den Wirtschaftsausschuß[12] kann nicht durchgreifen, da es im Wirtschaftsausschuß von der Arbeitgeberseite oder vom Betriebsrat abhängt, ob leitende Angestellte hinzugezogen werden (§ 107 BetrVG).

Wenn man die leitenden Angestellten wegen ihrer Unternehmerfunktionen betriebsverfassungsrechtlich aus der Arbeitnehmerseite herausgenommen hat, erscheint es schwer verständlich, den Kreis von Angestellten, der funktionsmäßig der Unternehmerseite zugerechnet wird, im Aufsichtsrat zur Arbeitnehmerseite zu zählen.

Zwar ist es theoretisch möglich neben den betriebsverfassungsrechtlichen leitenden Angestellten einen unternehmensverfassungsrechtlichen leitenden Angestellten zu stellen[13]. Die Abgrenzung der leitenden Angestellten im vorgegebenen Sinn, in erster Linie nach betriebsorganisatorischen und betriebssoziologischen Kriterien, kennt aber nur einen leitenden Angestellten, nämlich den, der Unternehmerfunktionen wahrnimmt. Für einen leitenden Angestellten ist ja Voraussetzung, daß er nicht nur betriebsbezogene, sondern unternehmensbezogene Aufgaben hat[14]. Es kann deshalb sowohl für das Betriebsverfassungsrecht als auch für die Unternehmensverfassung nur leitende Angestellte mit unternehmerischen Funktionen geben.

---

[9] *Müller*, DB 75/256.

[10] *Müller*, ebd.

[11] Vgl. oben Teil II A I.

[12] So *Dietrich Hoffmann*, NJW 74/1161 ff. (1165).

[13] Vgl. *Dietrich Hoffmann*, NJW 74/1161 ff (1165); *Herrmann*, BB 74/934 ff. (938), der den Informationsstandard als Ausgangspunkt einer unternehmensverfassungsrechtlichen Definition leitender Angestellter zumindest erwägt.

[14] Vgl. oben Teil I V 1 d.

Literaturverzeichnis

Albach, Horst: Betriebliche Organisation, HdSW Bd. 8 1964, S. 111 ff.

Anders, Herbert: Das neue Betriebsverfassungsgesetz aus der Sicht der DAG, BArbBl 1972, S. 299 ff.

Apel, Günter: Leitende und wissenschaftliche Angestellte in einer künftigen Rechtsordnung, BB 70/1145

Arbeitgeberverband, Düsseldorf: Anleitungsmaterial für die Betriebe, Düsseldorf 1972

Arbeitsring der Arbeitgeberverbände der chemischen Industrie: Erläuterungswerk zum Betriebsverfassungsgesetz, Heidelberg 1972

Arbeit- und Sozialpolitik: Redaktionsbeitrag zum Betriebsverfassungsgesetz, 1970, Heft 11/12

Arnold, Gerhard: Organisation der Betriebsstruktur, Berlin 1967

Auffarth, Fritz: Das neue Betriebsverfassungsgesetz, AuR 1972/36

— Begriff des leitenden Angestellten, Arbeitsrecht-Blattei, Betriebsverfassung V

Bundesverband Deutscher Arbeitgeberverbände: Das neue Betriebsverfassungsgesetz, Köln 1972

Becker-Schaffner, R.: Der Begriff des leitenden Angestellten nach dem Betriebsverfassungsgesetz, BlStSozArbR 1972/ 257

— Zur Frage der Zulässigkeit von Sprecherausschüssen der leitenden Angestellten, BlStSozArbR 74/151 ff.

Beller, Ton: Die Darstellung der Leitungsorganisation in Form einer Matrix, Personal 73/68

Bobrowski, Paul, und Dieter *Gaul:* Das Arbeitsrecht im Betrieb, 5. Auflage, Heidelberg 1965

Böker, Der leitende Angestellte, Funktionen und Merkmale aus arbeitsrechtlicher Sicht, Diss. jur. 1969

Boldt, Gerhard: Die Rechtsstellung der leitenden Angestellten im Arbeitsrecht der Bundesrepublik Deutschland, ZAS 1973/3 ff.

— Das Recht des Bergmanns, 3. Auflage, Tübingen 1960

— Zur Abgrenzung der leitenden Angestellten, ULA-Schriftenreihe 1972, Nr. 5

Borgwardt, Jürgen: Ortsbestimmung der leitenden Angestellten in Stab und Linie, Arbeit und Sozialpolitik 1970, Heft 11/12

— Leitende Angestellte und Betriebsverfassung, DB 1971/1106

Borgwardt, Jürgen, und Friedhelm *Steffens:* Sprecherausschüsse leitender Angestellter, RdA 1973/70 ff.

Brecht, Hans-Theo: Kommentar zum Betriebsverfassungsgesetz nebst Wahlordnung, Berlin 1972

Brill, Werner: Die höchstrichterliche Rechtsprechung zum neuen Betriebsverfassungsgesetz, BB 74/Beilage 8 zu Heft 23, S. 1 ff.

Buchner, Herbert: Die Stellung der einzelnen Arbeitnehmergruppen in der Betriebsverfassung, Die Aktiengesellschaft 1971/139 f.

— Behinderung oder Beeinflussung der Betriebsratswahl durch Arbeitgeber, DB 1972/824

Bulla, Gustav-Adolf: Der Begriff des leitenden Angestellten im Rahmen der Betriebsverfassung, Festschrift für Herschel, 1955

Bundesministerium für Arbeit: Leitende Angestellte als Arbeitgeberbeisitzer bei den Arbeitsgerichten, BB 1954/63

Burisch, Wolfram: Industrie und Betriebssoziologie, 5. Auflage, Berlin 1969 (Sammlung Göschen)

Canaris, Klaus Wilhelm: Die Feststellung von Lücken im Gesetz, Berlin 1965

Croner, Fritz: Soziologie der Angestellten, Köln 1962

Dahrendorf, Ralf: Sozialstruktur des Betriebes, 3. Auflage, Berlin 1965

Der Betrieb (Redaktionsbeirat): Rechtsprechung zum Betriebsverfassungsgesetz, 1973, Beilage 3, Seite 2 ff.

Dersch, Hermann: Der leitende Angestellte, Die Union 1955/99 ff.

Deutscher Braunkohlen-Industrie Verein e. V.: Leitende Angestellte im Braunkohlenbergbau, Köln 1972

Dietz, Rolf: Kommentar zum Betriebsverfassungsgesetz, 4. Auflage, Berlin, München 1967

— Tarifliche Gestaltung des Mitbestimmungsrechts, DB 1952/962

— Betriebsratsmitglieder im Aufsichtsrat, DB 1949/263

— Das Grundrecht der Koalitionsfreiheit, in: Die Grundrechte, Band 3, 2. Auflage 1972, S. 462 ff.

Dietz, Rolf, und Reinhard *Richardi:* Betriebsverfassungsgesetz, 5. Auflage, München 1973

Düttmann, Hans, und Eberhard *Zachmann:* Die Wahl nach dem Betriebsverfassungsgesetz, München 1972

Dworak, Wolfgang: Moderne Unternehmensorganisation in der Praxis, München 1972

Ebert, Hans: Zur Abgrenzung der leitenden Angestellten, BB 75/609 ff.

Ehrenberg, Herbert: Sprecherausschüsse für leitende Angestellte, Führungskraft, Februar 1972, S. 3

Enneccerus, Ludwig, und Karl *Nipperdey:* Lehrbuch des Bürgerlichen Rechts (Allgemeiner Teil), Tübingen 1955

Erdmann, Gerhard: Betriebsverfassungsgesetz, 1952

Erdmann, Ernst-Gerhard: Rechtliche und rechtspolitische Probleme des Betriebsverfassungsgesetzes, BlStSozArbR 1971/241 ff.

Erdmann, Ernst-Gerhard, Klaus *Jürging* und Karl-Udo *Kammann:* Betriebsverfassungsgesetz, Kommentar, Neuwied / Berlin 1972

Falkenberg, Rolf-Dieter: Ausgewählte Probleme aus dem Betriebsverfassungsgesetz, DB 72/774 ff.

Farthmann, Friedhelm: Interessenvertretung der leitenden Angestellten, Arbeitgeber 1971/488

Fassbender, Siegfried: Die Führungskräfte im Unternehmen, Essen 1957

Fertsch-Röver, Dieter: Mitbestimmung für leitende Angestellte, DLA 1969/137

Fischer, Ansgar: Die Abgrenzung der leitenden Angestellten nach § 5 Abs. 3 BVG, dargestellt am Betriebsleiter und Forscher der chemischen Industrie, DB 1972/437 ff.

— Probleme um die leitenden Angestellten, Personal 1973/65/ff.

Fitting, Karl: Die Grundzüge des neuen Betriebsverfassungsgesetzes, BArbBl 1972/377 ff.

Fitting, Karl, und Fritz *Auffarth:* Betriebsverfassungsgesetz, Handkommentar, 10. Auflage, München 1972

Fitting, Karl, Fritz *Auffarth* und Heinz *Kaiser:* Betriebsverfassungsgesetz, Handkommentar, 11. Auflage, München 1974

Fitting, Karl, Fritz *Auffarth* und Walter *Kraegloh:* Betriebsverfassungsgesetz, Kommentar, 9. Auflage 1970

Föhr, Horst: Die Abgrenzung der leitenden Angestellten nach dem Beschluß des Bundesarbeitsgerichts vom 5. 3. 1974, DB 74/1767 ff.

— Zur betrieblichen und überbetrieblichen Organisierung von leitenden Angestellten, BB 75/140 ff.

Frauenkron, Karl-Peter: Kommentar zum Betriebsverfassungsgesetz, Köln 1972

Friedrichs, Hans: Kann es eine „dritte Kraft" im Unternehmen geben? DLA 1969/67

Galperin, Hans: Das Betriebsverfassungsgesetz 1972 (Leitfaden), Heidelberg 1972

— Der Regierungsentwurf zum Betriebsverfassungsgesetz, Schriftenreihe, Der Betrieb 1971

— Führungskräfte brauchen Repräsentanz, DLA 1971, Heft 7, Seite 3 ff.

Gaul, Dieter: Zur Kennzeichnung der leitenden Angestellten, DB 1961/271

— Der leitende Angestellte im Betriebsverfassungsrecht, München 1975

Geitner: Zur Zulässigkeit der Gründung von Sprecherausschüssen für leitende Angestellte, DB 1973/280 ff.

Gnade, Albert, Karl *Kehrmann* und Wolfgang *Schneider:* Betriebsverfassungsgesetz, Kommentar für die Praxis, Köln 1972

Göbel, Jürgen: Das neue BVG, BlStSozArbR 1972/48

Grochla, Erwin: Der Einfluß der Automatisierung auf die Unternehmensorganisation, ZfB 1966/271

Grüll, Ferdinand: Handbuch für leitende Angestellte, Band I und II, Heidelberg 1962

— Die leitenden Angestellten als sozialrechtliche Sondergruppe, RdA 1951/411 ff.

Grüll, Ferdinand: Die leitenden Angestellten in der neuen Betriebsverfassung, RdA 1952/413

— Der leitende Angestellte im neuen Betriebsverfassungsrecht, RdA 1972/178

— Anmerkung zum Beschluß des Arbeitsgerichts München vom 20. 4. 1972, DLA 1972, Heft 7, S. 14

— Leitender Angestellter im Sinne des § 5 Abs. 3 Nr. 3 BetrVG, BB 74/653 ff.

Gutenberg, Erich: Unternehmensführung, Organisation und Entscheidung, Wiesbaden 1962

— Betriebswirtschaftslehre I, 16. Auflage, Berlin 1970

Haberkorn, Kurt: Leitende Angestellte nach dem BVG, Der Arbeitgeber 1962/15

Halberstadt, Gerhard: Mitwirkung und Mitbestimmung des Arbeitnehmers, Freiburg i. Br. 1972

Halberstadt, Gerhard, und Ernst *Zander:* Handbuch des Betriebsverfassungsrechts, 2. Auflage, Köln-Marienburg 1972

Hartmann, Heinz: Soziallage und Interessenvertretung der Leitenden, Sonderdruck aus Zeitschrift für Arbeit und Sozialpolitik, 1972, Heft 3, Vorabdruck der Festschrift für Rene König

— Soziallage und Interessenvertretung der leitenden Angestellten, Arbeit und Sozialpolitik 1972/91 ff.

— Soziale Senkrechtstarter, DLA 1973, Heft 1, S. 1 f.

Hartmann, Heinz, Erika *Bock-Rosenthal* und Elvira *Helmer* (zit. Hartmann): Leitende Angestellte, Selbstverständnis und kollektive Forderungen, Neuwied / Berlin 1973

Hess, Hans-Georg und Rolf *Marienhagen:* Betriebsratswahlen, 7. Auflage, Heidelberg 1972

Herrmann, Harald: Leitende Angestellte im Sinne einer neuen Verfassung des Unternehmens, BB 74/934 ff.

Hesse, Konrad: Grundzüge des Verfassungsrechts, 6. Auflage, Karlsruhe 1973

Höcker, Lorenz: Die leitenden Angestellten in Vertrauensstellung mit besonderen Aufgaben, BB 1953/682 f.

Höpp, Gerhard: Der leitende Angestellte nach dem Betriebsverfassungsgesetz, RdA 1960/174 ff.

Hösel, Hans-Friedrichs: Die Abgrenzung der leitenden Angestellten erfordert eine unternehmenspolitische Grundsatzentscheidung, Personal 1972/86

Hoffmann, Dietrich: Der Beschluß des Bundesarbeitsgerichts zum Begriff der leitenden Angestellten, NJW 74/1161 ff.

Hoffmann, Rudolf: Leitende Angestellte in der Betriebsverfassung, RdA 75/119 ff.

Hoppe, Günther: Die Rechtsstellung der leitenden Angestellten, BlStSozArbR 1968/74 ff.

Horne, Alfred: Die leitenden Angestellten, Volkswirt 1960, 1402 f.

Hromadka, Wolfgang: Das Modell Hoechst, Arbeit und Sozialpolitik 1970/388

— Betriebsverfassungsgesetz 1972, NJW 1972/183

Hübsch: Leitende Angestellte, Unternehmerbrief des DII Nr. 20 v. 15. 5. 1969

Hueck, Alfred: Zum Begriff des leitenden Angestellten im Sinne des § 4 Abs. 2 c BVG, RdA 1953/441 ff.

— Der leitende Angestellte in der Betriebsverfassung, Köln 1954

— Der leitende Angestellte in der arbeitsrechtlichen Gesetzgebung, BB 1954/536 ff.

Hueck, Alfred, und Karl *Nipperdey:* Lehrbuch des Arbeitsrechts, Frankfurt/M. 1930

— Lehrbuch des Arbeitsrechts, 2 Bde., 6. Auflage, Frankfurt/M. 1957

— Lehrbuch des Arbeitsrechts, 2 Bde., 7. Auflage, Frankfurt/M. 1963

Industriegewerkschaft Metall: Arbeitsunterlagen zum Betriebsverfassungsgesetz 1972

Industriegewerkschaft Metall, Vorstand: Novellierung des Betriebsverfassungsgesetzes, 1971

Janert, Wolf-Rüdiger: Dezimierung der leitenden Angestellten durch das BAG, DB 74/1237 ff.

— Leitende Angestellte i. S. von § 5 Abs. 3 BetrVG, DB 74/286 ff.

Kehrmann, Karl, und Wolfgang *Schneider:* Die Betriebsratswahl, BlStSozArbR 1972/81 ff.

Kirchner: Gesamtmetall hält nichts von Gewerkschaften der leitenden Angestellten, Handelsblatt vom 13. 1. 1972

Kleine, Gisela: Soziologie der leitenden Angestellten, in: Grüll, Handbuch für leitende Angestellte, Bd. 1, Heidelberg 1962

Klingelhöfer: Die betriebsverfassungsrechtliche Stellung der leitenden Angestellten, 1962

Krähe-Arbeitskreis: Unternehmensordnung, 1970

Küchenhoff, Günther: Betriebsverfassungsgesetz, Münster/Westf. 1954

Landwehrmann, Friedrich: Organisatorische Strukturen und Großbetriebe, 1965

Lange, Heinrich: BGB — Allgemeiner Teil, 13. Auflage, München 1970

Leibholz, Gerhard, und Hans-Justus *Rink:* Grundgesetz für die Bundesrepublik Deutschland, Kommentar, 4. Auflage, Köln 1971

Mager, Ernst-Günther: Betriebsverfassungsgesetz — Die leitenden Angestellten, Der Arbeitgeber, 1972/176 ff.

Mager, Ernst-Günther, und Alfred *Wisskirchen:* Betriebsverfassungsgesetz, München 1971

Mansfeld, Werner: Betriebsrätegesetz, 2. Auflage, 1930

Maunz, Theodor, Günter *Dürig* und Roman *Herzog:* Grundgesetz, Kommentar, 4. Auflage, München 1974

Maus, Wilhelm: Handbuch des Arbeitsrechts, Loseblattsammlung, Baden-Baden 1971

Mayer-Maly, Theo: Die innere Pressefreiheit und das Arbeitsrecht, DB 1971/335 ff.

— Gedanken zur Entwicklung der Abgrenzung der leitenden Angestellten, BB 74/1124 ff.

Meier, Albert: Organisation der Unternehmensführung, Stuttgart 1965

Meisel, Peter G.: Die Mitwirkung und Mitbestimmung des Betriebsrats in personellen Angelegenheiten, Heidelberg 1972

Monjau, Herbert: Der leitende Angestellte, DB 1953, Beilage 14

Müller, Gerhard: Zur Stellung der Verbände im neuen Betriebsverfassungsrecht, ZfA 1972/217

— Der leitende Angestellte des § 5 Abs. 3 Nr. 3 BetrVG 1972 in der bisherigen Rechtsprechung des Bundesarbeitsgerichts, RdA 75/63 ff.

Müller-Hagen, Dorothea: Leitende Angestellte, Standort-Antwort, Der Arbeitgeber 1973/203 f.

Neumann-Duesberg, Horst: Betriebsverfassungsrecht, Berlin 1960

Nikisch, Arthur: Arbeitsrecht, Tübingen 1961, Band I

— Arbeitsrecht, 2. Auflage, Tübingen 1966, Bände II und III

Nipperdey, Peter: Zum Verhältnis Betriebsrat — leitende Angestellte, DB 74/678 ff.

Nordsieck, Fritz: Betriebsorganisation, Lehre und Technik, Stuttgart 1972

Pahlen, Klaus von der: Das Management als dritte Kraft, BB 1973/345 ff.

Peltzer, Martin: Betriebsverfassungsgesetz, Frankfurt/M. 1972

Pross, Helge, und Karl Wilhelm *Boetticher:* Manager des Kapitalismus, Frankfurt/M. 1971 (Suhrkamp Nr. 450)

Raatz, Günther: Begriff des leitenden Angestellten, DB 1972, Beilage 1, S. 2

Rasch, Harold: Die „Parität“ im Recht der Großunternehmen, BB 74/532 ff.

Richardi, Reinhard: Die Wahl des Betriebsrats, DB 1972/483 ff.

Rose, Günther: Zum Streit um die Begriffsbestimmung des leitenden Angestellten, AuR 1972/309 ff.

Rüthers, Bernd: Rechtsprobleme betrieblicher Sondervertretungen für leitende Angestellte, BB 1972/1105

— Gesetzesanwendung oder Rechtspolitik? JZ 74/625 ff.

Rüthers, Bernd, und Heinrich-Meinhard *Stindt:* Der Kreis der leitenden Angestellten in der neuen Betriebsverfassung, BB 1972/973 ff.

Säcker, Franz-Jürgen: Die Rechtsstellung der leitenden Angestellten im kollektiven Arbeitsrecht, BB 1972/1197 ff.

— Grundprobleme des kollektiven Arbeitsrechts, Düsseldorf 1969

— Erst die Macht, dann die Kompetenz, DLA 1972, Heft 10, S. 10 ff.

Sahmer, Heinz: Betriebsverfassungsgesetz, Kommentar, Frankfurt/M. 1974

Schaub, Günter: Arbeitsrechthandbuch, München 1972

Schlenzka: Unternehmer — Direktoren — Manager, 1954

Schleßmann, Karl: Einzelfragen zur Betriebsratswahl, DB 1959/320

Schneider, Wolfgang: Das neue Betriebsverfassungsgesetz aus der Sicht des DGB, BArbBl 1972/292 ff.

Schnorr, Gerhard: Betriebsverfassungsgesetz und kollektives Arbeitsrecht, RdA 1955/3 ff.

Scholz, Rupert: Koalitionsfreiheit als Verfassungsproblem, München 1971

Schreiber, Karl: Der leitende Angestellte im Betriebsverfassungsgesetz, BB 1952/889

Schubert, Günter: Verantwortung abgrenzen, kybernetisches Führungsmodell, Stuttgart 1971

Schuhmacher, Friedhelm: Unternehmensplanung als Führungsinstrument, DB 1971/107

Schwerdtfeger, Günther: Mitbestimmung in privaten Unternehmen (Zusammenfassung), Berlin 1973

Seydlitz-Kurzbach, Friedrich-Wilhelm v.: Leitung und Verwaltung im Industriebetrieb, Berlin 1955

Siebert, Gerd: Betriebsverfassungsgesetz 1972, 2. Auflage, 1972

Sitzler: Anmerkung zur Entscheidung des LAG Düsseldorf vom 11. 12. 1972, Arbeitsrechts-Blattei — Betriebsverfassung V, III

Stammer, Otto: Angestellte und Arbeiter in der Betriebspyramide, 1959

Stege, Dieter, und F. K. *Weinspach:* Betriebsverfassungsgesetz, Handbuch für die betriebliche Praxis, Köln 1972

Steindorff, Ernst: Mitbestimmung für leitende Angestellte, AuR 1973/97 ff.

Steinmann, Georg: Zum Begriff des leitenden Angestellten im Sinne des § 4 Abs. 2 c BVG, BArbBl 1953/399 ff.

Tiefelstorf, Otto: Der Standort des Personalleiters, DLA 1969/13

Trinkhaus, Hans: Die arbeitsrechtliche Stellung der leitenden Angestellten nach dem Finanzänderungsgesetz 1967, DLA 1968/42 ff.

— Der leitende Angestellte, Arbeitsrechts-Blattei — Angestellte II — leitende Angestellte

VELA (Vereinigung leitender Angestellter e. V.): Skriptum zum Betriebsverfassungsgesetz 1972

Vereinigung der Arbeitgeberverbände in Bayern: Abgrenzung der leitenden Angestellten, 5. Sonderrundsreiben, München 1972

Wächter, Heinz: Herausbildung eines einheitlichen Begriffs des leitenden Angestellten, DB 1951/250 ff.

Walter, Bernhard: Der Begriff des leitenden Angestellten nach der Rentenreform, BB 1957/932

Weltz, Friedrich: Vorgesetzte zwischen Management und Arbeitern, Stuttgart 1964

Weyrich, J.: Wirtschaftsprüfer als leitende Angestellte im Sinne des Betriebsverfassungsgesetzes? BB 1953/354

Wiedemann, Herbert: Die arbeitgeberähnlichen leitenden Angestellten im Betriebsverfassungsrecht, RdA 72/210 ff.

Wiegand: Sprecherausschüsse sind zulässig, Anmerkung zum Beschluß des Arbeitsgerichts Frankfurt vom 16. 11. 1972, DLA 1973, Heft 3, S. 18 f.

Wirtschaftswoche (Redaktionsbeitrag): Das Matrix-Konzept im Urteil der Wissenschaft, Heft 1972, Nr. 40, S. 74

Wisskirchen, Alfred: Das neue Betriebsverfassungsgesetz aus der Sicht der Arbeitgeber, BArbBl 1972/289 ff.

Witte, Eberhard, und Rolf *Bronner*: Die leitenden Angestellten, Bd. 1, München 1974, Bd. 2, München 1975

— Motive der Abgrenzung leitender Angestellter, DB 74/1863 ff.

— Zur Abgrenzung der leitenden Angestellten, DB 74/1233 ff.

Wittholz, Joachim: Wer gilt als Arbeitnehmer im Sinne des Betriebsverfassungsgesetzes? AuR 1953/111

Wunderer, Rolf: Zur Mitbestimmung der Führungskräfte unter Aspekten der Managementlehre, DB 1970/2441 ff.

Zöllner, Wolfgang: Die leitenden Angestellten müssen „gewerkschaftsfrei" bleiben, DLA 1969/227 f.

Kolibri 360 GmbH
Ferdinand-Jühlke-Straße 7
99095 Erfurt, Deutschland
produktsicherheit@kolibri360.de

Druck:
CPI Druckdienstleistungen GmbH
im Auftrag der
Kolibri 360 GmbH
Ferdinand-Jühlke-Str. 7
99095 Erfurt